本书为2014年湖北民族学院博士启动基金项目"明代陕西行都司土官研究"（项目编号MY2014B031）成果之一。

中国书籍学术之光文库

明代陕西行都司建置与土官研究

陈文俊 | 著

中国书籍出版社
China Book Press

光明日报出版社

图书在版编目（CIP）数据

明代陕西行都司建置与土官研究/陈文俊著.—北京：中国书籍出版社：光明日报出版社，2020.11
ISBN 978－7－5068－8112－8

Ⅰ.①明… Ⅱ.①陈… Ⅲ.①地方政府—研究—陕西—明代 Ⅳ.①D691.2

中国版本图书馆 CIP 数据核字（2020）第 226661 号

明代陕西行都司建置与土官研究

陈文俊　著

责任编辑	毕　磊
责任印制	孙马飞　马　芝
封面设计	中联华文
出版发行	中国书籍出版社　光明日报出版社
地　　址	北京市丰台区三路居路 97 号（邮编：100073）
电　　话	（010）52257143（总编室）　　（010）52257140（发行部）
电子邮箱	eo@chinabp.com.cn
经　　销	全国新华书店
印　　刷	三河市华东印刷有限公司
开　　本	710 毫米×1000 毫米　1/16
字　　数	363 千字
印　　张	19
版　　次	2020 年 11 月第 1 版　2020 年 11 月第 1 次印刷
书　　号	ISBN 978－7－5068－8112－8
定　　价	98.00 元

版权所有　翻印必究

序言

陕西行都司地处明朝的西北边界，可以说是一个农耕与游牧的接合带，因此也是一个多民族聚居之地，明朝采取了很多招抚措施，也吸引了大批归附者，将他们安置在陕西行都司，一方面扩大了明朝的军事实力，一方面也是利用他们的关系继续招徕少数民族归附者。明朝利用卫所制、武官世袭制及军户世袭制安置了这些西北少数民族上层及其部民，他们亦背靠明朝发展壮大了家族势力，两者维系了较好的关系，可以说，明朝在陕西行都司所实行的卫所与土官相结合的军事制度是较为成功的地方建制。

本书围绕陕西行都司土官的性质、发展脉络及对明代西北政局的影响三个核心问题展开，通过对陕西行都司卫所建置沿革、卫所的设立与土官的关系、军卫体制下的土官以及土官势力的崛起等内容的阐述，揭示土官在陕西行都司建立、发展过程中的作用，以及行都司体制对土官及其家族的影响。

正文由以下几部分组成：

绪论：阐述了以陕西行都司土官作为研究对象的缘由；围绕明代西北的治边思想、陕西行都司及其下辖卫所、关西七卫、明代西北"土官"与"土司"等四个专题，对涉及陕西行都司土官的内容作了一系列学术史的考察；文章采用历史学、民族学、地理学、社会学的相关理论与方法，从民族接触、影响及融合的角度，将行都司土官置于时空范围下，进行群体及个案的分析。

第一章：论述陕西行都司各卫所的建置沿革情况。从地理学的角度看，陕西行都司由河西走廊及河湟谷地两大区域构成，历史上即是亦农亦牧之所，历代王朝多以州县治理，但在特殊状况下，也会在局部区域设置军事建置进行管辖；明朝之所以将整个区域划为军事辖区，是由其面临的边防形势决定的，北有蒙古、南有西番，陕西行都司的建立过程体现了明朝在各个阶段对西北地区的政治构想及战略意图；正是在政治、军事的整体布局中，陕西行都司经历了三次治所的变迁并于洪武二十八年基本稳定下来，但其辖区及下辖卫所又通过洪武以后各朝的不断调整才最终得以确立。

第二章：陕西行都司12卫、3所格局的形成经历了四个发展阶段，其建立过程均与土官的归附息息相关。第一阶段是洪武三年至九年，明朝通过在西北的三次军事行动得到大批故元官吏及当地土酋的归附，并建立了大批汉土结合的卫所；第二阶段是洪武二十三年至三十年，对以甘州为中心的陕西行都司下辖卫所进行了增设与调整，以便适应新的军事形势；第三阶段是建文时期，表现为卫所的裁革，其目的是削弱肃王的军事力量及降低武官的政治地位；第四阶段是永乐至成化年间，恢复了建文时裁撤的卫所并积极营建关外卫所，形成了以陕西行都司护卫内地、以关西七卫护卫陕西行都司的格局。

第三章：阐述整个明代土官依托卫所的生存方式以及明清之交土官失去卫所框架后的变化。首先，通过相关概念的辨析理出行都司土官的特殊性；其次，从军户的来源、土官被收编为军户的原因、土官军户的权力与义务等方面说明土官在明朝的官籍军户身份；再次，以土官为线索考察明朝在边镇所建立的有别于卫所体系的作战系统——镇戍制的变迁，以及土官在镇戍系统中所承担的角色；最后，论述明末清初，随着卫所制度的崩溃，在明末农民战争的冲击下，土官是如何归附清朝并适应新的形势变化的。

第四章：论述土官如何借助明朝的政策和环境，提高自身的政治地位、经济基础、文化素养和军事实力，以实现家族的崛起。首先，通过列举西北归附者被赐姓、授职的情况，发现由于归附时间和归附者身份的不同，而产生的安置政策上的差异，以及这种差异给土官发展带来的机遇；其次，以西宁卫李氏土官婚姻关系为线索，揭示了土官利用婚姻结成地方势力联盟的现象；再次，为培育土官的忠君思想、达到安定边疆的目的，明朝广建儒学并提供各种入仕途径，客观上提高了土官的文化素养以及甘青地区教育的进步；此外，行都司土官因其所在河西走廊及河湟谷地交通要道的重要位置以及少数民族的特殊身份，有机会多方获利，经济上得到保障并为其家族的发展提供了物质条件；最后，明朝中后期，由于征兵制度上募兵制的逐渐确立，土官承担了招募、训练、带管土兵的职责，并以此为契机形成和扩展了自己的私人武装。

结语：明朝之所以在河西、河湟采用完全的军事建置而非民事建置是由其严峻的边患形势决定的，陕西行都司就是为了应付西北边患而存在的，而行都司得以建立和运行的基础是明初大量归附的土官军民；明朝利用军卫体制将这些土官牢牢控制在军户范畴，土官亦利用明朝的制度发展壮大了自己的家族力量，至清而成为甘青土司；也正是因为行都司土官卫所军户的身份，他们没有如西南土官一样的行政独立权，至少在明代还不能被视作"土司"。可以认为，明代以陕西行都司稳固西北的举措是比较成功的，这也是《清史稿·土司传》评价甘青土司"不类蜀、黔诸土司，桀骜难驯"的根本原因。

导言 001

第一节 选题意义 003
一、为什么要研究"土官"？ 003
二、为何要在陕西行都司范围下研究"土官"？ 004

第二节 学术史及考察范围 006
一、明代的治边思想及其对西北的战略 006
二、陕西行都司及其下辖卫所研究 011
三、关西七卫研究 015
四、明代西北"土官"、"土司"研究 017
五、考察范围及对象 025

第三节 研究理论与方法 027
一、理论依据 027
二、研究方法 028

第一章 陕西行都司卫所建置沿革 031

第一节 陕西行都司区域的地理学考察 033
一、地貌特征 034
二、产业类型 035
三、交通要道 037
四、行政沿革 039

第二节 设立陕西行都司的政治构想与战略意图 046
一、都司及行都司的设立 046
二、行都司的特点 049
三、陕西行都司的特点 053

四、辖境与治所的变迁 054

第三节 陕西行都司稳定后的建置 075
一、建置的初步完成 075
二、辖区的变迁 077
三、下辖卫所的确立 078

第二章 陕西行都司卫所的设立与土官军民的关系 085

第一节 洪武初年卫所的设置与人员构成 087
一、军民卫所 088
二、军事卫所 100
三、羁縻卫所 113
四、过渡性卫所 116

第二节 洪武后期卫所的增设与调整 123
一、山丹卫 123
二、甘肃诸卫 124
三、白城子千户所、威房卫、威远千户所、镇夷守御千户所 128
四、镇番卫 128
五、安定卫、罕东卫 129

第三节 建文年间卫所的裁革 131

第四节 永乐至成化年间卫所的复置和确立 134
一、恢复建文年间裁撤的卫所 134
二、营建关外卫所 135
三、增置守御千户所 139

第三章 军卫体制下的陕西行都司土官 141

第一节 明代土官问题 143
一、土官、土司源流 143
二、汉、土之别 145
三、土官、流官、世官之关系 147
四、"土官机构"之外的"土官" 148

第二节 土官的军户身份 150
一、军户的来源 150
二、收编土官为军户的原因 153
三、土官军户的职责与义务 157
四、土官军户的权力与权利 160

第三节 镇戍制度与土官 174
一、甘肃总兵官 174
二、督抚兵备 180

第四节 明清鼎革之际的行都司土官 186
一、明代卫所的衰败 186
二、明末农民战争的冲击 187
三、清代改卫置县 189
四、清代的治边政策 193

第四章 陕西行都司土官势力的崛起 197

第一节 从赐姓、授职看对土官的安置 199
一、洪武时期陕西行都司归附者安置情况 202
二、永乐时期陕西行都司归附者安置情况 206

第二节 姻亲关系下的势力联盟 211
一、土官婚姻的社会背景 211
二、土官婚姻关系及其特征 213

第三节 儒学背景塑造文化底蕴 225
一、陕西行都司儒学 228
二、各卫儒学 231
三、书院 235
四、京卫武学 236
五、国子监 236

第四节 经济实力的积累与增长 239
一、朝贡贸易 241
二、茶马互市 246
三、赏赐 249
四、俸禄 250
五、藏匿战利品 251
六、盘剥土军、土民 252

第五节 募兵制成就"土官"私家军 254
一、"土兵"是招募的重点 254
二、"汉官"难以辖制 258
三、"土官"私家军的形成 260

结论 269

参考文献 273

后 记 289

导言

第一节 选题意义

一、为什么要研究"土官"？

明代"土官"一词应用甚广，单检索《明实录》就有记载2327条。

首先，其分布区域广泛，不仅涉及西南五省，西北、辽东，甚至附属的朝鲜、安南均有土官。就区域看来，"土官"主要存在于边疆地区，但内地各省也有，因此，将"土"理解为"本地"似乎说得通，那么"土官"也就是对"本地人"承担官职者的称呼，这既符合明朝统治者"以夷制夷"、"以土治土"的策略，也可以解释"土官"应用广泛、数量庞大的原因。如若"土官"即指"本地人"，那么"本地人"中应该有汉人，特别是内地的"土官"。但《明实录》中常常有"汉官"、"土官"并列的说法，那么，是否可以说"土官"不是汉人呢。此外，又有"达官、土官"归附明朝的例子，是否可说"土官"与"达官"也有不同的民族属性呢。另外，虽然《明实录》中"土官"涉及区域颇为广泛，但明代典籍《大明会典》、《土官底簿》论及土官制度时却只限于西南五省，这不能不说是一个矛盾。这些关于"土官"的基本问题，概念、分布、民族均未有明确的结论。

其次，明代土官类型多样，府州县有土官，卫所有土官，宣慰、宣抚、安抚、长官等司也有土官，甚至还有僧纲司的僧职土官。这对"土官"的性质提出了挑战，它的存在与布政司、都司、土司区域的管辖究竟有何种关系。

再次，"土官"指代颇多，有指人、有指职务、有指机构衙署、有指制度，它的演化过程如何均无明确的线索。可以说，"土官"在明代虽然应用广泛，但其概念模糊，仅"土官"与"土司"的概念之争就从上世纪80年代持续至今，仍无一个权威的答案，更勿论有专门的研究出现。但凡有所研究，均是从"土官"等同于"土司"的角度入手，抹杀了"土官"的特殊属性。

对于这样一个应用如此之广，却又矛盾重重的概念，在明史研究领域是一个不可逾越而又颇富吸引力的课题。

二、为何要在陕西行都司范围下研究"土官"？

上文提到，很多研究者直接将"土官"等同于"土司"去研究，明代西北地区因为存在大量"土官"，因此被认为存在大量"土司"，关于这样一批活跃在明朝西北边疆的"土官"们的行政属性，长期以来均被局限在土司制度的范畴之下。然而，这些"土官"的身份在《明实录》中常常是陕西行都司下辖卫所的指挥使等官员。他们究竟是明政府军事管辖性质的卫所制度下的官员，还是羁縻、半羁縻性质的土司制度下的土司，是一个值得探讨的问题。由此，还可推进学术界对"明代西北地区究竟有无土司"争论的解决。

明代陕西行都司下辖12卫、3守御千户所，还牵制着关西七卫等羁縻卫所，这些卫所中均有大量"土官"存在。其所属卫所层次分明，依据卫所的性质发掘"土官"的性质，不失为一种方法。

明代五个行都司中，仅陕西行都司编有志书，可惜早已亡佚，但能在清代的一些地方志、文集中找到残语。因此，以陕西行都司为突破口较之其他行都司更为实际。

明代陕西行都司辖河西要地，起着"隔断番虏"[1]的战略作用，牵涉明朝的民族关系和边疆安危，在其地制定、推行的政治、经济、军事等制度的

---

1. 文中出现"番、虏、蛮、夷、狄、胡、戎、羌、苗、瑶、獞、獠、倭"等词均系从史料中引用、方便行文采用，非笔者观点。

情况、成效如何直接关系到明朝的大局。任何制度均由人来实施，存在于陕西行都司土地上的"土官"们是怎样被命运所驱，又是怎样行使着自己的历史使命，也是相当值得探究的课题。

第二节 学术史及考察范围

一、明代的治边思想及其对西北的战略

边疆问题是历代中原王朝最为关注的问题之一,边疆的安定与否直接决定了王朝政权的稳定。

朱元璋即位诏有言:"朕本淮右庶民,荷上天眷顾,祖宗之灵,遂乘逐鹿之秋,致英贤于左右,凡两淮、两浙、江东、江西、湖湘、汉沔、闽广、山东及西南诸部蛮夷,各处寇攘,屡命大将军与诸将校奋扬威武,已皆戡定,民安田里。"[1] 这是洪武元年(1368)的话。洪武二年(1369),朱元璋又对扩廓帖木儿说:"朕自起兵淮右,收揽群雄,平定华夏,惟西北边备未彻,盖以尔守孤城,保其余众,远处沙漠,朕甚念之。"[2] 洪武四年(1371),又言:"西蜀本中国之所统,若容其(明昇、戴寿等)据土僭窃,兵岂能偃,讨而归一,庶民可安。"[3] 洪武十五年(1382),则有:"自即位以来十有五载,寰宇全归于版籍,惟西南诸夷为云南梁王所惑,恃其险远弗遵声教。……云南已平,诏告天下。"[4] 可以看到,朱明王朝对于版图的基本思想是:立足于中原,恢复传统华夏领地,力争继承元朝对边疆的管辖权。而最能体现朱元璋疆域思想的是洪武四年的一段诏谕:

> 海外蛮夷之国,有为患于中国者,不可不讨,不为中国患

---

1. 《明太祖实录》卷29,洪武元年正月丙子条,台北:中央研究院历史语言研究所校勘本,1962年。
2. 《明太祖实录》卷44,洪武二年八月庚寅条。
3. 《明太祖实录》卷64,洪武四年四月庚寅条。
4. 《明太祖实录》卷142,洪武十五年二月甲寅条。

者，不可辄自兴兵。古人有言，地广非久安之计，民劳乃易乱之源。如隋炀帝，妄兴师旅征讨琉球，杀害夷人，焚其宫室，俘虏男女数千人，得其地不足以供给，得其民不足以使令，徒慕虚名，自弊中土，载诸史册，为后世讥。朕以诸蛮夷小国，阻山越海，僻在一隅，彼不为中国患者，朕决不伐之。惟西北胡戎，世为中国患，不可不谨备之耳。卿等当记所言知朕此意。[1]

将朝鲜、日本、大琉球、小琉球、安南、真腊、暹罗、占城、苏门答剌、西洋、爪洼、溢亨、白花、三佛齐、浡泥等十五国列为不征之国。[2] 可以看出，朱元璋的疆域观有两个特征：一是"华夷有别"，他一再强调哪些地区是"中国固有"，必须纳入到明政权的版图之中，而"海外蛮夷之国……得其地不足以供给，得其民不足以使令"不属于明朝需要纳入疆土的地区；二是对"蛮夷之国"并不以处于传统的华夏界限之外而不问，而是以是否"为患于中国"为征讨的标准，这个标准的主动权显然在明朝手中，即为后世开拓疆土留下一个缺口。这一点或许不是明太祖主要想要表达的意思，但却是经历了元朝大一统下疆域空前辽阔之后在明朝开国君主思想中的客观反映。首先，他客观上想要继承元朝的领土；其次，他担心遁去的蒙古人卷土重来。于是，传统"华夷之辨"思想影响下的疆域观受到了"蒙古威胁"的巨大影响。

由于忌惮北元政权，明初太祖、成祖两代实行"以攻为守"的防御思想。但从太祖开始，就积极在边地屯戍，"自东胜以西至宁夏、河西、察罕脑儿，以东至大同、宣府、开平，又东南至大宁、辽东，抵鸭绿江又北千

---

1. 《明太祖实录》卷68，洪武四年九月辛未条。
2. [明]朱元璋：《皇明祖训》，《明朝开国文献》，台北：学生书局，1966年，第1589-1591页。

里，而南至各卫分守地，又自雁门关西抵黄河外，东历紫荆、居庸、古北抵山海卫。荒闲平埜，非军民屯种者，听诸王驸马以至近边军民樵采牧放，在边藩府不得自占。"[1] 显然意在将农耕区与游牧区隔开，也成为后来九边建设的雏形；成祖突破"不征之例"讨伐交趾，但又"北弃大宁"，不论具体动因，亦可见其在"华夏边缘"区域下时而越界、时而退守的机动思想；宣宗宣德三年(1428)"弃交趾"，本是回到朱元璋定下的祖制，但丘濬则认为"交趾本秦汉以来中国郡县之地"，并慨叹："呜呼！自秦并百郡，交趾之地，已与南海、桂林同入中国。汉武立岭南九郡，而九真、日南、交趾与焉……"[2] 可知，在丘濬的心目中交趾应该属于中国的领土；世宗"失哈密，亡河套"，则在朝堂上引发轩然大波，哈密、河套显然不是传统的华夏之地，但在明人眼中，已在疆界之内，"惟今所谓哈密、赤斤蒙古、罕东、安定、阿端、曲先，皆前代中国之边境，所谓敦煌、酒泉、伊吾之故地，洪武永乐中，因其土酋内附，立以为卫。其地处吾近边，薄于北虏，不可概以外虏视之，使为虏用，是亦汉人断匈奴臂，不使得以通羌之一策也。"[3] 又"夫河套自三代以迄于今，中国所守以界夷夏，又我圣祖之所留也，一统故疆，三边沃壤，其理宜复"。[4] 明人要求收复哈密、河套之地的言论比比皆是，直至世宗因"复套"一事杀曾铣，[5] 禁言"复套"。正如安介生、穆俊所言，明人力主收复河套主要出于历史继承的观念，而历史责任感成为明代

---

1. [清]张廷玉等：《明史》卷92《兵四》，北京：中华书局，1974年，第2275页。
2. [明]丘濬著，林冠群、周济夫校点：《大学衍义补》卷153《驭夷狄·四方夷落之情》（上），北京：京华出版社，1999年，第1337—1338页。
3. 丘濬：《大学衍义补》卷155《驭夷狄·四方夷落之情》（下），第1348—1349页。
4. [明]章潢：《图书编》卷46《曾总督复河套疏》，上海：上海古籍出版社，1992年，第3册，第65页。
5. 曾铣有著名的《议收复河套疏》，收录在[明]陈子龙《明经世文编》卷237，北京：中华书局，1962年，第2476页。

士人考量边疆问题时的驱动因素之一。[1]

可见，明人对于边界之地是否应该纳入版图在不同时期具有不同的认识，这是因为既受到"华夷之辨"的影响，内心横亘着一条农耕与游牧的界限，表现出保守性；又不断地与历代王朝相比较，尤其是以历代中原王朝最盛之疆域来激励自我，表现出进取性，如明人自认其疆域"过于宋，敌于唐，不及于汉。"[2] 实际上，此种进取意识更多的可能是蒙古人的扩张所带给明人的冲击。由于整个明朝始终处在北方蒙古的威胁中，抵御蒙古南下成为首要任务，因此，对北部边疆的治理，以军事管辖为主，农业等经济项目的开发也是为了服务于军事行动，表现为沿长城一线辽东、蓟州、宣府、大同、太原、延绥、宁夏、固原、甘肃九个边镇的建立。

关于明朝对西北边疆的认识以及实行的战略部署，一直是学界普遍关注的问题。顾诚《明帝国的疆土管理体制》（《历史研究》1989年第3期）认为明代对嘉峪关以西疆域的治理带有明显的民族自治色彩，由朝廷依据当地少数民族首领地位的高低授予军事系统的世袭官职，这些少数民族地区属于明帝国的版图范围，这些少数民族官员也被纳入在明帝国的官职序列之中。陈梧桐《明太祖与明成祖对西北民族地区的经营》（《民大史学》第1期，1996年）认为洪武、永乐二朝以积极进取的态度把西北边界一直推进到哈密，与哈密以西的西域各国加强经济联系，形成类似宗藩的关系。赵现海《洪武初年甘肃地缘政治与明朝西北疆界政策——由冯胜"弃地"事件引发的思考》（《古代文明》2011年第1期）则持相反观点，认为正是由于甘肃之地被北元、东察合台汗国与明朝三方均视为"边缘地带"，才导致明朝对西北的战略止于哈密，而放弃了对西域的直接控制。同样以地缘政治为题的

---

1. 安介生、穆俊：《略论明代士人的疆域观——以章潢<图书编>为主要依据》，《中国边疆史地研究》2011年第4期，第29页。
2. 章潢：《图书编》卷34《皇明舆图四极》，第2册，第672页。

还有施新荣《明代西北地缘政治之演变》(《人文杂志》2011年第6期)，认为从陕西行都司的建立，到甘肃边墙的修筑，再到嘉靖年间的封贡互市无不是由西北地缘政治形势的变化决定的，反映的是明朝与北方游牧民族势力的消长。安介生、穆俊《略论明代士人的疆域观——以章潢<图书编>为主要依据》(《中国边疆史地研究》2011年第4期)则以明代士人的视角看待边疆问题，在士人眼中，河套、西域应该尽为中国所有，这一认识影响着明朝在西北的边防体系。马啸《明清西北治边政策之比较研究——以14-18世纪中央政府与蒙藏民族政治互动为线索》(《青海民族大学学报（社会科学版）》2012年第2期)认为明朝将西北的经略分作甘青藏区和西域两个方向，采取了不同的策略：对甘青方向采取攻势，以切断蒙藏势力的联合；对西域方向采取守势，以羁縻方式维持与西域各族的和平。谷家荣、罗明军《中国古代边疆治理历谱识认》(《学术探索》2013年第1期)提出了古代中原王朝以"圈层化"处理边疆问题的概念，因此明朝才放弃了元朝向外扩张的做法，承继汉唐"守在四夷"的思想。胡凡《论明初甘肃镇的形成》(《重庆三峡学院学报》2018年第1期)具体阐述了明代"九边"之首甘肃镇的形成及发展历史，甘肃镇的创建是明朝初年西北备边的重要举措之一。周松《军卫建置与明洪武朝的西北经略》(《中国边疆史地研究》2018年第2期)、《嘉峪关变迁与明代交通地理之关系——基于史源学的研究》(《中国边疆史地研究》2020年第2期)两文系统阐述了明初基于地理交通的因素，在西北地区所进行的战略部署及军事行动。

总之，在明朝的西北战略问题上，存在的矛盾主要有三点：一是"西域"、"西番"之地是否属于明朝的疆域范围；二是明朝对西北究竟采取了积极进取的姿态还是消极防御的态度；三是明朝在西北地区实行的是直接管理，还是羁縻管辖，或是宗藩关系，抑或是"圈层化"的分级治理。无论如何，都说明西北政局对于明朝边疆至关重要的影响。

正是基于明朝与北方蒙古的紧张关系，进而在西北地区采取的攻守策略，作为"明初相当省一级机构管辖地区最为辽阔"[1]的陕西行都司应运而生，成为实现明朝西北战略的桥头堡与最前线。

二、陕西行都司及其下辖卫所研究

陕西行都司是明王朝为管辖河西、河湟地区所建立的军政机构，为右军都督府管辖，原为西安行都卫，洪武七年(1374)设治所于河州（今临夏），翌年改为陕西行都司。洪武九年(1376)罢撤。洪武十二年(1379)在庄浪（今永登）恢复其建置。洪武二十六年(1393)徙治于甘州（今张掖），下辖甘州左、右、中、前、后五卫及肃州、山丹、永昌、镇番、庄浪、西宁、凉州12卫，并直辖镇夷、高台、古浪3个守御千户所，全系实土卫所。因陕西行都司所处的特殊地理位置，其下辖卫所一方面是内地卫所与关外卫所沟通的桥梁，一方面又必然成为西北地区各民族归附者的安置要地，具有极为重要的战略地位。

明代设有山西、福建、四川、湖广、陕西五个行都司，唯陕西行都司编有志书，考为明人包节所撰《陕西行都司志》（简称《行都司志》），系陕西行都司研究的第一史料，惜已亡佚，但在顺治十四年(1657)重刻的《西镇志》、《凉镇志》、《甘镇志》、《肃镇志》，顾炎武《肇域志》、《天下郡国利病书》，乾隆《甘肃通志》，胡渭《禹贡锥指》，冯焌光《西行日记》等书中有移录和保留，尚未出现辑本，实为西北史地研究之憾。[2]此外，《镇番卫选簿》是目前仅见的陕西行都司下辖卫所的唯一选簿。[3]

---

1. 顾诚：《明帝国的疆土管理体制》，第137页。
2. 吴浩军、张力仁：《<陕西行都司志>存佚考》，《中国历史地理论丛》2010年第4期，第94—98页。
3. 《镇番卫选簿》，中国第一历史档案馆、辽宁省档案馆编：《中国明代档案总汇》第57册，桂林：广西师范大学出版社，2001年版。

关于行都司的研究，仅有谢忠志《明代五行都司》（《明史研究专刊》第16辑，2008年）一文，从建置、功能、布防角度考察五个行都司，说明其设置的时代性和特殊性，即为加强沿海、边境与少数民族的控制，但随着卫所制被破坏，行都司陷入无军可统、名存实亡的境地。

近年来，直接以陕西行都司为研究对象的有梁志胜《洪武二十六年以前的陕西行都司》（《中国历史地理论丛》1999年第3期）通过对史籍的排比、考证，认为庄浪时期的陕西行都司是一个有名无实的虚置机构，它无官员、无所司、亦无属卫。产生这种特殊情况的原因与洪武年间陕西行都司的职能转变以及当时西北和全国的形势变化等因素有关；马顺平《明代陕西行都司及其卫所建置考实》（《中国历史地理论丛》2008年第4期）、《明代陕西行都司屯田数额考》（《明史研究论丛（第九辑）》，2011年）、《明代都司卫所人口数额新探——方志中两组明代陕西行都司人口数据的评价》（《苏州科技学院学报〈社会科学版〉》2011年第7期）等分别从卫所建置、屯田、人口等方面系统介绍了一个较为完整的陕西行都司；马顺平、宋建莹、龙小峰三位各自的硕士论文《明代陕西行都司卫所建置考实》[1]、《明代陕西行都司历史地理研究》[2]、《明代陕西行都司市场研究》[3]从军事建制、历史地理、市场经济的角度阐述出一个更为立体的陕西行都司。此外，现存台北故宫博物院的《行都司所属五路总图》描绘了明代甘肃镇边墙布防及辖区内人文、自然地理状况，卢雪燕《彩绘本〈行都司所属五路总图〉成图年代及价值考述》（《故宫博物院院刊》2009年第5期）考证其为明末清初边关按例绘送兵部的重要军事地图，为了解陕西行都司各卫所的具体军事布防提供了第一手材料。毛雨辰《简述河西走廊的地理形胜——以明

---

1. 马顺平：《明代陕西行都司卫所建置考实》，硕士学位论文，中央民族大学，2005年。
2. 宋建莹：《明代陕西行都司历史地理研究》，硕士学位论文，陕西师范大学，2010年。
3. 龙小峰：《明代陕西行都司市场研究》，硕士学位论文，陕西师范大学，2011年。

代陕西行都司建制选择甘州之原因为视角》（《河西学院学报》2017年第4期）则专论陕西行都司最终以甘州为治所的地理因素。

对陕西行都司下辖各卫所的研究，目前很不均衡，主要集中在对西宁卫的研究。一方面与其重要的军事地理位置有关，因其"扼束羌、番，屹为襟要"，[1] 唯西宁卫建于西番之地，与河州、洮州、岷州等卫合称"西番诸卫"；[2] 另一方面是因为有关西宁卫史料颇丰，万历《西宁卫志》已由西北民族大学王继光教授辑佚成书，[3] 此外还有乾隆《西宁府新志》、光绪《西宁府续志》等方志材料存在。

相关研究文章有骆桂花《明代对西宁卫地区施政方略初探》（《青海民族研究〈社会科学版〉》1995年第3期），张得祖《西宁卫及"塞外四卫"》[4]，骆桂花、高永久《明朝西宁卫的军事戍防与政治管控》（《中国边疆史地研究》2006年第3期），陈荣《西宁卫千户所管军印考略》（《青海师范大学学报〈哲学社会科学版〉》2008年第1期），闫璘《明代西宁卫最早的长城——门源县境内明代长城》（《中国长城博物馆》2009年第2期）和《明代西宁卫的峡榨考述》（《青海民族研究》2011年第7期），基本都是从军事防御的角度来阐述西宁卫的作用；贾伟《明代西宁卫户口考辨》（《青海社会科学》2002年第4期）、荣宁《明代西宁卫人口试析》（《中国历史地理论丛》2002年第6期）考察了西宁卫的人口户籍；此外，梁志胜《"碾伯守御千户所"辨析》（《兰州大学学报》2004年第4期）通过史料的比对，分析碾伯所设立的时间和属性，考证出"碾伯守御千户所"

---

1. [清]顾祖禹：《读史方舆纪要》卷64《陕西十三》，北京：中华书局，2005年，第3005—3006页。
2. 张廷玉：《明史》卷330《西域二》，第8539页。
3. [明]刘敏宽、龙膺撰，王继光辑注：万历《西宁卫志辑注》，西宁：青海人民出版社，1993年。
4. 张得祖：《西宁卫及"塞外四卫"》，第十一届明史国际学术讨论会会议手册，2005年。

乃《明史·地理志》沿袭王鸿绪《明史稿》之误，其并非直属行都司的守御千户所，而是西宁卫的右千户所；韩烨的硕士论文《明代西宁卫研究》从历史沿革、地理范围、茶马贸易、"土流参治"、僧纲制度、海虏威胁、军屯移民等方面阐释了明代西宁卫的状况。[1]

其他卫所大多有地方志史料，如顺治《肃镇志》、乾隆《庄浪县志》、乾隆《甘州府志》、道光《山丹县志》、道光《镇番县志》、清人张澍《凉州府志备考》等，但研究者甚少，与旧史料有限而新史料缺乏有关。吴景山《<大明成化年镇番卫军民屯田图>疏正》（《明史研究》1992年第12期）、苏裕民《<明庄浪卫长城图册>考略》（《档案》1999年第2期）均是对卫所图册的解读，具有一定的史料价值。赵一匡《元代永昌路与明代永昌卫、清代永昌县的关系》（《西北史地》1985年第1期）推测明代的永昌卫可能是在元永昌宣慰司城的基础上建立的，清在明永昌卫治所置永昌县。

总体而言，陕西行都司及其下辖卫所研究呈现出头重脚轻的局面，过多集中于对行都司及西宁卫的研究，其他卫所研究成果甚微；其次，研究虽涉及卫所建置、人口、军户、屯田、市场等各领域，但基本还是局限在军事防卫层面，对于卫所人员的具体社会生活牵涉甚少，尤其是卫所中安置的少数民族归附者，这一部分内容可能更能揭示卫所的真实状况和实际功能。这一点已有学者开始关注，如张生寅《河湟边地社会的军户家族——以西宁卫郭氏家族为个案》（《青海民族大学学报〈社会科学版〉》2011年第7期）即从个案入手探讨西宁卫军户的生存状况，借以了解明代河湟边地卫所的真实情况；武沐、金燕红《13-19世纪河湟多民族走廊历史文化研究》则对13-19世纪河湟地区的历史进行了较为全面的考察，其中亦涉及卫所军户的相关问题。此外，陕西行都司及其下辖卫所之间或者与其他都司卫所之间的相互联系也少有文章涉及，这一领域的研究尚未形成较为完整的体系。因

---

1. 韩烨：《明代西宁卫研究》，硕士学位论文，西北民族大学，2011年。

此，对于作为明代西北门户的陕西行都司地区的研究尚有很大空间。

三、关西七卫研究

陕西行都司以西、嘉峪关外是明朝在西北先后设立的七个羁縻卫所——安定、阿端、曲先、罕东、沙州、赤斤蒙古、哈密，七卫首领皆为蒙古贵族，又称"西北七卫"、"蒙古七卫"。其中，沙州卫后来内迁，其故地又设罕东左卫，故又有称八卫者。因本身就是以蒙古族为主的卫所建置，对于西北归附者的吸纳能力更强，因此，关西七卫也是西北卫所归附人的重要来源。

对关西七卫的研究始于20世纪30年代岑仲勉先生发表的《明初曲先、阿端、安定、罕东四卫考》（《金陵学报》1936年第6卷第2期），自此开创了关西七卫研究的两个方向：

一是对七卫地理位置的考察。因明清史料对七卫，尤其是安定、阿端、曲先、罕东四卫方位的记载语焉不详，学界分歧很大，有西域说、西宁说等，尚无定论。岑文通过对明人所谓"西海"乃"蒲昌海"而非"青海"的考证，说明四卫不在青海；高自厚《明代的关西七卫及其东迁》（《兰州大学学报》1986年第4期）用七卫东迁的史料说明七卫所在地理位置是一个动态的过程；吴均《安定、曲先、罕东、必里等卫地望及民族琐议》（《青海师范大学学报(社会科学版)》1988年第3期）从民族成分的角度考订七卫的地理方位；唐景绅《明代罕东卫地望小考》（《青海社会科学》1985年第5期）认为洪熙、宣德后罕东卫人的游牧中心已由西宁西北转移到敦煌、玉门、安西等地，正德、嘉靖年间，由于吐鲁番的侵扰，罕东等卫不克自立，内附肃州；妥超群、刘铁程《毕力术江考——明代曲先卫地望及相关地名新证》（《民族研究》2011年第11期）根据青藏高原地点命名规律以及对史料的重新解读，考证出毕力术江应是青海湖布哈河，毕力术江是明代中期曲先卫劫杀明使的地点，以此作为判断曲先卫地望的重要依据，确定了毕力术江的位置，无疑就确定了曲先卫的位置。

二是对七卫建置兴衰的考察。其中，程利英对七卫做了系统的研究：《明代关西七卫探源》（《内蒙古社会科学(汉文版)》2006年第4期）结合元朝西北历史特点和民族源流去探讨关西七卫，提出关西七卫的设立与元朝中期以来察合台后王集团在河西西部至畏兀儿之地的活动有着密切关系的观点。早期七卫首领主要由察合台系诸王担任，以出伯家族、安定王家族为首的察合台后王集团一直在发挥着防御西域各个地面和维护河西安宁的作用；《明代关西七卫与西番诸卫》（《西藏研究》2005年第3期）则将西域地区的关西七卫与河湟地区的西番诸卫进行比较研究，指出二者在维护西北边防上的不同作用；《明代关西七卫作用浅析》（《贵州民族研究》2006年第4期）从政治、经济、文化等方面分析了关西七卫的作用和影响；并有硕士论文《明代西北边疆政策与关西七卫研究》从明朝边疆政策的视角考察七卫的兴衰。[1] 王玉祥《浅说明朝的关外卫》（《甘肃社会科学》2000年第4期）指出关外卫的衰落源于英宗之后的国势渐弱和外敌入侵，加之明朝并未给予实质性援助，使之衰亡，带来的恶果是甘州、肃州多次被掠，陕西行都司负担加重，明朝只好调整边防体系，专守嘉峪关；纪宁《明代关西七卫残破原因初探》（《青海民族研究》2011年第1期）亦指出明朝消极的治边政策、七卫间的内讧导致其力量的削弱、明廷对七卫受到外敌威胁时支持不力等原因是关西七卫逐渐残破的主要原因。

此外，关西七卫中对哈密卫的研究一直是个热点，究其原因，哈密是七卫中最西边的卫所，地处西域，对哈密卫的研究不仅是明代军事防御的重要课题，更是西域历史研究的重要内容。田卫疆《论明代哈密卫的设置及其意义》（《西北民族大学学报〈哲学社会科学版〉》1988年第4期）、蓝建

---

1. 程利英：《明代西北边疆政策与关西七卫研究》，硕士学位论文，西北师范大学，2004年。

洪《明代哈密卫撤销原因新析》（《新疆大学学报〈哲学社会科学版〉》1993年第10期）、赵予征《明对西域的统辖及哈密卫屯垦研究》（《西域研究》1994年第9期）、刘国防《明朝的备边政策与哈密卫的设置》（《西域研究》1998年第12期）及赫志学的硕士论文《明代哈密卫研究》[1]均从军事建制的角度阐述了哈密卫的重要地位。

综上可见，目前对于关外卫所的研究仍然沿袭传统道路，主要集中在地望考辨和军事防御两方面，但在局部上有所突破，如程利英《明代关西七卫内迁去向和内迁人数探》（《贵州民族研究》2005年第4期）根据《明史》、《殊域周咨录》和《边政考》等史料，对关西七卫内迁去向和内迁人数进行了探讨，其中沙州卫、赤斤蒙古卫、哈密卫和罕东左卫有内迁人数的统计数据；施新荣《明代及清初哈密卫部众演进考述》（《新疆社会科学》2007年第9期）探讨了15世纪中叶以后移居河西以及留居哈密的哈密卫部众的融合、演进状况；胡小鹏《哈密卫忠顺王脱脱身世及相关问题考述》（《民族研究》2010年第7期）认为永乐帝出于统治目的令出身于安定王家族的脱脱强行加入哈密王室，导致哈密内部纷争不断，出现忠顺、忠义二王并立局面。三文不约而同地将关注的焦点集中到了卫所人员的研究上，这是深化明代卫所体制和西北民族关系的研究。

四、明代西北"土官"、"土司"研究

明代土司制空前繁荣，主要针对西南地区，但很多学者认为，明代在西北地区同样采用了土司制度进行管辖，与西北民族地区的羁縻卫所制共同

---

1. 赫志学：《明代哈密卫研究》，硕士学位论文，西北师范大学，2008年。

运行。然而遍查史书，并不见明确关于西北土司的记载。[1] 迄今为止，凡对西北土官的研究均是以"土官"即"土司"为前提的，从未给予明代土官独立的地位，均以后世"土司"的身份定位明代的情况，略显偏颇。所谓西北地区的土官、土司者大部分都是少数民族归附者的身份。

传统研究中认为的西北土司地区即甘青之地，根据《甘肃诸土司属民表》，青海境内的18家土司中，纳氏、赵氏、东李氏、西李氏4家属于番族（今藏族），甘氏、朱氏、辛氏、喇氏4家属于土族，西祁氏、汪氏、东祁氏、阿氏、吉氏、小李氏6家属于蒙古族，冶氏、上韩氏、下韩氏3家属于缠头回回，仅陈氏一家为汉族。[2] 而这些土司又都栖身于卫所之中，如河州卫的何土司、临洮卫的赵土司、庄浪卫鲁土司，特别是西宁卫有东李、西李、东祁、西祁、吉氏、纳氏、陈氏、赵氏、冶氏、汪氏、阿氏、甘氏、朱氏、辛氏、喇氏等15家土司。因这一地区本身史料较多，如嘉靖《河州志》、嘉靖《陕西通志》、雍正《陇西志》、乾隆《甘肃通志》、道光《循化厅志》、民国陈万言《西北种族史》、慕寿祺《甘宁青史略》、张维《陇右金石录》等均有相关记载；李德龙《中国历代方志土司资料辑录》则将分散在各方志中有关土司制度的资料辑录成册，为土司制度的研究提供了便利；[3] 又有青海省社会科学院、青海省地方志编纂委员会《青海方志资料类

---

1. 检索《明实录》，"土司"共有228条，无一条涉及西北地区；考察正德朝《明会典》尚未出现"土司"一词，所涉之处均为"土官"，计有32条，亦无一处涉及西北地区；检索万历朝重修《明会典》，计有18处"土司"，无一处牵涉西北地区；《土官底簿》明确提到的土官地区有云南、广西、四川、贵州、湖广，亦无西北；《明史》有《土司传》，明确提到的土司地区有湖广、四川、云南、贵州、广西。

2. [民国]刘郁芬修，杨思、张维等纂：《甘肃通志稿》，《民族三·族姓三》，中国西北文献丛书编辑委员会编：《西北稀见方志文献》第27卷，兰州：兰州古籍书店，1990年，第490-494页。

3. 李德龙主编：《中国历代方志土司资料辑录》，北京：学苑出版社，2016年。

编》[1]、米海萍、乔生华《青海土族史料集》等的编辑出版；加之陆续发现整理了很多谱系、碑刻资料，如《李氏宗谱》、《鲁氏世谱》、《永登鲁氏家谱校注》[2]、《祁氏家谱》及《李南哥墓志》、《敕赐感恩寺碑记》等，吸引了很多研究者的兴趣，近年来研究成果颇丰。主要集中在两个方面：

一是制度层面。最早对土司制度进行研究的是佘贻泽先生，他先于1936年在《禹贡》第4卷中发表了《明代土司制度》一文，在国内首次提出了"土司制度"的概念，佘文认为明代西番土官授官多循元例，而元代信喇嘛教番僧，因而所受之职较西南土官品秩较高。[3] 既而于1944年出版专著《中国土司制度》，根据《大明一统志》对天顺时期的土司所做统计未包含西北地区。[4] 吴永章先生《中国土司制度渊源与发展史》之"明代土司制度"一章中根据《明史·地理志》、《大明会典》、《蛮司合志》、《古今图书集成》及有关省方志对明代的土司数目和分布做过统计，亦未将西北地区纳入统计范围。[5] 但龚荫先生于上世纪90年代出版的专著《中国土司制度》之"各省土司纂要"中列有甘肃、青海两省土司，认为明代官方文献中之所以没有把河、湟、洮、岷地区称为"土司区"且《明史》亦以河、湟、洮、岷"西番诸卫"入于《西域传》而不入《土司传》的原因是明在甘肃地区的土司制度不同于西南地区的"以土为主"，而是"以流为主"，且土司均被安置在卫所中。[6] 高士荣先生《西北土司制度研究》更是系统阐释了明代西北的土司制度。[7] 李亚娟《近40年来明代甘青藏区土官土司制度研究综

---

1. 青海省社会科学院、青海省地方志编纂委员会：《青海方志资料类编》，西宁：青海人民出版社，1987年。
2. 《永登鲁氏家谱校注》，西安：三秦出版社，2019年。
3. 佘贻泽：《明代土司制度》，台北：学生书局，1968年。
4. 佘贻泽：《中国土司制度》，台北：正中书局，1944年，第200–204页。
5. 吴永章：《中国土司制度渊源与发展史》，成都：四川民族出版社，1988年，第164–166页。
6. 龚荫：《中国土司制度》，昆明：云南民族出版社，1992年，第1283–1284页。
7. 高士荣：《西北土司制度研究》，北京：民族出版社，1999年。

述》(《陇东学院学报》2018年第6期)详细梳理了近40年来有关明代西北土官土司的研究成果,为其他学者的研究提供了便利。

探讨明代西北土司制度的文章很多,有对"土官"、"土司"的辨析。如杜玉亭先生《土官土司两类说考疑》指出土官与土司因在产生时间、内涵上有差异,所以土官即土司说虽有一定道理但论据不妥,而文武二类说又与基本史实不符,因此,从概念上将土官与土司分辨清楚是不可能的。[1] 韦文宣《"土官"与"土司"》(《广西民族研究》1987年第4期)列出了同一说、"文官武职分司"说、"府司相异"说、"官职制度"说、"时间差异"说五种观点,经论证分析作者持"土官即土司"说。白耀天《土官与土司考辩》(《广西地方志》1999年第3期)认为"土官"在元明时概念较为宽泛,"土司"一词出现后取代了"土官衙门","土官"、"土司"的含义被明确下来。崔永红《论青海土官、土司制度的历史变迁》(《青海民族学院学报》2004年第10期)将明代青海土官分作正规卫所土官、羁縻卫所土官、政教合一土官、部落土官四类,并认为土官与土司一脉相承,明代称土官,清代称土司,是当时人们的用语不同而已。武沐、张锋峰《再释"土司"一词的演变》(《青海民族研究》2017年第2期)通过对"土司"一词在史籍中应用的梳理,认为"土司"的使用并不规范,与"土官"含义略有差异。

有对官方史书不列甘青土司原因的讨论。如王继光《试论甘青土司的形成及其历史背景》(《社会科学》1985年第8期)认为《明史·土司传》不列甘青土司不是修撰者的疏忽,而是清初的学者,在考察明代土司制度时,并不认为应该包括甘青地区。即官方记载不承认明王朝在甘青地区实施过土司制度,但甘青地区又确有一批土官分布各地,导致这一矛盾的原因

---

[1] 中国社会科学院民族研究所主编:《中国民族史研究》,北京:中国社会科学出版社,1987年,第474—481页。

是甘青土司部分是从元代土官承袭而来，大多则由少数民族聚集区的卫所世官演变转化而成，因此得不到官方的认可。而李清凌《元明清时期甘青地区的土司制》（《云南社会科学》2003年第5期）认为《明史·土司传》未收甘青土司的原因是其"据其事迹尤著者"、"摭其大纲有关乎治乱兴亡者载之，俾控驭者识所鉴焉"的立传原则及甘青土司"绝不类蜀、黔诸土司，桀骜难驯"的特点。

有对明代西北土司制度形成原因、特点、类型的分析。如王继光《青海撒拉族土司制度述评》（《青海社会科学》1984年第4期）提出撒拉族土司始封于明代，均被安置在卫所中，逐渐成为世官，以卫所世官而形成的土司制度，正体现了统治者以夷制夷的思想。高士荣《明代西北推行土司制度原因刍议》（《西北史地》1996年第3期）总结了明王朝在西北推行土司制度的原因有五：最高统治者的怀柔思想；威德兼施，剿抚并举，以抚为主；防御和招抚蒙古政策的需要；地处边远，民族复杂，最宜土官世袭自治；互为依存、互相利用。李文学《明代安多藏区土司制度略论》（《西北第二民族学院学报》2005年第2期）将安多藏区（包括青藏高原大部除玉树外地区、甘肃南部、河西走廊及四川西北部）的土司制度分为典型土司制、卫所土司制和僧纲土司制三类，其中卫所土司制是用卫所这种军政建制来容纳土司，卫所土司制又分为土流参治、部落千百户、羁縻卫所三种类型。土流参治卫所土司制以西番诸卫最为典型，部落千百户土司制主要存在于西宁卫以西以南、柴达木以东以南，羁縻卫所土司制存在于关西七卫，安多范围内的有安定、阿端、曲先三卫。林伟科《简析明代西北土司的特点》（《黑龙江史志》2010年第15期）通过具体史实探析了明代西北土司客籍多、根基浅，土流参治、土制于流，忠于朝廷、服从征调，军功起家、承袭武职等特点。张金奎《明代渐进式"改流"浅议——以西北洮、岷一带为例》（《遵义师范学院学报》2015年第4期）认为明政府在西北地区采取的是一种渐进式的"改流"方案，说明明廷并未放弃在西北边地实行流官统治的打算，这也是明朝对土司地区的基本态度。何威《家族视域下的西北土司与西南土司比较研究》(《中央民族大学学报(哲学社会科学版)》2016年第5期)则从家族视角考察西北、西南土司制度的异同。贾陈亮、武沐《明朝管理甘青土官的举措探析》(《北方民族大学学报(哲学社会科学版)》2017年第1期)将甘青土官划分为两个类别,认为明王朝对两类土官采取了不同的管理模式,以达到稳固西北的目的。此外,张申寅的硕士论文《国家与社会关系视野下的明清河湟土司》从国家与社会互动关系的视角考察河湟土司的兴亡。[1] 冯海晓《明代西南、西北边疆地区土司制度比较研究——以云南丽江府木氏和青海西宁卫李氏为例》则从比较的角度分析了明代西南、西北土司制的异同,认为西南主要是借助大姓豪酋的间接统治,而西北则是流官力量的直接统治。[2] 陈晓敏《明代的土官与土司制度》利用《土官底簿》介绍了土官世袭、升授、借职、循例及土流参治的情况,虽只涉及西南地区,但对西北土官的研究亦有一定借鉴作用。[3]

综上,关于明代西北土司制度的研究虽多,不外三种意见,一是明代西北地区存在土司制度,二是明代西北地区没有土司制度,三是折中之说,认为明代西北有大量土官存在虽是事实,但官方并不认可西北为土司地区,除上引述,其他论述基本如是。各方对官方史料不列西北土司均有解释,但均无特别说服力,因此,迄今为止,关于西北土司在有无问题上仍是争论焦点。加之对"土官"、"土司"二者的关系也无一致的看法,导致明代西北土司制度的研究呈现出散而不统的局面,即具体的细节研究很多,但始终无法准确定性。唯有一点是诸家均认可的,即西北所谓的土官、土司者基本存

---

1. 张申寅:《国家与社会关系视野下的明清河湟土司》,硕士学位论文,青海师范大学,2009年。
2. 冯海晓:《明代西南、西北边疆地区土司制度比较研究——以云南丽江府木氏和青海西宁卫李氏为例》,硕士学位论文,云南大学,2011年。
3. 陈晓敏:《明代的土官与土司制度——以<土官底簿>之记载为中心》,硕士学位论文,复旦大学,2012年。

在于卫所体制下的特点，随着卫所选簿的刊行和应用，必定能对这一问题的研究提供有益的思路和深入的可能。

二是土司个体和家族。王继光《安多藏区土司家族谱辑录研究》对顺治《李氏世袭宗谱》、乾隆《鲁氏家谱》、《湟南世德祁氏列祖家乘谱》的整理刊行，为甘青土司的研究提供了重要史料。[1] 杨士宏《卓尼杨土司传略》[2]、《卓尼土司历史文化》[3] 系统论述了甘南卓尼杨土司的家族世系，卓尼一代土司些地于洪武初年归附，被安置在洮州卫。赵鹏翥《连城鲁土司》对鲁土司在明代的世系作了介绍，始祖脱欢于明初归附，被安置于庄浪卫，在明历九世。[4] 赵秀文、金锋《鲁土司及其当代价值研究》则从政治、经济、文化、风俗等方面全面介绍了鲁土司的发展历史及其对西北地区的贡献。[5]

研究论文方面，有两个特点：一是研究比较集中，以有族谱刊行的李、鲁、祁氏土司为主；二是研究者多系土司家族后人，既方便获得史料又心怀使命感。王继光《安木多藏区土司家族谱探研——以《李氏宗谱》、《鲁氏世谱》、《祁氏家谱》为中心》（《西北民族研究》1988年第2期）认为甘肃临洮赵土司、卓尼杨土司、永登鲁土司，青海民和李土司、西宁二祁土司是安木多（即安多）地区势力较大的几个土司家族，他们改汉姓、接受汉文化，反映了安木多地区的民族融合和历史变迁。林友标、王颋《<临洮赵氏族谱序>解读》（《西夏研究》2014年第2期）则通过对明人罗亨信所撰《临洮赵氏族谱序》的解读，考察临洮赵氏的家族历史。

关于李土司，有对李氏世系的考察，如辛存文《民和土族东伯府李土

---

1. 王继光：《安多藏区土司家族谱辑录研究》，北京：民族出版社，2000年。
2. 杨士宏：《卓尼杨土司传略》，成都：四川民族出版社，1990年。
3. 杨士宏：《卓尼土司历史文化》，兰州：甘肃民族出版社，2007年。
4. 赵鹏翥：《连城鲁土司》，《西北史地》编辑部，1987年。
5. 赵秀文、金锋：《鲁土司及其当代价值研究》，西宁：青海人民出版社，2016年。

司世系考察》（《青海民族学院学报》1981年第10期）、吕建福《李土司先世辨正》（《西北民族研究》2005年第9期）及赵英的硕士论文《李土司家族制度研究》[1]；有对东李会宁伯李南哥、李英父子及西李高阳伯李文个人的研究，如王继光《跋<李南哥墓志>》（《青海社会科学》1994年第3期）、米海平《明代土官李英事略》（《青海民族研究(社会科学版)》1996年第2期）、崔永红《明代青海土官李文之籍贯及生平考略》（《青海社会科学》1992年第4期）等；有对李氏家族历史作用的考察，如张兴年《论明朝河湟李氏土官在西北边防中的作用》（《烟台大学学报(哲学社会科学版)》2011年第4期）、陈亮《浅析明代甘青李鲁土司家族的发展与历史作用》（《鸡西大学学报》2011年第10期）等。

关于鲁土司，李向德《连城鲁土司述略》（《青海民族研究（社会科学版）1995年第1期》），南德庆《永登连城鲁土司始祖考证》（《青海师专学报(社会科学)》1997年第3期），王淑芳、王继光《蒙古族鲁土司家族史料系年》（《西北民族学院学报(哲学社会科学版)》1999年第1期）均对鲁土司家族史料作了梳理和考证。米德昉《蒙古族鲁土司属寺<敕赐感恩寺碑记>考释》（《天水师范学院学报》2012年第1期）通过对嘉靖朝鲁土司修建的感恩寺内刻碑所作考释，以窥鲁氏家族的汉化和宗教信仰问题。

关于何土司，有洲塔、何威《河州何土司家族考略》（《西藏研究》2009年第6期）和《河州土司何锁南考辨》（《西藏大学学报(社会科学版)》2010年第2期）及何威的博士论文《河州土司何锁南家族研究》[2]。河州土司何锁南是明代在西北最早敕封的土司之一，明初受封河州卫世袭指挥同知，一直到民国二十一年(1932)，方被废除。其家族历经明清两朝，雄居西北561年，其统治时间之长、影响力之大、势力之强，在西北土司中首

---

1. 赵英：《李土司家族制度研究》，硕士学位论文，陕西师范大学，2007年。
2. 何威：《河州土司何锁南家族研究》，博士学位论文，兰州大学，2011年。

屈一指，对西北地区的政治、军事、文化等都产生了深远影响。

此外，还有王淑芳、汪小军《青海西祁土司家族史料系年》（《西北民族研究》1999年第1期）根据《湟南世德祁氏列祖家乘谱》、《湟东祁氏宗谱——室清碟》二种家谱对西祁土司家族世系作一梳理。辛存文《对辛土司的考察纪略》（《中国土族》2002年第2期）对西宁卫辛土司世系、事迹作了整理。

综上，对土司个人及宗族的研究文章虽然十分丰富，但基本停留在资料整理阶段，主要是对谱系、碑文等的研究和解读，而且仅限于几家有谱系存留的大土司家族，对个人的研究也主要集中在几个较为有名的人物身上，缺乏整体的联系。可喜的是，已经有学者开始从婚姻的视角考察河湟土司之间、土司与朝廷之间的关系，如郭永利《试论甘肃永登连城鲁土司家族的联姻及汉化问题》（《青海民族研究》2003年第2期）指出鲁土司凭借成功的姻亲关系和积极汉化的调适，顺应历史发展的潮流，达到维系家族的目的。胡小鹏、王瑛《试探明清时期西北蒙古裔土司的基层社会组织及其家族婚姻——以永登鲁土司为中心》（《青海民族大学学报》2014年第4期）也是从鲁土司家族婚姻入手，考察明清西北少数民族地区基层社会组织形式的构建以及"土鞑"共同体得到内部认同过程的实现。赵英《李土司家族的婚姻关系及其社会影响》（《青海民族学院学报(社会科学版)》2007年第2期）认为婚姻是李氏家族最重要也是最基本的社会行为之一，是维系李氏家族生命传承的最直接动力，在保证其家族长盛不衰中起着重要作用。对政治势力而言，婚姻向来是维系权力的重要手段，从婚姻入手考察明朝在河湟地区的实际政策影响是一个非常有力的突破口。

五、考察范围及对象

1、本书在地理上的考察范围为陕西行都司，以其正式领有的12卫、3

所为界，辖境约相当于今天"甘肃黄河以南及青海湟水流域"。[1]可知，陕西行都司的辖区实际由两个地理单位组成，一是河西走廊、一是河湟之地，均有明确的军政卫所建置，河西走廊上的卫所依次是庄浪卫、古浪所、凉州卫、镇番卫、永昌卫、山丹卫、甘州五卫、高台所、镇夷所、肃州卫，至嘉峪关；河湟地区的卫所是西宁卫、碾伯所、河州卫、归德所，西宁卫、碾伯所属陕西行都司，河州卫、归德所属陕西都司。

2、时间上的考察大致以明洪武七年（1374）河州作为陕西行都司首个治所始，至清雍正三年（1725）裁陕西行都司止。因各卫所设立、裁撤、存废时间不一，加之陕西行都司本身治所、建置的变化，具体时限上有所延伸，大致约三百余年。

3、考察对象为陕西行都司及其下辖卫所的土官群体。因僧职土官、羁縻卫所土官与陕西行都司没有直接统属关系，不在本书讨论范围；但随着关外卫所内迁后成为陕西行都司卫所的土官则在本书讨论之列。

---

1. 史为乐主编：《中国历史地名大辞典》下，北京：中国社会科学出版社，2005年，第1727页。

第三节 研究理论与方法

一、理论依据

在中国历史上，凡遇中原政局混乱，北方民族往往大举内迁，如东晋十六国时期之五胡入华，又有鲜卑族南迁建立北朝政权，唐末藩镇割据，继起的五代政权中后唐、后晋、后汉的建立者都是沙陀人，与两宋对立的辽、金、夏政权，至统一中国的元、清政权，均是北方民族南下中原的结果；即便是中原相对稳定时期，如秦汉之匈奴、隋唐之突厥、明之蒙古等北方民族与中原王朝之间在战和不断的交往中，仍然有大量移民内迁。但有一个奇怪现象，浩浩史书中不乏这些民族的迁入记载，但对这些民族的最终归属却鲜有涉及，研究者的观点也是莫衷一是，人们往往以"汉化"简括之，但民族的发展绝非单纯的"汉化"可以解释。今天，我们仍有55个少数民族以及众多无法明确族属的特殊人群，他们与历史上的民族又有怎样的渊源。明王朝是一个特殊的王朝，夹于两个强大的北方民族建立的统一王朝之间，早期肩负着吸纳数以百万的故元官兵的任务，蒙古虽然北走，但终明一世不断应付着蒙古各部族的南下侵扰，中后期又接踵于东北女真的南下之势。那么，明的统治者究竟采用怎样的民族政策才能抵御外敌、安抚内患，在276年的统治下所接收的北方移民如何安置，这不仅是明史研究的重要课题，更是解决民族关系史范畴下各民族遗民归属的重要突破口。

二十世纪二十年代，陈垣先生在其名著《元西域人华化考》中，即以儒学、佛老、文学、美术、礼俗、女学各名目阐述了元代西域入华之人所接受中原文化的盛况，以翔实的史料、细致地分析、精准的考据，论证了华夏文化的博大、包容与传承，在特殊的历史条件下，增强了国人的民族自信力，成为治史、治学者的典范，亦开创民族文化历史研究的先河。[1] 三十年代，又有张鸿翔先生著《明代各民族人士入仕中原考》考证出大量明政府接纳为官僚的各少数民族人士。[2] 两书均以宽广的视野、独特的视角，在帝王将相的历史之外，注意到最广大民间最真实的民族交流与融合，这才是研究民族问题所应持有的公正态度与广阔胸襟。而民族问题与边疆问题是最为紧密的结合体，边疆是否安定常常与民族问题处理得好坏直接相关。美国学者拉铁摩尔之《中国的亚洲内陆边疆》以地理学的视角分析中国边疆所受地理环境之影响以及边疆民族崛起与兴亡的地理制约，将"地理环境"引进到边疆安危与民族问题的统一体中。[3] 将地理、民族与历史结合得更为透彻的是王明珂先生的《华夏边缘：历史记忆与族群认同》，集中探讨"边缘"地带，民族生存与发展及由此带来的历史记忆与现实影响。[4] 本文所研究之地域既为明代之边疆，亦为农耕游牧交界地；所研究之对象既为少数民族归附者，亦为入仕中原的外族。因此，仰慕先贤，浅尝辄止地学习一点方家的思路，从地理的认识展开，以地理与民族、民族与历史的关系入手，抓住制度、文化等切入点，尝试对陕西行都司及土官问题做一点底层探讨。

二、研究方法

1、分时段、分区域，连续性、整体性考察：按照陕西行都司建置情况对土官的发展进行时代和区域的划分；但仍需在整个明朝局势下分析问题，并考察事物的前因后果，上承元朝、下启清朝的状况。

2、个案研究：对典型的土官家族及个人进行个案研究，如庄浪鲁氏、

---

1. 陈垣：《元西域人华化考》，上海：山海古籍出版社，2000年。
2. 张鸿翔：《明代各民族人士入仕中原考》，北京：中央民族大学出版社，1999年。
3. [美]拉铁摩尔：《中国的亚洲内陆边疆》，唐晓峰译，南京：江苏人民出版社，2005年。
4. 王明珂：《华夏边缘：历史记忆与族群认同》，台北：允晨文化，1997年。

西宁李氏及其代表人物；

3、实证研究：将实录、选簿、地方志、谱系、碑文相关材料进行比对，辨识真伪；

4、历史地理学研究：结合地形图、军事布局图等图形资料，考察历史状况下的地理因素的作用；

5、民族学、社会学研究：考察土官的民族属性及其代表的社会意义。

第一章 陕西行都司卫所建置沿革

第一节 陕西行都司区域的地理学考察

　　陕西行都司位居明朝版图的中部偏北,地理坐标约为北纬35°~40°、东经98°~104°之间,系东部湿润区向西部干旱与高寒区的过渡带,地处黄河中上游,系黄土高原、青藏高原、内蒙古高原三大高原的交汇地,境内地形复杂、山脉纵横交错、海拔相差悬殊,平原、盆地、高山、戈壁、沙漠兼而有之,呈山地型高原地貌。整个陕西行都司地形狭长,地势自东南向西北延伸,由于受到南部青藏高原与北部蒙新沙漠的限制,在多处形成南北走向的蜂腰地带。明代对这一区域以陕西行都司的建置进行统一管辖,但就地貌特征而言,实际由河西走廊与河湟谷地两部分组合而成,在今日我国的行政版图上,也分属甘肃、青海两省。[1]

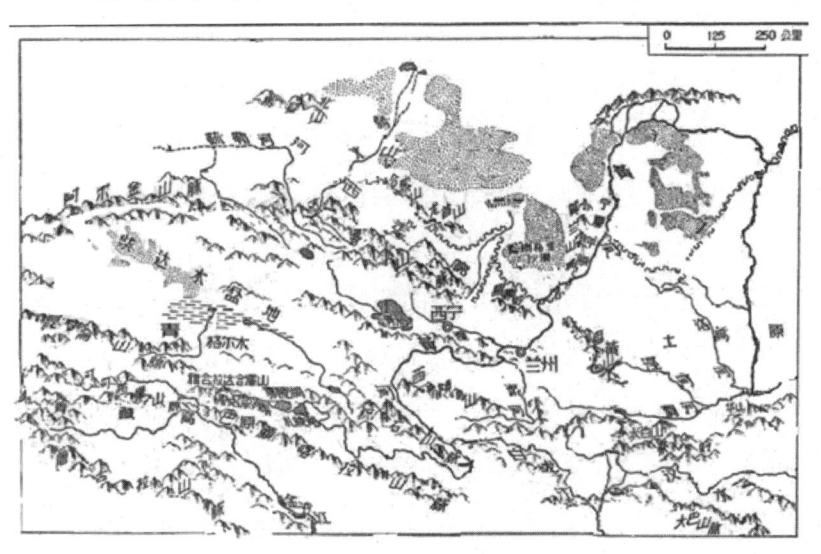

陕西行都司地形图

---

1. 图片来源:北京市教育局中小学教材编审处编:《北京市初级中学试用课本·地理》第3册,"陕西、甘肃、宁夏、青海的地形"图改制,北京:北京出版社,1961年,第27页。

一、地貌特征

河西，顾名思义，位于黄河以西，是一块介于祁连山与马鬃山之间的狭长平地，东西长约1000千米、南北宽约数十千米，平均海拔1500米。整个走廊地区，沿河冲积平原形成武威、张掖、酒泉等大片绿洲，以祁连山融化的冰雪灌溉，形成绿洲农业，水草丰美、物产丰富。绿洲之外，则因风力作用和干燥剥蚀作用，形成广袤的戈壁和沙漠，尤其是嘉峪关以西的广大戈壁。整个河西走廊，土地面积约为27.48万平方千米，从自然景观要素来看，属于山地绿洲荒漠复合生态系统。[1]

河湟，指青藏高原大坂山与积石山之间，河水（黄河）与湟水流域的三角地带。湟水是黄河上游最大的支流，因流经西宁城，又称西宁河，发源于今天青海省海晏县包呼图山，至兰州西面的达家川入黄河，长370千米，流域面积3200多平方千米。由于流域有不同的岩性与构造区，因而发育成峡谷和盆地形态，峡谷有巴燕峡、扎马隆峡、小峡和老鸦峡等，盆地有西宁盆地、大通盆地、乐都盆地和民和盆地，其中以西宁盆地为最大，一束一放，形成串珠状的河谷地貌。湟水谷地与龙羊峡以下的黄河谷地合称为河湟谷地。海拔较低，气候温和，土地肥沃，物产丰富。河谷以外，亦有山地、草原和林地，并与干旱地区接壤。

可知，河西走廊地势平坦，以平原地貌为主，依靠祁连山雪水灌溉大小不等的绿洲；河湟谷地则是峡谷与盆地交错，以河谷地貌为主，依靠湟水灌溉，土质肥沃。显然，二者虽然主体地貌不一，但在地形特征的复杂性上具有相似之处，均系存在多种地形的交叉混合地貌。

---

1. 刘学录主编：《河西走廊：山地绿洲荒漠复合生态系统的景观格局与景观多样性研究》，兰州：甘肃科学技术出版社，2006年，第1页。

二、产业类型

河西走廊与河湟谷地特殊的地貌特征决定了其产业类型的特殊性。

第一，具有实现农耕的有利条件，但可耕作面积有限。对农业生产而言，适合的自然条件是：优良的土质、丰富的水源、充足的日照、适宜的气候。

河西走廊由于自然条件复杂，形成以山地土壤、荒漠土壤、绿洲灌溉耕作土壤为主的各类土壤，一方面土质细腻肥沃，适合农耕，一方面土质疏松多沙，具有潜在沙漠化的威胁；[1]祁连山流入河西走廊辖区的共有大小57条河流，形成石羊河、黑河、疏勒河三大水系，地表水与地下水资源都很丰富，且补给稳定，年均最大供水量可达到104.9亿立方米；[2]且日照时间长，全年可达到2550~3500小时；气候上属于大陆性干旱气候，具有光照丰富、热量较好、温差大、干燥少雨、多风沙的特征，[3]有利于农作物的生长。但戈壁、沙漠、山地、寒漠、碱湖占据走廊面积的大部分，宜农土地不足总面积的5%，绿洲仅占4.12%，[4]极大地限制了耕地面积的开垦及农业人口的发展。

河湟谷地，年均气温5.7~6.8℃，年降水量250~390毫米，日照时间约为每年2600小时，亦为大陆性干旱气候，热量条件接近暖温带，土壤为灰钙土，灰钙土类地区海拔低、热量条件优越，适宜种植麦类、蔬菜、瓜果等。[5]此外，河水、湟水流量丰沛，河流从山地携带的泥沙在宽谷中不断淤积沉淀，形成沉积巨厚、土壤肥沃的盆地，也造就了万亩良田，到今天

---

1. 李并茂：《河西走廊历史地理》，兰州：甘肃人民出版社，1995年，第9页。
2. 李并茂：《河西走廊历史地理》，第4—5页。
3. 李并茂：《河西走廊历史地理》，第8页。
4. 李并茂：《河西走廊历史地理》，第8页。
5. 西北师范学院地理系、青海师范大学地理系编著：《青海省地理》，西宁：青海人民出版社，1987年，第112页。

还有750万亩之多。然而，河湟地区西、北、南三面临山，地势高峻，呈现"四山夹三河"的形式分布，即冷龙岭—大通河—大坂山—湟水—拉脊山—黄河谷地—黄河南诸山脉。[1] 土地开垦亦受到限制。

第二，具有丰富的草地资源，可实现畜牧业的发展。目前，据学者统计，河西地区的草场包括160万公顷的祁连山西段草原、183.53万公顷的走廊东段草地、26.67万公顷的走廊中部草地、66.67万公顷的走廊以北荒漠草场及697万公顷的额济纳旗三角洲荒漠草场。[2] 其中大部分为天然草场，可见历史时期，草地资源当更为丰富，是游牧民族优良的寄居场所。河湟区有草原3000多万亩，牧草肥美，[3] 适宜发展畜牧业。

第三，农耕、游牧的外围是沙漠干旱区。河西走廊东部是巴丹吉林和腾格里沙漠，西部是库木塔格沙漠，即使是走廊内部，也是绿洲外处处环绕着戈壁荒漠。而河湟地区的东面则是广袤的柴达木盆地沙漠。

第四，境内有盐池，产盐丰富。河西走廊上的山丹、高台地方，在明代均为产盐之地。嘉靖《陕西通志》载："红盐池在（山丹）卫北四百里，池产红盐。白盐池在居延泽之旁，产白盐。"[4] 又"盐池在（镇夷）所西四十里，池产白盐，其利甚博，河西一带至金城，人皆资食。"[5] 地质时期的西宁盆地是一个内陆湖，随着气候的变化，湖盆中形成大量石膏、磷、粘土等盐类矿物资源。[6]

因此，从地理环境决定产业类型的角度来看，河西走廊与河湟谷地均

---

1. 西北师范学院地理系、青海师范大学地理系编著：《青海省地理》，第270页。
2. 雷玉明、张建文主编：《河西草地资源与保护》，兰州：兰州大学出版社，2006年，第24—25页。
3. 西北师范学院地理系、青海师范大学地理系编著：《青海省地理》，第8、272页。
4. [明]赵廷瑞：嘉靖《陕西通志》卷4《土地四》，嘉靖二十一年刊本，西安：三秦出版社，2006年，第175页。
5. 嘉靖《陕西通志》卷4《土地四》，第177页。
6. 西北师范学院地理系、青海师范大学地理系编著：《青海省地理》，第273页。

为亦农亦牧之地，又富含盐类矿物质，然农耕与游牧的资源又相对狭小，因此成为农业文明与草原文明的边缘带及结合部，亦成为各民族交往、争夺、杂居的场所。

三、交通要道

除了相似的产业类型，河西走廊与河湟谷地均为重要的交通枢纽，亦为历代王朝必争之地。

河西走廊是通往西域的必经之路。"禹贡雍州地，自汉以前为月氏国地，后为匈奴所据。"[1]西汉为了反击匈奴的频繁劫掠，武帝时派张骞出使西域，希望与月氏、乌孙等国联合夹击匈奴，但张骞两次为匈奴所截，只因为河西走廊是中原通往西域的唯一通道，否则只能绕道南行，翻越终年积雪的祁连山。最终，西汉依靠强大的骑兵赶走匈奴，夺取河西，打通了中西交通，并建武威、酒泉、张掖、敦煌四郡。经过历代的开发与经营，河西走廊遂成为西北粮仓及汉唐丝路的重要组成部分。"其地跨越边塞，保险阻，定畜牧，自古称凉州之畜，为天下饶也。天下多事，群雄恒睥睨于此。"[2]五胡十六国时期，相继出现过前凉、后凉、北凉政权；唐中后期，为吐蕃、羌、戎所据；宋时为西夏所据；元时为西域各族所居之地。河西走廊作为交通要道的重要性体现在三个方面：

第一，其地自古是多民族繁衍之所，因其亦耕亦牧的自然条件，成为中原王朝与北方游牧民族的必争之地。中原王朝政局稳定，则设郡县，发展农业，中原若有战乱，北方民族必乘机夺之；

第二，河西走廊为中西交通的孔道，亦为丝绸之路的必经之地，是东

---

1. 顾祖禹：《读史方舆纪要》卷63《陕西十二》，第2970页。
2. 顾祖禹：《读史方舆纪要》卷63《陕西十二》，第2971页。

西方政治、经济、文化交流的通道;

第三,其地富庶,又有高山作为天然屏障、黄河作为阻隔,羌戎相合,极易建立独立的政权,所以自汉以来,中原王朝占据其地是隔断各少数民族政权联合的重要途径。即"汉武开河西,遏绝羌与匈奴相通之路,使不得解雠合约为中国患。"[1]

河湟地区,"古西羌所居,谓之湟中。"[2] 汉魏设郡,东晋末为鲜卑所据建南凉政权,北朝各政权置州郡,隋唐宋因之,时常为吐蕃占据,元为西宁州,明改为西宁卫。从河湟地区的历史发展可以发现与河西走廊有许多相似之处:

第一,河湟之地亦为北方民族自古生存之所,虽被中原王朝攻克后设州立县,却也屡屡为北方民族袭掠;

第二,河湟是进入藏区的门户。历史上从中原经河湟入藏也有一条传统路线,即被称作"丝绸南路"的唐蕃古道,古道分东、西两段,东段从长安(今陕西西安)至鄯州(今青海西宁)在唐朝境内,西段从鄯州至逻些(今西藏拉萨)在吐蕃境内,文成公主入吐蕃走的就是这条路,也是唐代以来中原内地前往青海、西藏乃至尼泊尔、印度等国家的必经之路,其地的交通价值绝不下于河西走廊的重要性;

第三,其地"镇河、湟环带,山峡迂回,扼束羌、番,屹为襟要。"[3] 有险可守,对中原王朝来说,可以牵制西北少数民族。

因此,两地自古都是多民族生存繁衍之所,均拥有亦耕亦牧的自然条件,成为游牧、农耕民族争夺的焦点,亦成为中原内地进入西北民族地区的门户,因其有险可据,往往驻兵屯守,作为遏制北方民族入侵中原的前沿。

---

1. 顾祖禹:《读史方舆纪要》卷63《陕西十二》,第2971页。
2. 顾祖禹:《读史方舆纪要》卷64《陕西十三》,第3005页。
3. 顾祖禹:《读史方舆纪要》卷64《陕西十三》,第3005—3006页。

最为紧要的，两地都承担着沟通中西的孔道作用，河西走廊通往西域，由西域而通往中亚、西亚；唐蕃古道到达藏区，由西藏而入尼泊尔、印度等国。又据大量考古资料和史籍记载，唐蕃古道的东段路程选择了丝绸之路南线的走向，[1]从西安至西宁，即两条重要的古代交通线路有重复的一段，过西宁后再分南北，而两条路线经西宁即可相连。

所以，基于相似的历史地理环境，尤其是西宁交通要道的重要地位，将河西地区与河湟地区作为整体进行行政规划是大势所趋。因为，只有在行政上实现了统一管辖，才能确保交通要道的畅通。元代的甘肃行省已经囊括了两地，明代建陕西行都司亦继承元代的辖境，不过是将民政性质的行省改为军事建制的都司。但陕西行都司以河西、河湟地区为主体的辖境并非从甘肃行省直接继承过来，而是经历了数度变更。那么，历代王朝对于河西与河湟又是如何进行管辖的呢？

四、行政沿革

两地为中原王朝所关注而后管理与开发均始于汉代。《汉书·地理志》载："金城郡，昭帝始元六年置。……武威郡，故匈奴休屠王地。武帝太初四年开。……张掖郡，故匈奴昆邪王地，武帝太初元年开。……酒泉郡，武帝太初元年开。……敦煌郡，武帝后元年分酒泉置。"[2]金城郡领县十三，即在河湟之地；武威郡领县十，张掖郡领县十，酒泉郡领县九，敦煌郡领县六，即为河西之地。此后，历代王朝多设州县管辖，以发展农业生产为主，人口亦以农业人口为主。

---

1. 陈小平：《唐蕃古道》，西安：三秦出版社，1989年，第15页。
2. [汉]班固：《汉书》卷28下《地理志第八下》，北京：中华书局1962年，第1610、1612–1614页。

元至元十八年(1281)，灭西夏，置甘肃行省，治所为甘州。甘肃行省全部在黄河以西，但范围较之今天的甘肃省更为广阔，包括今湟水谷地、河西走廊、阿拉善、额济纳、宁夏等地。而今属甘肃省的黄河及洮河以东地区在当时属于陕西行省，今属甘肃省之洮西的河州路和脱思麻路在当时则属于吐蕃宣慰司；明代废除甘肃行省，将其辖境划分为陕西布政司（领陇中）、陕西都司（领陇南、洮西）、陕西行都司（领河西、河湟）；清代复设甘肃省，时任川陕总督的年羹尧言："甘肃之河西各厅，自古皆为郡县，至明代始改为卫所。"[1] 也就是说，河西、河湟之地在历代均为民政性质的州县建置，唯独明朝将其改为军事性质的卫所建置。实际上，年氏的说法并不确切，通过对明代陕西行都司下辖各卫所历代建置的梳理，发现局部地区早有军事建置的先例（见表1-1），以下分别论之：

表1—1：陕西行都司下辖各卫所历代沿革表[2]

两汉	三国魏	晋	后魏	周	隋	唐	吐蕃	五代	宋	西夏	元	明	清
武威郡	凉州武威郡	凉州武威郡	凉州武威郡	凉州武威郡	武威郡	凉州武威郡				西京府			凉州府
姑臧县		姑臧县	林中县			姑臧县	属	凉州			西凉州	凉州卫	武威县
休屠县	姑臧县		休屠县	姑臧县	姑臧县								
张掖县		武兴郡	武兴郡										
鸾鸟县		晏然县	晏然县			嘉麟县							

---

1. 《清世宗实录》卷25，雍正二年十月丁酉条，北京：中华书局影印本，1985年。
2. 根据张澍辑录：《凉州府志备考》，《大清一统志》沿革表，第11—15页；顾祖禹：《读史方舆纪要》卷63，第2970—3004页；[明]李应魁：《肃镇华夷志》，第56页；《西宁府新志》卷3，《地理志·沿革表》，第98-100页，等整理。

汉	三国	晋	后魏	西魏	隋	唐	五代	宋	金	西夏	元	明	清
武威县	武威县	宣威县	武安郡			白亭军						镇番卫	镇番县
宣威县	宣威县												
番和县	番和县	番和县	番禾郡	番和镇	番和县	番禾县					永昌路	永昌卫	永昌县
显美县	显美县	显美县	显美县	废入姑臧									
骊靬县	骊靬县	骊靬县	废	力乾县									
		焉支县	燕支县	燕支县		和戎县						古浪所	古浪县
苍松县	仓松县	仓松县	昌松郡	昌松县	昌松县	昌松县							
			莫口县	废									
揟次县	揟次县	揟次县	揟次县	废入昌松									
朴襄县	朴襄县		魏安郡	废									
		广武郡	广武郡								庄浪县	庄浪卫	平番县
枝阳县	枝阳县	枝阳县	废										
令居县	令居县	令居县	废	广武郡	允吾郡	广武县							
		永登县	废										
允街县	允街县	允街县	废										
汉	三国	晋	后魏	西魏	隋	唐	五代	宋	金	西夏	元	明	清
张掖郡	张掖郡	张掖郡	张掖军/甘州		甘州	张掖郡/甘州	张掖郡/甘州			镇夷郡/宣化府	甘州/甘肃路/甘州路/甘肃行省	甘肃卫/甘州五卫	甘州府

汉	魏	晋	后魏	西魏	隋	唐	五代	宋	金	西夏	元	明	清
属张掖郡	属西郡	属西郡	属西郡	属甘州	属张掖郡	属甘州				甘肃军	山丹州	山丹卫	山丹县
汉	魏	晋	西凉	后魏	隋	唐	五代	宋	金	西夏	元	明	清
属酒泉郡	俱为沙蹟，未有建置										属甘肃行省	镇夷所	高台县
属酒泉郡	属酒泉郡	属酒泉郡	属酒泉郡		属肃州	建康军地					属甘州路	高台所	
酒泉郡	酒泉郡	酒泉郡	都城	酒泉军/酒泉郡	肃州	肃州					肃州路	肃州卫	肃州直隶州
汉	三国	晋	南凉	后魏	后周	隋	唐	五代	宋	金	元	明	清
金城郡西平亭	西平郡	西平郡	都城	鄯州			鄯州						西宁府
西都县	西都县	西都县											
临羌县	临羌县	临羌县		鄯善镇			鄯城县	青唐城	西宁州		西宁州	西宁卫	西宁县
		长宁县			乐都郡	西平郡				西宁州			
安夷县	安夷县	安夷县											
破羌县	破羌县	废	西都县										
浩台县	浩台县	浩台县	浩台县			湟州	邈川城	乐州				右千户所	碾伯县
白土县	白土县	白土县	废										

1、北魏（后魏）：张掖军、酒泉军、鄯善镇

北魏太延五年(439)，灭北凉，置敦煌镇，治瓜州（今甘肃安西东南），领张掖军、酒泉军及乐涫戍、玉门关戍等。[1] 张掖军所在地为今甘肃

---

1. 周伟洲、丁景泰主编：《丝绸之路大辞典》，西安：陕西人民出版社，2006年，第158页。

省张掖市，即为明朝甘州五卫地；酒泉军所在地为今酒泉市，为明朝肃州卫地。不过，两军镇存在时间都很短，北魏孝文帝时改张掖军为郡，州置西凉州，后又改为甘州；太和年间又改酒泉军为酒泉郡。[1]

东汉置西都县为西平郡治，魏晋因之，后魏废为鄯善镇，周为乐都郡地，隋为湟水县地，唐仪凤三年(678)分置鄯城县，后陷废，宋元皆为西宁州治，明为卫治。[2] 鄯善镇所在地为今青海省西宁市，亦为明朝西宁卫地。鄯善镇设于北魏初年，孝昌二年(526)改为鄯州。[3]

汉代以来，两地均设郡县，唯北魏在此设立军镇，原因何在？北魏在统一北方的战争中，陆续消灭了后燕、西秦、大夏、北燕、北凉等政权，形成与南方刘宋并立的局面，唯有北边的柔然仍是北魏主要的威胁，灭北凉后，西北又与吐谷浑接壤。因此，方设重兵以隔断柔然、吐谷浑，才可稳定边疆。直至公元六世纪，在北魏的不断打击下，柔然逐渐衰落，北魏在北方所设军镇的地位也日渐变轻，部分军镇才重新改回州县。

2、北周：番和镇

汉置番和县，属张掖县。晋改属武威郡。后魏置番和郡。后周废郡置镇。隋开皇中复为县，仍属武威郡。唐初曰番和，开元十六年(728)置大斗军，属凉州，后陷吐蕃。宋为西凉府，景德中为元昊所据。元置永昌路。明洪武三年(1370)改置永昌卫。[4] 据《汉书·地理志》："番和，农都尉治。"[5] 可知，番和之地为汉代重要的农业产地。又《太平寰宇记》：番和县有土弥干川，"古今匈奴为放牧之地。鲜卑语髓为土弥干，言此川土肥美如髓，故以名之。"[6] 可知，番和亦为牧业之地。各朝均设郡县，唯北周

---

1. [后晋]刘昫等：《旧唐书》卷40《地理三》，北京：中华书局，1975年，第1641-1642页。
2. [清]许容等监修：乾隆《甘肃通志》卷3下《凉州府》，四库全书本，第22页上。
3. [唐]李吉甫：《元和郡县志》卷39，清光绪二十五年广雅书局刻本。
4. 乾隆《甘肃通志》卷3下《凉州府》，第6页下。
5. 班固：《汉书》卷28下《地理志第八下》，第1613页。
6. [宋]乐史：《太平寰宇记》卷152《陇右道三》，北京：中华书局，2007年，第2939页。

设军镇，亦是与北周所面临的形势相关。

北周由西魏政权继承而来，西魏则来自于北魏分裂而来，北魏分裂之东魏由北齐所取代。因此，北周东有北齐、南有陈国、北界突厥、西临吐谷浑，番和即为北周与吐谷浑的边界，设军镇即为稳住西北边境，而得以全力对付北齐和防卫南方的陈国，至北周灭北齐而统一北方。

3、唐：建康军、白亭军

建康军，唐证圣元年(695)，"王孝杰以甘、肃二州相距回远，置军"，[1]后陷于吐蕃，被废，治所在今甘肃高台县西南，与明高台所境相当。白亭军，唐大足元年(701)置，后陷于吐蕃，被废，在今甘肃民勤县东北，与明镇番卫境相当。《新唐书·兵志》载："唐初，兵之戍边者，大曰军，小曰守捉，曰城，曰镇，而总之者曰道。……赤水、大斗、白亭、豆卢、墨离、建康、宁寇、玉门、伊吾、天山军十，乌城等守捉十四，曰河西道。"[2]睿宗景云二年(711)，"以贺拔延嗣为凉州都督、河西节度使。"[3]河西节度使，"统赤水、大斗、建康、宁寇、玉门、墨离、豆卢、新泉等八军，张掖、交城、白亭三守捉。"其治所在凉州。又"赤水军，在凉州城内。""大斗军，在凉州西二百余里。""建康军，在甘州西二百里。""宁寇军，在凉州东北千余里。""玉门军，在肃州西二百里。""墨离军，在瓜州西北千里。""豆卢军，在沙州城内。""新泉军，在会州西北二百余里。""张掖守捉，在凉州南二里。""交城守捉，在凉州西二百里。""白亭守捉，在凉州西北五百里。"[4]可见，建康军、白亭军都是确实的军事建置，原为边地屯戍的部队，后来逐渐演变为地方行

---

1. [宋]欧阳修、宋祁：《新唐书》卷40《地理四》，北京：中华书局，1975年，第1045页。
2. 欧阳修、宋祁：《新唐书》卷50《兵志》，第1328页。
3. 欧阳修、宋祁：《新唐书》卷50《兵志》，第1329页。
4. 刘昫：《旧唐书》卷38《地理一》，第1386页。

政区划单位。

那么，唐朝在州县中兼以军事建置治理河西的原因为何？高宗时，"凉州封界南北不过四百余里，既逼突厥、吐蕃，二寇频岁奄至城下，百姓苦之。"武后大足元年，凉州都督、陇右诸军州大使郭元振"始于南境硖口置和戎城，北界碛中置白亭军，控其要路，乃拓州境一千五百里，自是寇虏不复更至城下。"[1] 显然，唐朝面临的局面是北有突厥、西有吐蕃，必以河西之地"断隔羌胡"，[2] 才可保障边境的安定。

4、西夏：甘肃军

宋仁宗景祐三年(1036)，西夏占领河西，因袭唐代建置，除设凉、甘、肃、瓜、沙五州之外，并设甘肃军司，驻甘州。[3] 军司，全称"监军司"，仿效唐代的"军"而来，但规模较"军"为大，以重兵驻守。西夏景宗元昊建国之初就设十二监军司，甘肃军司即为其一，辖甘、肃二州，目的是为防御回鹘与吐蕃。[4] 西夏以甘肃军控制河西走廊中部，隔断西州回鹘与吐蕃诸部的联系，而达到稳定边地的作用。

从北魏、北周、唐、西夏等政权在河西、河湟的行政建置来看，虽主要以州（郡）县统辖，但在局部地区则设军、镇，以戍重兵的方式隔断南北两个强敌，以保西北边境。因此，明朝以军事建置管辖该地并非首创，但将整个河西、河湟之地纳入军事建置则确是大手笔，不设民事建置就意味着没有赋税可收，放着富饶的河西、河湟，明朝仅设军镇的原因，显然是面临着上述四个政权同样的难题，这便是如何抵御北方的蒙古。

1．刘昫：《旧唐书》卷97《郭元振传》，第3044页。
2．刘昫：《旧唐书》卷38《地理一》，第1386页。
3．郭方忠、张克复、吕靖华主编：《甘肃大辞典》，兰州：甘肃文化出版社，2000年，第19页。
4．郑天挺、吴泽、杨志玖主编：《中国历史大词典》上卷，上海：上海辞书出版社，2000年，第628页。

第二节 设立陕西行都司的政治构想与战略意图

明朝以陕西行都司管控河西、河湟，一方面是由河西走廊与河湟谷底独特的地理位置决定的，一方面又是由明朝所面临的特殊政治形势决定的，北方蒙古始终是明朝最大的威胁，而西北的西域各族、西南的西番诸部又是极不稳定的因素，因此，设置陕西行都司的目的又在于"隔断番虏"。那么，陕西行都司究竟是在何种背景和条件下建立的，设置后又是否发挥出预期的作用呢，这是本节所要讨论的问题。而关于陕西行都司设置的考察又必须与明朝的十六都司及五行都司的整体布局结合起来。

一、都司及行都司的设立

按《明史·兵志》，"明以武功定天下，革元旧制，自京师达于郡县，皆立卫所。"[1] "度要害地，系一郡者设所，连郡者设卫。"[2] 又"洪武三年升杭州、江西、燕山、青州四卫为都卫，复置河南、西安、太原、武昌四都卫。"[3] 四年(1371)正月置大同、建宁都卫，七月置定辽都卫，九月置成都都卫，十一月置广东都卫。六年(1373)四月置广西都卫。七年(1374)二月置福州都卫，七月置西安行都卫。此为都卫（后改为都司）[4] 设置的第

---

1. 张廷玉：《明史》卷89《兵一》，第2175页。
2. 张廷玉：《明史》卷90《兵二》，第2193页。
3. 张廷玉：《明史》卷90《兵二》，第2194页。
4. 在文献中"某某都卫"全称为"某某都卫指挥使司"，亦可称为"某某卫都指挥使司"；"某某都司"全称为"某某都指挥使司"。

一阶段，即洪武三年至七年陆续产生十五个都卫、一个行都卫。[1]"七年申定兵卫之政"[2]即为此一草创阶段的标志。都卫与卫所的关系为：先有卫所，再有都卫；都卫由重要卫升格产生，用来统辖所在行省内其他卫所。朱元璋明确说道："国家设都卫节制方面所系甚重"。[3]

从洪武八年(1375)十月开始是都司设置的第二阶段，"改在京留守都卫为留守卫指挥使司，在外都卫为都指挥使司，凡十三：北平、陕西、山西、浙江、江西、山东、四川、福建、湖广、广东、广西、辽东、河南。又行都指挥使司二：(陕西)甘州、(山西)大同。俱隶大都督府。"[4]从名称上看，出现两个变化：一是将"都卫"从"卫"中正式脱离出来，成为管辖卫所的"都司"，都司由大都督府节制，形成"大都督府—都司—卫所"的三级管辖；二是将过去混乱的都卫名称（以省、府、州名为都卫名称的情况均有）统一确定为省级名称，保持了与十三布政司大致相同的命名。这一阶段截至洪武十三年(1380)胡惟庸谋反案发，以"改大都督府为五，分统诸军司卫所"[5]为标志。

都司设置的第三阶段为调整、完善阶段。洪武十四年(1381)，"复置中都留守司及贵州、云南都指挥使司。"[6]二十年(1387)，置北平行都司于大宁。[7]"洪武二十六年(1393)定天下都司卫所，共计都司十有七，留守司

---

1. 考察《明太祖实录》卷80，洪武六年三月乙卯条，"太平伐苗獠作乱，贵州都卫发兵讨平之。"出现有"贵州都卫"一说；又《明太祖实录》卷82，洪武六年五月戊申条，"诏山西都卫于雁门关、太和岭并武朔等州县山谷冲要之处，凡七十有三，俱设戍兵，以防胡寇。"出现有"山西都卫"一说。未见有明确设置二都卫的史料，故未计算在内。
2. 张廷玉：《明史》卷90《兵二》，第2194页。
3. 《明太祖实录》卷69，洪武四年十一月甲戌条。
4. 张廷玉：《明史》卷90《兵二》，第2194页。此处"甘州"疑为"河州"之误，洪武八年时陕西行都司治所在河州，二十六年以后为甘州。
5. 张廷玉：《明史》卷90《兵二》，第2194页。
6. 张廷玉：《明史》卷90《兵二》，第2194页；张廷玉：《明史》卷76《职官五》又有，"十五年，增置贵州、云南二都司"一说，第1873页。
7. 张廷玉：《明史》卷90《兵二》，第2194页。

一。"[1]即为完成的标志。这一阶段由于对西南地区的统一，新设置了贵州、云南都司；对北边的北平都司、陕西行都司等做了一系列改动；都司内部卫所也进行了增设与调整。

洪武二十七年(1394)，增设四川行都司。"建文帝嗣位，置河北都司、湖广行都司。文皇入立，皆罢之。"[2]永乐元年(1403)，罢北平都司，将北平行都司改回大宁都司。宣德五年(1430)，置万全都司。成化一十二年(1476)，置湖广行都司。嘉靖十八年(1539)置兴都留守司。较之上一阶段，增设了陕西、四川、湖广三个行都司，一个兴都留守司，一个万全都司，改北平行都司为大宁都司。因此，以"后定天下都司卫所，共计都司二十一，留守司二"[3]为都司设置完成的标志。

据此，对都司设置的四个阶段列表如下：

表1—2：都卫（都司）设置阶段表

阶段及性质	时间	名称	数量
第一阶段 草创	洪武三年至八年	杭州、江西、燕山、青州、河南、西安、太原、武昌、大同、建宁、定辽、成都、广东、广西、福州都卫；西安行都卫	15都卫、1行都卫（洪武七年定）
第二阶段 定名	洪武八年至十三年	北平（原燕山）、陕西（原西安）、山西（原太原）、浙江（原杭州）、江西、山东（原青州）、四川（原成都）、福建（原福州）、湖广（原武昌）、广东、广西、辽东（原定辽）、河南都司；陕西（原西安行）、山西（原大同）行都司	13都司、2行都司（洪武八年定）
第三阶段 调整	洪武十三年至二十六年	浙江、辽东、山东、云南、贵州、四川、陕西、广西、河南、湖广、福建、江西、广东、北平、山西都司；福建、山西、北平行都司；中都留守司	15都司、2行都司、1留守司（洪武二十六年定）

---

1. 张廷玉：《明史》卷90《兵二》，第2196页。
2. 张廷玉：《明史》卷90《兵二》，第2195页。
3. 张廷玉：《明史》卷90《兵二》，第2204页。

| 第四阶段确立 | 洪武二十六年至成化十二年 | 浙江、辽东、山东、陕西、四川、广西、云南、贵州、河南、湖广、福建、江西、广东、大宁（原北平行）、万全、山西都司；陕西、四川、湖广、福建、山西行都司；中都、兴都留守司 | 16都司、5行都司、2留守司（后定天下都司卫所） |

资料来源：《明史》卷90《兵二》，第2193—2204页。

从明朝都司设置的整体布局上看，可以发现陕西行都司的两个特点：

1. 它属于最早建立的一批都卫，而且是最早建立的行都卫（西安行都卫），这说明其地军事地位的重要性且被攻克较早；

2. 它屡建屡废，是所有都司中更迭最为频繁的一个，其它如中都留守司、湖广行都司等一般只有一次更迭（即先设后废再置），而陕西行都司则添设过三次（洪武七年、十二年、二十六年），这说明其地情况复杂。

那么，这样一个地位重要又情况复杂的机构在明代的五个行都司中处于什么位置呢？

二、行都司的特点

首先，关于设置"行都司"的理解，基本有三种意见：

1. 谭其骧先生在《释明代都司卫所制度》一文中提出，"行都卫者，与行省不同治所之都卫也。"进而解释道，"时陕西省、西安都卫并治西安，又别于河州设都卫，故曰行。"[1] 意思是，同在一省范围内需要设置两个都卫（后为都司）时，区别于首先设置的与布政司治所相同的都司的另一个都司，被称作"行都司"。具体而言，陕西、山西、福建、四川、湖广五布政司的治所分别为西安府、太原府、福州府、成都府、武昌府，陕西等

---

[1] 谭其骧：《释明代都司卫所制度》，《长水集》上，北京：人民出版社，1987年，第150页。

五都司治所与布政司相同，要在同省中的另一地点再设都司，如陕西之河州（后为庄浪、甘州）、山西之太原、福建之建宁、四川之建昌、湖广之郧阳，所设之都司加"行"字以示区别。这是从形式上区别了同省都司与行都司，即二者治所不同。但也有一点无法解释，即初建都卫时，一省内有两都卫者除西安、河州之属陕西，还有福州、建宁之属福建及太原、大同之属山西，为何西安、福州、建宁、太原、大同均直接称都卫，只河州称为西安行都卫而不是河州都卫。

2. 周振鹤先生的《中国历代行政区划的变迁》一书明确提到五个行都司是"设于边境海疆重地"。[1] 这是从功能上区别都司与行都司，说明了"行都司"的特殊地理位置。考察五行都司，陕西、山西可说临于边境，福建可说靠抵海疆，但四川、湖广身在腹里。因此，"行都司"的设置并非仅"边境海疆重地"的考虑，可能还有控制当地少数民族的重要职能，因为此五省均为民族种类较多、情况复杂之地。

3. 台湾学者谢忠志在其《明代的五行都司》中从"行"的角度提供了另一种理解，他认为"行都司"是仿元代"行省"遗意而来。"行"在唐、宋官制中意为职务兼理，通常是高官理低阶、大官兼任小官；元代，"行省"最初是中书省派往地方的办事机构，后成为地方的正式行政单位。朱元璋起兵之初也仿元制设立过"江南行中书省"等地方行省，后裁撤，设三司（布政司、都司、按察司）。唯有于都司之外，增设五个行都司，"行都司"为"都司"的分设机构，除与都司具有同样的军事性质外，另外还兼理民政、负责屯田、征收赋税，系"特殊的军事独立单位"。[2] 也就是说，"行"有"派出"和"兼任"的两重含义，"行都司"是中央军事部门（大都督府，后改为五军都督府）的派出机构、同省都司的分置机构、兼理军民

---

1. 周振鹤：《中国历代行政区划的变迁》，北京：商务印书馆，1998年，第172页。
2. 谢忠志：《明代的五行都司》，吴智和编：《明史研究专刊》第16期，2008年7月。

二政。但五行都司中福建、湖广为无实土行都司，本省的民政应由本省布政司署理，不归行都司，所以说"行都司"都是既管军又管民是不确切的。

综合三种意见，"行都司"为中央都督府管辖，为中央派出在某省省府之外的军事重地设置的另一个军事机构，与本省都司并立，拥有实土的"行都司"既管军亦管民，陕西行都司自然具有"行都司"的一般特征。地处西北边境，按方位来说归右军都督府管辖，因为辖境为实土，肩负管军管民的职能。

其次，明代的五行都司，按设置时间的先后，分别是陕西行都司、山西行都司、福建行都司、四川行都司和湖广行都司，如图所示：

图例：
①陕西行都司
②山西行都司
③福建行都司
④四川行都司
⑤湖广行都司

明代五行都司治图

---

1. 图片来源：根据谭其骧主编《中国历史地图集》第七册"元·明时期"，万历十年（1582）"明时期全图"、万历十年"陕西行都司"、正统十四年（1449）以前"山西行都司"、万历十年"福建"、万历十年"四川"、万历十年"湖广"等图改制，北京：中国地图出版社，1982年，第42—43、61、56、70—71、62—63、66—67页。

又其具体情况列表如下：

表1—3：五行都司简表

名称	设置时间	治所	隶属	下辖卫所	类型
陕西行都司	洪武八年(1375)西安行都卫(洪武七年七月置,治河州)改置；十二年(1372)正月复置于庄浪；二十六年(1393)徙置于甘州	治甘州卫,今张掖市	右军都督府	领甘州左、甘州右、甘州中、甘州前、甘州后、永昌、凉州、庄浪、西宁、山丹、肃州、镇番12卫,镇夷、古浪、高台3所。	全实土
山西行都司	洪武八年大同都卫(洪武四年正月置)改置	治大同府,今大同市	后军都督府	领大同左、大同右、大同前、大同后、朔州、镇虏、安东中屯、阳和、玉林、高山、云川、天城、威远、平虏14卫,山阴、马邑、井陉3所。	部分实土
福建行都司	洪武八年建宁都卫(洪武四年正月置)改置	治建宁府,今建瓯市	前军都督府	领建宁左、建宁右、延平、邵武、汀州5卫,将乐、武平、永安、上杭、浦城5所。	无实土
四川行都司	洪武二十七年(1394)九月置	治建昌卫,今西昌市	右军都督府	领建昌、宁番、会川、盐井、越巂5卫,礼州后、礼州中中、建昌打冲河中前、德昌、迷易、盐井打冲河中左、冕山桥后、镇西后8所,昌州、威龙、普济俱属建昌卫,马喇属盐井卫,邛部属越巂卫等5长官司。	全实土
湖广行都司	成化十二年(1476)十二月置	治郧阳卫,今郧县	前军都督府	领荆州、荆州左、荆州右、瞿塘、襄阳、襄阳护、安陆、郧阳8卫,夷陵、德安、枝江、长宁、远安、竹山、均州、房县、忠州9所,辽府、襄府、兴府3仪卫司。	无实土

资料来源：《明实录》；《明史》卷90《兵二》,第2204—2221页。

三、陕西行都司的特点

与其他四个行都司相比较，陕西行都司还具有以下特征：

1、与山西、福建行都司同属洪武八年(1375)第一批改置的行都司，但后两者改置后变动不大，仅山西行都司将治所从白羊城（今山西大同市左云县)迁往大同府东，福建行都司治所在建宁，二者治所基本未变，而陕西行都司治所则从河州至庄浪再至甘州迁移三次，变动非常之大，这说明明朝的西北防御是由南至北、由东至西逐步推进的。相比之下，北部之山西、东南之福建、西南之四川、湖广的防御重点基本在设置行都司之初已稳定下来。

2、明代在北部边境沿长城陆续设立了九个军事重镇，分别为辽东、蓟州、宣府、大同、太原、延绥、宁夏、固原、甘肃，各镇设镇守总兵官，其中大同、甘肃镇总兵驻地与山西、陕西行都司治所同，即二行都司与二镇有直接对应关系，在军事上相互倚重。且二行都司与二镇均设于明初洪武年间，可见明初对于北方边事的重视程度。

3、从下辖卫所的数量看，陕西、山西二北方行都司较之福建、四川、湖广三南方行都司呈现出卫多所少的情况，这显然是由地形因素决定的，北方地势平坦，相对独立的地理环境面积较大，可以驻守较多兵力，因此设卫较多；南方多山地、丘陵，独立区域的面积相对较小，设所更为机动灵活。

4、四川行都司所辖除卫所外，还有五个由卫属领的长官司，长官司为安置少数民族首领的土官机构；湖广行都司所辖还有三个仪卫司，仪卫司系王府掌管侍卫仪仗的机构。这说明四川、湖广二行都司除军事或民政的管辖权外，还具有管理少数民族或者王府侍卫的职能，并有相应的机构设置。再看陕西行都司所在的甘肃河西及青海西宁之地，亦有番、土等少数民族分布，而甘州曾经是肃王的就藩之地，却未见行都司下设有土官或王府机构，原因何在？只能是行都司下的卫所将安置少数民族的事务承担起来。而在肃王甘州就藩期间，肃王府与行都司及其卫所的关系不大同于湖广行都司与当地王府的关系。

从图1-2可见，陕西行都司是五行都司中实土面积最大的一个行都司，地处西北边境、设置较早、治所三变、卫多所少，无土官、王府机构，依靠卫所实现全部职能，与甘肃镇、肃王府多有牵涉。如果说，"行都司"是"边境海防重地"，系"都司之重"，那么，陕西行都司当属"重中之重"。

四、辖境与治所的变迁

图1-3：明代陕西行都司辖境与治所变迁图[1]

按照明代机构建置的逻辑顺序，对于同一地区而言，应该是由"卫"而"都卫"再为"都司"、先有"都卫""都司"再有"行都卫""行都司"，"都卫"为"都卫指挥使司"的简称、"都司"为"都指挥使司"的

---

1. 图片来源：根据谭其骧主编：《中国历史地图集》第七册"元·明时期"，万历十年（1582）"陕西行都司"图改制，第61页。

简称。据此，根据与"陕西行都司"相关的机构名称，可揭示其设置背景和作用的变化。

（一）从"西安行都指挥使司"看河州时期的陕西行都司

《明史·兵志》有洪武三年(1370)复置西安都卫，[1]知西安都卫至洪武三年已两度被设。又《地理志》，"洪武四年正月置河州卫，属西安都卫。"[2]知西安都卫的辖境除陕西、宁夏外，还包括甘肃部分。到了洪武七年(1374)七月，在河州置西安行都卫，领河州、朵甘、乌斯藏三卫。[3]即提升河州的地位并将河州卫从西安都卫分出到西安行都卫。按洪武八年(1375)十月改"都卫"为"都司"例，此时的名称应该是"西安行都卫"，但实录中却出现了"西安行都指挥使司"的说法，关于"西安行都指挥使司"的史料有三条：

（洪武七年七月）诏置西安行都指挥使司于河州，升河州卫指挥使韦正为都指挥使，总辖河州、朵甘、乌思藏三卫，升朵甘、乌思藏二卫为行都指挥使司，以朵甘卫指挥同知琐南兀即尔、管招兀即儿为都指挥同知。[4]

（洪武）八年，改西安行都指挥使司为陕西行都指挥使司，正仍为都指挥使。[5]

（洪武九年十二月）罢西安行都指挥使司。[6]

可见，实录中的"西安行都指挥使司"即为《明史》兵志、地理志中

---

1. 张廷玉：《明史》卷90《兵二》，第2194页。
2. 张廷玉：《明史》卷42《地理三》第1009页。
3. 张廷玉：《明史》卷42《地理三》第1009页，此处"乌斯藏"即"乌思藏"。
4. 《明太祖实录》卷91，洪武七年七月己卯条。
5. 《明太祖实录》卷245，洪武二十九年四月甲寅条。
6. 《明太祖实录》卷100，洪武九年十二月癸酉条。

所谓的"西安行都卫",也就是说,在洪武八年(1375)十月改"都卫"为"都司"之前,"西安行都指挥使司"已经存在,而且改"西安行都卫"为"陕西行都司"之后,这一名称并未废止,而是到了洪武九年(1376)十二月才被废止。那么,如何理解洪武九年十二月"罢西安行都指挥使司"这条史料,究竟只是名称的延后废止,还是实体机构的延后罢撤?

那么,西安行都指挥使司究竟从何而来?对比"西安都卫"改为"陕西都指挥使司"名称的变化,其中并未出现"西安都指挥使司",唯独在"西安行都卫"改为"陕西行都指挥使司"中出现了"西安行都指挥使司",显然,它不是从"西安都指挥使司"(西安都卫)而来;那是否由朵甘卫改置的呢?朵甘卫置于洪武四年(1371)十月,[1] 确实在洪武七年七月至洪武九年十二月未见有记载,是被升为"西安行都指挥使司"还是被升为"朵甘行都指挥使司"?《明会典》有载,"洪武七年,升朵甘卫为西安行都指挥使司,给银印。"[2] 按地理区域来讲,河州在今甘肃临夏,朵甘辖区为今西藏东部、青海西南部、四川西部及云南西北部,西安行都指挥使司治所在河州,不大可能由朵甘卫改置,所以,《明会典》的记载有误;西安行都指挥使司建于河州,其都指挥使亦由河州卫指挥使韦正升任,因此,它很有可能是由河州卫改置的。

洪武三年(1370)五月邓愈自临洮攻克河州,故元吐蕃宣慰使何锁南普率

---

1. 《明太祖实录》卷68,洪武四年十月乙未条。
2. [明]申时行等:《明会典》卷108,北京:中华书局,1989年,第582页。

众归附,设河州卫,[1] 以随征大将韦正为河州卫指挥使、锁南普为河州卫世袭指挥同知并赐姓何、其弟汪家奴为指挥佥事。河州卫的设置正是洪武三年朱元璋第一次北征沙漠的成果,其得以设立与何锁南普的归附直接相关。何锁南普系河州右丞里(州东三里,今临夏市东川)西番人,元末任陕西等处行中书省平章政事,秩从一品,世袭吐蕃等处宣慰使都元帅,秩从二品。[2] 显然,明朝对河州的管辖继承了元朝对当地土官的依靠这一点,但对何锁南普等土官卫所职务的任命却比河州卫的设立以及河州卫指挥使韦正的任命晚了几个月的时间,且何锁南普为韦正副职,原因何在?第一,朱元璋对于何锁南普等故元官吏身份的土官一开始是处于观望状态的,直到何锁南普做了两件事方才使其放心。一是洪武三年六月何锁南普等上交了元朝所授的金银牌印,应招谕而降;[3] 二是同年十二月,何锁南普等一十三人亲往南京贡马,以表诚心。[4] 这些举动虽然得到朱元璋的大加赞赏和赏赐,但在其任职方面仍有顾虑,除均授予卫所副职外,其品秩亦低,卫指挥同知仅为从三品,大大低于其在元朝的品秩。第二,从客观上讲,朱元璋要想控制住河州并将明朝势力向西延伸,何锁南普等土官是其必须依靠的力量。韦正初掌河州,城邑空虚,不数年,遂为乐土,[5] 这固然与韦正的"勤于劳徕"有关,

---

1. 关于河州卫设立时间有两种说法,一是洪武三年,见[明]吴祯纂修:嘉靖《河州志》卷1《地里志》:"洪武三年总兵官邓愈统大兵至,宣慰司何锁南率众归附,是年,设河州卫。"嘉靖二十五年刊本,第2页。二是洪武四年,见张廷玉:《明史》卷42《地理三》:"洪武四年正月置河州卫,属西安都卫。"第1009页。考察《明太祖实录》卷56,洪武三年九月甲寅条:"河州卫指挥韦正言西边军粮……"事,可知,河州卫的设立当在洪武三年九月前,且已任韦正为指挥使。《明史·地理志》的"洪武四年正月"说应该是来自《明太祖实录》卷60,洪武四年正月辛卯条:"以何锁南普为河州卫指挥同知,朵儿只、汪家奴为佥事,……仍令何锁南普子孙世袭其职。"可知虽然河州卫的设立是在洪武三年,但直到洪武四年正月明朝才正式任命何锁南普等人的卫所官职。
2. 洲塔、何威:《河州何土司家族考略》,《西藏研究》2009年第6期,第53页。
3. 《明太祖实录》卷53,洪武三年六月乙酉条。
4. 《明太祖实录》卷59,洪武三年十二月辛巳条。
5. 张廷玉:《明史》卷134《宁正传》,第3905页。

更与何锁南普等人的归附及对西番的继续招抚有关，朱元璋曾亲自下诏表彰何锁南普招谕乌思藏的功绩。[1]

明朝向来有在某地先设卫，随着卫所数目的增加而改设或升设都司的惯例。如在东北，先于洪武四年(1371)置辽东卫，八年(1375)又设辽东都司，下辖25卫；永乐二年(1401)设奴儿干卫，七年(1406)因卫所达到132个方设奴儿干都司。以此推之，洪武三年(1370)先设河州卫，随着对西番的招谕及归附者的日益增加，分别于洪武四年、六年设朵甘卫、乌斯藏卫，为了应付增加的军政事务以及继续加大招抚力度，都司的设置势在必行。于是，洪武七年七月在河州设西安行都指挥使司，下辖河州卫，升朵甘、乌思藏为行都司，由西安行都指挥使司兼领的举措，正是进一步强化以河州为据点、招抚西番的战略部署，同时也受到洪武五年(1372)第二次北征沙漠之战中冯胜西路军大获全胜的鼓舞，也因为二次北征岭北之役的大败，促使明朝暂时放弃了较为密集的北伐，转而向西进行更为稳妥的经营。朱元璋己卯诏书言："朕自布衣开创鸿业，荷天地眷佑，将士宣劳，不数年间削平群雄，混一海宇，惟尔西番、朵甘、乌思藏各族部属，闻我声教，委身纳欸，已尝颁赏授职，建立武卫，俾安军民，迩使者还言，各官公勤乃职，军民乐业，朕甚嘉焉。尚虑彼方地广民稠，不立重镇治之，何以宣布恩威。"[2] 此处的"重镇"即为陕西行都司，所以，河州时期的陕西行都司的使命即为招抚"西番、朵甘、乌思藏各族部属"，而招抚他们的主要依靠力量即为何锁南普等一批西番籍的河州卫土官。之所以西安行都指挥使司仅领三卫（河州、朵甘、乌思藏），其中朵甘、乌思藏还旋即升为行都司，则是因为三地辖区都过于广泛，如河州卫，就下辖千户所八、军民千户所一、百户所七、军民百

---

1. [明]朱元璋：《明太祖文集》卷8《命中书劳西番指挥何锁南》，《四库全书》第1223册，上海：上海古籍出版社，1987年，第75页。
2. 《明太祖实录》卷91，洪武七年七月己卯条。

户所二，建置远远高于一般卫。

综上，从西安都卫到西安行都卫再到陕西行都司等机构的设置及名称的变迁，均围绕着河州展开，一是河州卫从西安都卫分出并直接促成了西安行都卫的建立，西安行都卫领一卫（河州卫）、二行都司（朵甘、乌思藏）；二是河州时期的陕西行都司只持续了两年多，后河州卫被分为左右二卫，河州右卫改为洮州卫，河州左卫改为河州卫军民指挥使司并重新归属到陕西都司（原西安都卫），河州府县亦随陕西行都司的裁撤而被革。[1]可知，陕西行都司第一次的设置与废除完全是由河州这个地理区域决定的。也可以说，它就是河州时期的陕西行都司。这一时期的陕西行都司并无实土，所属河州卫当在河州府[2]境内，朵甘、乌思藏二行都指挥使司之地尚在招谕之中，非明朝实土。一旦脱离河州，"西安行都指挥使司"的名称随即被废。

（二）陕西行都司被废时间和原因

《明太祖实录》记载洪武九年(1376)十二月"罢西安行都指挥使司"，也就是说河州时期的陕西行都司在洪武九年十二月被废，在洪武七年七月还被称为"重镇"的陕西行都司为何在短短的两年后被罢撤呢？有学者认为是洪武九年强化中央集权进行地方行政机构改革的结果，[3]也有认为是朱元璋将战略重心转到辽东和云南而放松了对西番的控制，[4]再有认为是当时诸部族为乱、行都司势单力孤而被废，[5]还有认为是其经略西番的使命已完成没

1．[明]吴祯著，马志勇校：《河州志校刊》卷1《地理志》，兰州：甘肃文化出版社，2004年，第2页。
2．张廷玉：《明史》卷42《地理三》："（洪武）六年正月置河州府，属陕西行中书省"，第1009页。
3．陈梧桐：《明太祖与明成祖对西北民族地区的经营》，第371页。
4．梁志胜：《洪武二十六年以前的陕西行都司》，《中国历史地理论丛》1999年第3期。
5．郭红、靳润城：《中国行政区划通史·明代卷》，上海：复旦大学出版社，2007年，第396页。

有存在必要。[1]

关于陕西行都司被废时间，史籍中还提供了另一说法。按《大明一统志》记："（洪武）十二年省行都司及河州府县。"[2]《河州志》亦有相同记载："十二年革行都司及河州府县。"也就是说，河州时期的陕西行都司被废于洪武十二年而非九年。结合洪武十二年(1379)正月"复置陕西行都指挥使司于庄浪，后徙于甘州。"[3]则洪武十二年正月间行都司旋撤旋置，似乎对废立之事显得过于草率，当不太可能。

根据河州卫主事者韦正的职务变化来分析：洪武七年七月，韦正由河州卫指挥使升为都指挥使；八月，其职务名称是西安行都指挥使；[4]九年四月，因守边有功命改回本姓，称宁正，此时的职务为河州卫都指挥使；[5]同年八月，宁正职务恢复为河州卫指挥使，[6]少了一个"都"字。"都指挥使"是都司级别官，正二品，"指挥使"是卫级别的官，正三品，考察实录及《明史·宁正传》均未发现在此期间宁正有何过错，反而还因功受到嘉奖，因此，不可能是个人原因，当是随着都司的撤销而产生的职务变化。也就是说，洪武九年八月时，西安行都指挥使司即陕西行都司已经在罢撤计划中，这从宁正由都指挥使恢复为河州卫指挥使身份即可判断出，到了同年十二月，都司被废之事才正式颁布下来。若都司在十二年才被革，不可能在九年宁正的职务就去掉了"都"字。所以，《大明一统志》、《河州志》等所记十二年被革之说是从十二年正月在庄浪复置之事而来，实际上，陕西行都司早在九年十二月已被废。被废原因史籍虽无载，然当与河州形势的变化最为相关。

---

1. 马顺平：《明代陕西行都司及其卫所建置考实》，《中国历史地理论丛》2008年第4期。
2. [明]李贤：《大明一统志》卷37，台北：台联国风出版社，1977年，第2639页。
3. 《明太祖实录》卷122，洪武十二年正月甲午条。
4. 《明太祖实录》卷92，洪武七年八月乙卯条。
5. 《明太祖实录》卷105，洪武九年四月己酉条。
6. 《明太祖实录》卷108，洪武九年八月庚戌条。

考察《明太祖实录》从洪武七年七月至洪武九年十二月关于河州的史料，主要与两件事有关：一是河州茶马司的设置与运作，二是在河州安置前来归附的西番诸部首领。

> （洪武七年十月）置河州茶马司，官制与秦州茶马司同。[1]
>
> （洪武八年五月）遣内使赵成往河州市马。初，上以西番素产马，其所用货全与中国异，自更钱币马之至者益少。至是，乃命成以罗绮绫帛并巴茶往市之，仍命河州守将善加抚循，以通互市马，稍来集率厚其直偿之成，又宣谕德意，自是番酋感悦，相率诣阙谢恩。而山后、归德等州西番诸部落，皆以马来售矣。[2]
>
> （洪武九年十二月）兵部奏市马之数，秦州、河州茶马司市马一百七十一匹，庆远裕民司市马二百九十四匹，顺龙盐马司市马四百三匹。[3]

从上述史料看，在河州时期的陕西行都司存续期间，明廷的确在积极地发展与西番的茶马贸易，先"置河州茶马司"又"遣内使赵成往河州市马"，但兵部所奏秦、河二州市马数仅171匹，秦州是明朝设立的首个茶马司，河州自隋唐以来就是茶马互市的中心，其市马数却远远低于庆远裕民司和顺龙盐马司，原因是军民私下与西番互市情况严重，于是洪武九年五月颁"禁秦蜀军民毋得入西番互市"[4]令。以控驭、招抚西番为目的的陕西行都司的设置在洪武七年七月，时隔三月设河州茶马司，茶马司的作用是"以茶驭番""以马供边"，显然其目标与陕西行都司一致，且其换取之马亦可供

---

1. 《明太祖实录》卷93，洪武七年十月己未条。
2. 《明太祖实录》卷100，洪武八年五月戊辰条。
3. 《明太祖实录》卷110，洪武九年十二月乙卯条。
4. 《明太祖实录》卷106，洪武九年五月乙卯条。

陕西行都司卫所之用。

又，洪武三年设河州卫，其规制与辖境已大于一般卫：

  置所属千户所八：曰铁城、曰岷州、曰十八族、曰常阳、曰积石州、曰蒙古军、曰灭乞军、曰招藏军，军民千户所一：曰洮州，百户所七：曰上寨、曰李家五族、曰七族、曰番客、曰化州等处、曰常家族、曰爪黎族汉番，军民百户所二：曰阶文扶州、曰阳呕等处。[1]

三年至六年间，归附者渐多，河州卫在不断扩大，安置马梅、汪瓦儿间、朵儿只星吉等故元降臣，增必里千户所：

  （洪武四年六月）以吐蕃来降院使马梅为河州卫指挥佥事，故元宗王孛罗罕、右丞朵立只答儿为正千户，元帅克失巴卜同知卜颜歹为副千户，同知管不失结等为镇抚、百户，及其部属以下各赐袭衣文绮有差。[2]

  （洪武四年九月）以故元降臣汪瓦儿间为河州卫指挥佥事，赐文绮袭衣，瓦儿间仕元为平章，至是来归，故有是命。[3]

  （洪武四年十一月）置必里千户所，属河州卫，以朵儿只星吉为世袭千户。必里在吐番朵甘思界，故元设必里万户府，朵儿只星吉为万户。[4]

  （洪武六年十月）河州卫言：朵甘思宣慰赏竺监藏举西域头

---

1. 《明太祖实录》卷60，洪武四年正月辛卯条。
2. 《明太祖实录》卷66，洪武四年六月戊子条。
3. 《明太祖实录》卷68，洪武四年九月辛亥条。
4. 《明太祖实录》卷69，洪武四年十一月丁丑条。

目可为朵甘卫指挥同知、宣抚使、万户、千户者二十二人，诏从其请，命铸分司印与之。[1]

于是七年设西安行都指挥使司，加大招谕西番的力度，又增设归德守御千户所、喃加巴千户所、失保赤千户所、木呾些儿孙等处千户所：

（洪武八年正月）置陕西归德守御千户所一、罕东等百户所五，以故元宣政院同知端竹星吉，万户玉伦、管卜、答儿三人为千户。[2]

八年置贵德所，属河州卫，隶陕西行都司。[3]

（洪武八年正月）河州卫请以前喃加巴总管府为喃加巴千户所，酋长阿钆等六人为千百户，从之。[4]

（洪武八年正月）置失保赤千户所，以答儿木为正千户，世袭其职，隶河州卫。[5]

（洪武九年九月）设河州西番木呾些儿孙等处千户所，以元达鲁花赤锁南巴等充正副千户，隶朵甘都指挥使司。[6]

随着归附者日益增加，明廷并未在河州设立新卫，而是一直往河州卫中增添新千户所；河州卫指挥使韦正升任都指挥使后，亦未见有其他关于河州卫指挥使的任命。诸多迹象表明，凌驾于河州卫之上的西安行都指挥使司在人员、机构上与河州卫无异，仅仅只是形式上从卫提升为都司。相反，运

---

1. 《明太祖实录》卷85，洪武六年十月乙酉条。
2. 《明太祖实录》卷96，洪武八年正月甲子条。
3. 《西宁府新志》卷3《地理志》，第108页。
4. 《明太祖实录》卷96，洪武八年正月辛巳条。
5. 《明太祖实录》卷96，洪武八年正月丙戌条。
6. 《明太祖实录》卷108，洪武九年九月壬申条。

作起来还不如河州卫方便，其存在期间，并未增加一个新卫，归附者的级别、人数、频率也逊色于都司设置前，西番的叛乱反而时有发生，以洪武九年八月西番土官朵儿只巴的反叛为著。[1] 因此，九年底，西安行都指挥使司被撤；十年，开始对河州卫进行拆分，分为左右二卫；十一年底，沐英、蓝玉等对屡寇边境的西番进行大规模反击；[2] 次年三月基本平定，[3] 期间立洮州卫，以河州右卫改置，河州左卫为河州军民指挥使司，均还隶于陕西都司。大学士解缙亦在文中对此有所记述："国朝初置陕西行都司于河州，控西夷数万里，跨昆仑、通天竺、西南距川、入于南海。元勋大臣先后至其处，军卫既肃，夷戎率服，通道置驿，烟火相望，乃罢行都司。革河州宁河等府县，设军民指挥司治之。"。[4]

可见，河州时期的陕西行都司招抚西番的任务基本完成，行都司移置庄浪，明廷继续对河州地区的建置进行调整，很大程度上也是为第三次北征沙漠做准备。

（三）庄浪复置陕西行都司的意图

洪武十二年(1379)正月陕西行都司复置于庄浪，[5] 此时为明廷集中打击西番的胜利前夕，时隔两月，"西番已定，河州二卫之兵只留一卫，以一卫守洮州"，[6] 九月，征西将军沐英胜利班师。[7] 基本上在一月，朱元璋应该可以预见到西番平定指日可待，并对河州之地做了安排，"上曰：洮州，西番门户，今筑城戍守，是扼其咽喉矣。遂命置洮州卫。"[8] 此刻，河州之地

---

1. 《明太祖实录》卷108，洪武九年八月庚戌条。
2. 《明太祖实录》卷121，洪武十一年十一月庚午条。
3. 《明太祖实录》卷123，洪武十二年三月庚午条。
4. [明]解缙：《解学士文集·送习贤良赴河州序》，《明经世文编》卷11，第85-86页。
5. 此"庄浪"应为"庄浪卫"，而非"庄浪县"。因"庄浪县隶平凉府静宁州"（《明太祖实录》卷98，洪武八年三月丙戌条）。
6. 《明太祖实录》卷123，洪武十二年三月庚午条。
7. 《明太祖实录》卷126，洪武十二年九月己亥条。
8. 《明太祖实录》卷122，洪武十二年二月丙寅条。

已有岷州卫（洪武十一年七月置）、[1]洮州卫（洪武十二年二月置）、河州军民指挥使司（洪武十二年二月置），均隶属陕西都司，没有被划归到在一月复置的陕西行都司辖下，这说明新的陕西行都司绝不是要复制河州时期的陕西行都司，而是另有意图。

这个意图体现在其治所的选择上。如果说，河州是"控扼番、戎，……犄角河西，肘腋陇右"，为"中外之要防"。[2]庄浪的位置则是"黄河南绕，松山东峙，河西之肘腋也。"[3]明廷将防御的重心从西南移向西北，目的显然是为了控制河西，这一目的又是与北征的整体战略相一致的。明初最大的威胁来自漠北故元的残余势力，自洪武五年岭北之战失利后，暂时放弃了北征，转而经营西番，至十二年西番招抚完成，势必要准备进一步的北伐，而西番与漠北的中间地带正是河西，稳住河西，既能巩固西番的成果，亦能使北征无后顾之忧。十三年二月，朱元璋命西平侯沐英往和林讨故元国公脱火赤、枢密知院爱足等万余众。[4]开始了第三次北征沙漠的行动。

选择庄浪，还与明廷前期在河西的经营有关。洪武五年十一月，"置甘肃卫都指挥使司，庄浪卫指挥使司。"[5]七年十月，"置凉州卫指挥使

---

1. 《明太祖实录》卷119，洪武十一年六月辛巳条。
2. 顾祖禹：《读史方舆纪要》卷60《陕西九》，第2880页。
3. 顾祖禹：《读史方舆纪要》卷60《陕西九》，第2998页。
4. 《明太祖实录》卷130，洪武十三年二月壬申条。
5. 《明太祖实录》卷76，洪武五年十一月壬子条。此处"甘肃卫都指挥使司"应为"甘肃卫指挥使司"，"都"字为衍文。又据"置雷州卫指挥使司、广西卫指挥使司"（《明太祖实录》卷35，洪武元年九月己未条），又"置广西卫都指挥使司，以苏州卫指挥佥事王真为都指挥使"（《明太祖实录》卷81，洪武六年四月癸未条），"（洪武）六年四月置广西都卫"（《明史》卷45《地理六》，第1148页），"广西都卫为广西都指挥使司，置桂林左右二卫指挥使司"（《明太祖实录》卷101，洪武八年十月癸丑条），说明"某某卫指挥使司"与"某某卫都指挥使司"不是同一机构，"某某卫都指挥使司"即为"某某都卫"，而"甘肃都卫"并不存在，"甘肃卫都指挥使司"亦不存在。

司，以故元知院脱林为凉州卫指挥佥事。"[1]这是洪武十二年正月前，明朝在河西走廊上所建的三个卫，数量虽少，但几乎涵盖了整个河西走廊，在其东、中、西部各自立点，控制河西的意图显而易见。此三卫的设立当是得益于洪武五年冯胜西征的胜利，但之后明朝将经略的重点转向西番，三卫由陕西都司管辖，但三卫与陕西都司的治所西安相距甚远，地理上又被河州卫隔开了；河州时期的陕西行都司被废除后，岷州卫、洮州卫、河州军民指挥使司重回陕西都司，陕西都司的辖境有过大之嫌，行都司再次设立后，必然会有卫所的拆分，因河西走廊是一个相对独立的地理单位，以走廊最东端的庄浪卫为界应是顺理成章之事。

奇怪的是，陕西行都司复置于庄浪，但却未将庄浪卫划归给行都司，仍隶属于陕西都司。洪武二十六年三月成书的《诸司职掌》之"陕西都司"所属卫所的记载，后来改属陕西行都司下的西宁卫、凉州卫、庄浪卫、甘肃卫、山丹卫、永昌卫[2]等均列其中，说明至少在洪武二十六年三月前这些卫还归陕西都司管辖，而陕西行都司下辖的其他卫所，肃州卫（洪武二十七年甘州左卫改置）、镇番卫（洪武三十年临河卫改置）、镇夷千户所（洪武三十年甘州卫地置）、古浪千户所（正统三年和戎千户所改置）、高台千户所（景泰七年高台站改置）等此时还未设置。又《大明一统志》、嘉靖《陕西通志》、乾隆《甘肃通志》等均有洪武二十六年于甘州置陕西行都司的记载。[3]说明从洪武十二年正月复置陕西行都司至其迁往甘州的洪武二十六年，其下无一卫一所。此外，又洪武二十六年二月，才置陕西行都司所属

---

1. 《明太祖实录》卷93，洪武七年十月甲辰条。
2. 《明太祖实录》卷143，洪武十五年三月丁丑条，"置永昌卫指挥使司隶陕西行都司"，与《诸司职掌》、《明会典》、《明史》记载矛盾，当为误。
3. 《大明一统志》卷37，第2654—2655页；[明]赵廷瑞：嘉靖《陕西通志》卷9《土地九·建置沿革》下，嘉靖二十一年刊本，西安：三秦出版社，2006年，第439页；[清]许容等监修：乾隆《甘肃通志》卷3上《建置》，《四库全书》本，第65页上。

经历司和断事司，[1]说明庄浪时期的陕西行都司始终没有文移和诉讼的办事机构。考察洪武十二年正月至洪武二十六年二月的《明实录》，均未发现关于陕西行都司都指挥使等官职任命的记载，直到四月，方有"命右军都督府都督佥事宋晟、刘真同署陕西行都指挥使司事"，[2]次年四月，又有"以尚宝司丞杨能为都指挥使，洮州卫指挥使陈晖、宋国公冯胜子克让为都指挥同知，俱署陕西行都指挥使司事"，[3]这说明庄浪时期的陕西行都司没有最高长官[4]亦无任何衙司。总之，庄浪时期的陕西行都司是一个无都指挥使、无下辖卫所、无经历司和断事司的军事机构，因此，有学者认为它并不存在。郭红、靳润城在《中国行政区划通史·明代卷》中认为陕西行都司于庄浪复置后，当年即被废。[5]当是以《大明一统志》、《河州志》等所记行都司十二年被革之说为由，但两书所记行都司的被废是与河州府县被废同时发生，因此，十二年被革的应是河州时期的行都司而非庄浪时期的行都司。庄浪时期的行都司被明确说到治所后来"徙于甘州"而非重置于甘州，可见其并未被废。所以梁志胜认为它没有成为一个实在的地方军政机构，而是暂留一个虚名以待将来。[6]如果是这样，庄浪时期的陕西行都司就没有必要被设置，即便是设置了也应当会被罢撤。其实还有一种可能，正如河州时期的陕西行都司亦无经历司、断事司，其都指挥使由河州卫指挥使升任，其所辖仅河州一卫，兼辖羁縻性质的朵甘、乌思藏行都司一样，设置行都司的目的即为提高河州的地位、强化河州卫招谕西番的作用。庄浪时期的陕西行都司也

---

1. 《明太祖实录》卷225，洪武二十六年二月丙戌条。
2. 《明太祖实录》卷227，洪武二十六年四月乙酉条。
3. 《明太祖实录》卷232，洪武二十七年四月癸未条。
4. 曾任河州时期陕西行都司都指挥使的宁正，在洪武九年八月职务恢复为河州卫指挥使，"十二年兼领宁夏卫事，……十五年除四川指挥使，……十九年改云南都指挥使……"（《明太祖实录》卷245，洪武二十九年四月甲寅条），不可能任庄浪时期陕西行都司都指挥使。亦未见有新人出任庄浪时期陕西行都司都指挥使的任命。
5. 郭红、靳润城：《中国行政区划通史·明代卷》，第397页。
6. 梁志胜：《洪武二十六年以前的陕西行都司》，《中国历史地理论丛》1999年第3期。

可能如此，寄治庄浪借以提高庄浪的地位，发挥其北控河西、兼顾西番的作用，其行政职能亦可由庄浪卫代理，庄浪通过其特殊的地理位置，可以充分发挥其联络南北东西其他卫所的优势，陕西行都司成为庄浪卫的隐形身份。正因如此，在长达十四年的过程中，因为庄浪卫的存在，陕西行都司才不为人所知，《诸司职掌》亦不予载，庄浪等卫亦在名义上归属陕西都司；也因为陕西行都司身份的存在，庄浪卫才能发挥重要的作用——协调稳固了河西及西番地区，使明朝军队在此后平定云南和辽东的战争中没有后顾之忧，这也是庄浪时期的陕西行都司长时间存在却未被撤销的原因。

（四）治所迁往甘州的原因

洪武二十六年(1393)，陕西行都司由庄浪迁往甘州，因所属经历司、断事司在二月置，推算其迁往甘州的时间最早在一月最迟在二月。选择这个时间，普遍认为是明朝结束了云南和辽东的战争，转而经略河西的结果。[1] 然而云南梁王在洪武十五年被平定、辽东纳哈出在二十年被平定，为何时隔六年之久才开始规划河西？

曾任兵部尚书的马文升在《经略近京边以豫防虏患事疏》中言："太祖高皇帝平一四海之后，以西北边境与胡虏密迩，虑为边患，故于甘州设立陕西行都司，宁夏设立五卫所，大同设立山西行都司，宣府设立万全都司。"[2] 明人严从简亦在《殊域周咨录》中言："洪武间东西紫塞绵亘相延万里，其外密迩龙沙，屯戍兵众，乃设陕西行都司于甘州，山西行都司于大同，万全都司于宣府……。"[3] 二人看法一致，认为陕西行都司设置于甘州的目的是守边。甘州，今为甘肃省张掖市。汉武帝时置张掖郡，取"张国

---

1. 梁志胜：《洪武二十六年以前的陕西行都司》、马顺平《明代陕西行都司及其卫所建置考实》均持此说。
2. [明]马文升：《为经略近京边以豫防虏患事疏》，《明经世文编》卷64，第545页。
3. [明]严从简：《殊域周咨录》卷16《北狄》，北京：中华书局，1993年，第504-505页。

臂掖，以通西域，隔绝匈奴、南羌，断匈奴右臂"[1]之意。唐人陈子昂曾有"河西之命系于甘州"[2]之言。《大明一统志》："断匈奴之臂，张中国之掖，土壤肥美，耕牧为宜。"《雍大记》："环以祁连、合黎之山，浸以居延鲜卑之水，控制羌胡用武之地。"《甘肃通志》："外通哈密，内接关辅，边陲锁钥。"[3]《读史方舆纪要》："镇河山襟带，扼束羌、戎。"[4]皆是言甘州之地的重要性，对明朝而言，可隔绝蒙古与西番的联系，"断蒙古右臂"；甘州在河西走廊腹地，系古代丝绸之路与居延古道的交汇点，往西出嘉峪关可通西域、往南经唐蕃古道可达青藏高原、往北沿居延古道可抵蒙古大漠，可称交通枢纽；其地"土壤肥美，耕牧为宜"，为著名的绿洲。甘州为河西咽喉，想要控制河西，甘州自然是最理想的治所。

洪武五年冯胜下河西，"元守臣平章委的弃城遁，遂平其地。"[5]由于得知中路徐达、东路李文忠失利的消息，冯胜西路军于十月底班师回京。按实录，当年十一月即设甘肃卫。此后，明朝在西北以招抚为主，采取逐步稳妥设置卫所的策略，主攻方向仍然是漠北蒙古，接连在洪武十三年、十四年、二十年正月及九月、二十三年发动五次沙漠之战，西北的几次作战亦是为配合北征主战场，起到稳固后方的作用。因此，很多史书记载，洪武二十四年置甘肃卫。[6]结合《明太祖实录》的记载：

---

1. [清]钟赓起编著，张志纯等校注：《甘州府志校注》卷4《地理志》，兰州：甘肃文化出版社，2008年，第111页。
2. [宋]欧阳修等：《新唐书》卷107《陈子昂传》，北京：中华书局，1975年，第4073页。
3. 《甘州府志校注》卷4《地理志》，第111页。
4. 顾祖禹：《读史方舆纪要》卷63，第2971页。
5. [清]杨春茂：万历《甘镇志》（又名《丁酉重刊甘镇志》），《地里（理）志》，顺治十四年刻本，《中国地方志集成·甘肃府县志辑》，南京：凤凰出版社，2008年，第8页。
6. 嘉靖年间《陕西通志》、万历年间《甘镇志》、《读史方舆纪要》等均持洪武二十四年立甘肃卫说。

（洪武二十三年十二月）置甘州左卫。[1]

（洪武二十七年十一月）改甘州左卫为肃州卫指挥使司，置甘州中中卫指挥使司。[2]

（洪武二十八年六月）肃王楧始就国甘肃。[3]

（洪武二十八年六月）改甘州中中卫复为甘州左卫指挥使司。初陕西甘州置左右中前后并中中六卫，后改左卫为肃州卫。至是，以都指挥使陈晖奏，遂改中中卫为左卫。[4]

又三种方志关于甘肃卫沿革如下：

嘉靖《陕西通志》：

皇明洪武二十四年，立甘肃卫。二十五年罢，寻分置甘州左、右、中、前、后、中中六卫。二十八年，分封肃王府于此，设左、中二护卫。三十二年，移肃王府于兰州，护卫随之，仍裁革前、后、中中三卫。永乐二年，复设甘州前、后二卫，并左、右、中共五卫，各领左、右、中、前、后五所，为陕西行都指挥使司附郭。[5]

万历《甘镇志》：

（洪武）二十四年肃卫，二十五年分设甘州左右中前后，

---

1. 《明太祖实录》卷206，洪武二十三年十二月甲戌条。
2. 《明太祖实录》卷235，洪武二十七年十一月乙巳条。
3. 《明太祖实录》卷239，洪武二十八年六月乙丑条。
4. 《明太祖实录》卷239，洪武二十八年六月乙酉条。
5. 嘉靖《陕西通志》卷9《建置沿革》下，第440页。

二十六年设陕西行都指挥使司，二十八年中二护卫，三十二年裁革前后中中三卫，移二护卫于兰县，永乐二年复设甘州前后二卫。[1]

乾隆《甘州府志》：

（洪武二十三年）十二月以甘肃卫为甘州卫，二十四年三月靖宁侯叶昇练兵甘肃……二十五年置肃王府于甘州，以甘州卫为甘州左卫，复置甘州右卫、甘州中卫……二十六年徙陕西行都司治甘州……二十七年春正月李景隆为平羌将军镇甘州……二十八年肃王楧就藩甘州……二十九年置甘州前卫、后卫，甘州五卫俱同城。[2]

关于甘肃卫的变迁记载各有差异，但可以肯定以下几点：

1. 洪武五年甘肃卫设置后并未被废，九年还有相关记载，二十三年改称甘州卫，二十五年分设为左、右、中、前、后、中中六卫，二十七年改甘州左卫为肃州卫，二十八年改甘州中中卫为甘州左卫，完成甘肃卫分划为甘州五卫及肃州卫的过程，至此稳定下来；

2. 二十五年置肃王府于甘州，二十八年肃王朱楧始就藩；

3. 二十六年徙陕西行都司于甘州；

4. 甘肃镇的设置当在二十四年至二十七年间。

综合可知，洪武二十三年第七次北征沙漠结束后，明朝抓紧了对河西的经营，采用了肃王府、陕西行都司、甘肃镇三管齐下的策略，而三者得以

---

1. 万历《甘镇志》，《地理志》，第8页。
2. [清]钟赓起纂修：乾隆《甘州府志》卷2《世纪》下，乾隆四十四年刊本，台北：成文出版社，1976年，第218—221页。

完成的基础是甘州的建设，因此，陕西行都司在二十六年徙至甘州正是基于此。此外，河西、河湟地区其他卫所的建置也日趋完善，除洪武五年设庄浪卫、六年设西宁卫、七年设凉州卫、十五年设永昌卫、二十三年设山丹卫外，镇番卫的前身临河卫于洪武五年置、[1] 高台千户所的前身高台站于洪武五年置、[2] 古浪千户所的前身和戎巡检司于洪武九年置，[3] 另洪武四年置武靖（今青海互助）、岐山（今陕西宝鸡）、高昌（今新疆吐鲁番）三卫[4]，七年置岐宁卫[5]。截至到洪武二十六年陕西都司正式领有26卫、2军民指挥使司、2守御千户所、2中护卫，因此，陕西都司与行都司的卫所划拨势在必行。

前文提到，陕西行都司是十六个都司、五个行都司中更迭最为频繁的一个，原因是其治所的三次变更。治所的变化是朱元璋对河西、河湟地区的政治构想及战略意图的直接体现，同时又服务于明朝初年的整个战略布局。因此，对陕西行都司的建置沿革及与其发展直接相关的洪武时期的八次北征列表如下，作为本节内容的简单梳理和补充。

表1—4：陕西行都司建置沿革表

设置时间	设置情况	治所	辖境	出处
洪武七年(1374)七月	置西安行都指挥使司于河州。	治河州，今临夏	总辖河州、朵甘、乌思藏三卫，升朵甘、乌思藏二卫为行都指挥使司。	《明太祖实录》卷91，洪武七年七月己卯条

---

1. [清]许协修，谢集成等纂修：道光《镇番县志》卷1《地理志》，道光五年刊本，台北：成文出版社，1970年，第66页。
2. [民国]徐家瑞纂修：《新纂高台县志》卷1《舆地》上，民国十四年铅印本，《中国地方志集成·甘肃府县志辑47》，南京：凤凰出版社，2008年，第30页。
3. [清]张玿美修，曾钧等纂：《五凉全志》卷4《古浪县志》，乾隆十四年刊本，台北：成文出版社，1976年，第452页。
4. 《明太祖实录》卷60，洪武四年正月庚寅条。
5. 《明太祖实录》卷87，洪武七年二月丙寅条。

八年(1375)十月	西安行都卫为陕西行都指挥使司。			《明太祖实录》卷101,洪武八年十月癸丑条
九年(1376)十二月	罢西安行都指挥使司。			《明太祖实录》卷110,洪武九年十二月癸酉条
十二年(1379)正月	复置陕西行都指挥使司于庄浪,后徙于甘州。	治庄浪,今永登		《明太祖实录》卷122,洪武十二年正月甲午条
二十六年(1393)	陕西行都指挥使司自庄浪徙置于此。	治甘州,今张掖	领甘州左、甘州右、甘州中、甘州前、甘州后、肃州、山丹、永昌、凉州、镇番、庄浪、西宁一十二卫,高台、镇夷、古浪三所,并赤斤蒙古、沙州、哈密、安定、罕东、曲先六羌胡羁縻卫所,控制边境。	《明史》卷42《地理三》,第1013页
二十六年	始于此置陕西行都指挥使司。			嘉靖《陕西通志》卷9《建置沿革》下,第438—439页

表1-5：洪武时期八次北征时间表

时间	名称	交战双方	任务	结果
洪武三年(1370)正月至十一月	第一次北征沙漠	明朝:徐达、李文忠、冯胜、邓愈、汤和(兵分两路) 故元:元主脱欢帖木儿、扩廓帖木儿	肃清漠北故元残余军队,统一漠北	明朝获胜,王保保逃往和林,元惠帝病死、元昭宗和林继位
洪武五年(1372)正月至十一月	第二次北征沙漠	明朝:徐达(主力中路)、李文忠(东路)、冯胜(西路) 故元:扩廓帖木儿等	打击东自开元西至甘肃、宁夏的故元势力	明军岭北受挫,仅冯胜西路军获胜,收复甘肃
洪武十三(1380)年二月至三月	第三次北征沙漠	明朝:沐英 故元:国公脱火赤、枢密知院爱足	打击南下犯境的故元势力	明军获胜,脱火赤、爱足投降
洪武十四年(1381)正月至八月	第四次北征沙漠	明朝:徐达、汤和、傅友德 故元:平章乃儿不花等	打击南下犯境的故元势力	明军获胜

洪武二十年(1387)正月至六月	第五次北征沙漠	明朝：冯胜、傅友德、蓝玉 故元：太尉纳哈出	肃清故元在辽东的势力	明军获胜，纳哈出投降
洪武二十年九月至二十一年(1388)四月	第六次北征沙漠	明朝：蓝玉、唐胜宗、郭英 故元：元主脱古思帖木儿、丞相哈剌章、乃儿不花	肃清沙漠故元势力	明军获胜，捕鱼儿海大捷
洪武二十三年(1390)正月至三月	第七次北征沙漠	明朝：晋王朱㭎、燕王朱棣、傅友德 故元：丞相咬住、太尉乃儿不花、知院阿鲁帖木儿	打击南下犯境的故元势力	明军获胜，乃儿不花等投降
洪武二十九年(1396)三月	第八次北征沙漠	明朝：燕王朱棣 故元：索林帖木儿、哈剌兀	打击大宁卫的故元势力	明军获胜

第三节 陕西行都司稳定后的建置

一、建置的初步完成

洪武二十六年一至二月间，陕西行都司迁至甘州，但同年三月成书的《诸司职掌》未有陕西行都司的记载，《明史·兵志》所记"洪武二十六年定天下都司卫所"亦未有陕西行都司，原因在于此时行都司还未与陕西都司做卫所的划分。根据洪武二十八年二月，陕西行都司言山丹、永昌、凉州、西宁四卫马政及甘州五卫军屯事[1] 来看，陕西都司与行都司卫所的划拨当在二十六年三月至二十八年二月间。关于陕西行都司徙至甘州后机构职官的建设列表如下：

表1—6：陕西行都司（甘州）职官机构设置时间表

时间	机构设置	出处	备注
洪武二十六年(1393)一至二月	置陕西行都司于甘州		
二月	置经历司、断事司	《明太祖实录》（下同）卷225，洪武二十六年二月丙戌条	始设办事机构
四月	命右军都督府都督佥事宋晟、刘真同署陕西行都指挥使司事	卷227，洪武二十六年四月乙酉条	属右军都督府管辖
二十七年(1394)四月	以杨能为都指挥使,陈晖、冯克让为都指挥同知,署陕西行都指挥使司事	卷232，洪武二十七年四月癸未条	始设都指挥使、都指挥同知
十月	以张豫为都指挥佥事	卷235，洪武二十七年十月丙申条	始设都指挥佥事

---

1. 《明太祖实录》卷236，洪武二十八年二月庚午条。

十一月	以冯克让为都指挥使、马溥为都指挥同知	卷235，洪武二十七年十一月乙巳条	
洪武二十八年(1395)正月	置儒学,设官如府学之制	卷236，洪武二十八年正月庚子条	始设学校
三月	以石玉为都指挥佥事	卷237，洪武二十八年三月己亥条	
四月	以王英为都指挥同知	卷238，洪武二十八年四月辛巳条	
六月	肃王朱楧就藩甘肃	卷239，洪武二十八年六月乙丑条	
六月	以肃王理陕西行都司甘州五卫及肃州山丹永昌西宁凉州诸卫事	卷239，洪武二十八年六月丁亥条	行都司下辖10卫

依《诸司职掌》"中都留守司并各都指挥使司"应设有经历司、断事司。[1] 按《明会典》"都指挥使司"设官如下：正二品都指挥使二员、从二品都指挥同知二员、正三品都指挥佥事四员。[2] 又明代"天下府、州、县、卫所，皆建儒学"[3]且"都司儒学，洪武十七年置，辽东始。行都司儒学，洪武二十三年置，北平始。"[4] 据上表，至洪武二十八年，陕西行都司已具备了明代都司所必备的办事机构、所属卫所、官员配置，甚至还有了教育机构——儒学，其建置基本完备。在此基础上，肃王才就藩甘州并理行都司及其卫所事宜，此为行都司建置初步完成的标志。此后，行都司疆域略有变动、所辖卫所仍有变迁、武官任职亦有变化，但治所不变、行都司架构不变。

---

1. 《诸司职掌》（上），《玄览堂丛书初辑》第12册，台北：国立中央图书馆，1981年，第54页。
2. 《明会典》卷118《铨选一·官制》，第613页。
3. 张廷玉：《明史》卷69《选举一》，第1686页。
4. 张廷玉：《明史》卷75《职官四》，第1851页。

二、辖区的变迁

成书于天顺五年(1461)四月的《大明一统志》描述陕西行都司辖境为"东至临洮府兰州黄河一千一百七十五里,南至西宁卫黄河一千五百七十五里,西至肃州卫嘉峪山五百七十里,北至亦集乃地一千五百里,自都司至京师五千四百里,至南京五千三百一十里。"[1] 此后嘉靖《陕西通志》、万历《甘镇志》、清代官修《明史·地理志》等对其疆域的描述均一致。《甘镇志》更为详细:"东界黄河、西阻弱水、南跨青海、北据居延,广一千七百四十五里、袤一千五百七十里、加以羁縻之地,无虑千里。"又"东南一千九百七十五里至河州卫,东北九百里至鱼海子,西南一千五百里至安定卫,西北两千五百里至哈密卫。"[2]《明史·地理志》增"距布政司二千六百四十五里。"[3]

据此,行都司东、南均抵黄河,西至嘉峪山,西南跨祁连山脉,按山川形便的划界原则,此三边的伸缩空间不大,事实证明,直至明朝灭亡,三边未有变化。唯北部因与广袤的沙漠相连,易受北方民族的侵扰,边界有所变动。

洪武五年(1372)第二次北征沙漠之战,冯胜指挥的东路军师抵亦集乃路(今内蒙古额济纳旗东南),元守将卜颜帖木儿举全城降,大军移至别笃山;[4] 洪武十三年(1380)第三次北征沙漠之战,西平侯沐英于亦集乃路擒元国公脱火赤、枢密知院爱足等,尽获其部曲以归;[5] 洪武十七年(1384),凉州卫指挥使宋晟为讨西番叛酋兵至亦集乃路,擒元海道千户也先帖木儿、国公吴伯

---

1. 《大明一统志》卷37,第2653页。
2. 万历《甘镇志》,《地理志》,第8—9页。
3. 张廷玉:《明史》卷42《地理三》,第1013—1014页。
4. 《明太祖实录》卷74,洪武五年六月戊寅条。
5. 《明太祖实录》卷130,洪武十三年二月壬申条。

都剌赤、平章阿来等及其部属。[1] 亦集乃城虽深处沙漠但背靠居延海，元朝时曾在此开渠屯田，是河西走廊通往漠北的重要枢纽，也是明朝沙漠之战的必争之地，但冯胜攻克后因其孤悬，不能守。此后，故元旧部屡屡侵犯，亦有西番之人逃遁于此，均遭到明朝的打击。因此，陕西行都司迁至甘州，亦集乃地成为行都司的北部边界。正因为亦集乃的军事要冲地位，明朝于洪武二十九年(1396)在肃州卫与亦集乃之间设白城子千户所[2]、威虏卫、威远千户所。永乐四年(1406)，甘肃总兵官宋晟请求扩充亦集乃城、召商人中纳盐粟以实边储未得应允，但准以给守军农具，并授忠顺王部下头目官。[3] 说明，明朝在亦集乃留有少量驻兵并屯种，但因其地荒漠，并没有设重兵驻守的打算，以至于正德年间随着边墙的修筑，逐渐放弃了长城以北的地区，仅以"烧荒"之制"防虏南向"，实际是放弃了对亦集乃地区的控制，客观上在北部边界上缩小了陕西行都司的范围，使行都司的北界缩回到长城沿线。

此外，洪武、永乐时期，明朝在陕西行都司以西、嘉峪关外陆续建立了安定、阿端、曲先、罕东、沙州、赤斤蒙古、哈密七个羁縻卫所，这些羁縻卫所由陕西行都司兼管。但明中后期，关外卫所势衰，吐鲁番侵占哈密，七卫逐渐废弃，明朝调整边防体系，专守嘉峪关。对关西七卫的放弃虽不牵涉行都司的辖境，但缩小了行都司的控制范围。

三、下辖卫所的确立

陕西行都司治所稳定后，其卫所还在不断调整中，最终形成12卫3所的格局，直至明末清初。但史书中对于行都司卫所数目的记载稍有差异，现列表如下，略作考察：

---

1. 《明太祖实录》卷162，洪武十七年五月丙寅条。
2. 《明太祖实录》卷247，洪武二十九年九月庚申条。
3. 《明太宗实录》卷57，永乐四年七月丁卯条。

表1—7：陕西行都司下辖卫所名称、数目的各版本释义

成书时间	文献名称	卫所名称	卫所数目	备注
以明景泰五年(1454)政区建制为断限	《寰宇通志》	甘州五卫、山丹卫、凉州卫、永昌卫、肃州卫、镇番卫、庄浪卫、西宁卫、镇夷守御千户所、古浪守御千户所	十二卫二所	明代志书《地图综要》、嘉靖《舆图摘要》、嘉靖《皇舆考》、万历《广舆记》、嘉靖《广皇舆考》、正德《志略》均持此说。
明天顺五年(1461)四月	《大明一统志》			
明嘉靖二十一年(1542)	《陕西通志》	甘州五卫、肃州卫、西宁卫、庄浪卫、镇番卫、山丹卫、凉州卫、永昌卫、高台守御千户所、镇夷授予千户所、古浪守御千户所	十三卫三所	根据文中所列卫所名称，"十三卫"当是"十二卫"之误。
明万历元年(1573)	《广舆图》	甘州五卫、肃州卫、山丹卫、永昌卫、凉州卫、镇番卫、庄浪卫、西宁卫（碾伯所）、镇夷所、古浪所、高台所	十三卫四所	文中仅列十二卫，且"碾伯所"被标注在"西宁卫"之下。
明万历七年(1579)	《皇明一统纪要》	庄浪卫、宁西卫军民指挥使司、凉州卫、永昌卫、甘泉前卫、山丹卫、肃州卫、镇番卫、甘泉左卫、古浪守御千户所		文中所列卫所数目与所载不一致，当为误。
清康熙三十一年(1692)	《读史方舆纪要》	甘州五卫、肃州卫、山丹卫、永昌卫、凉州卫、镇番卫、庄浪卫、镇夷所、古浪所、高台所、西宁镇、碾伯所	十二卫三所	西宁镇即西宁卫，虽列有"碾伯所"，却未将其计算在内。正德、万历《大明会典》、万历《甘镇志》、《古今图书集成》、《天下郡国利病书》均持此说。

清乾隆四年(1739)	《明史·地理志》	甘州五卫、肃州卫、山丹卫、永昌卫、凉州卫、镇番卫、庄浪卫、西宁卫、碾伯守御千户所、高台守御千户所、古浪守御千户所、镇夷守御千户所	十二卫四所	王鸿绪《明史稿》、乾隆《大清一统志》、乾隆《甘州府志》、《嘉庆重修一统志》、民国《甘肃通志稿》、张维《陇右方志录》、慕寿棋《甘宁青史略》均持此说。

据表，陕西行都司所领十二卫基本无争议，有差别的在于守御千户所的认定，一个是高台所、一个是碾伯所。

从《陕西通志》"元灭夏，此地属甘州路总管府。皇明洪武五年，宋国公冯胜平定河西，是地为高台站，隶甘州中卫。正统中，张掖布衣刘宽建言于卫西一百六十里设所。景泰七年，始设守御千户，辖十百户，隶陕西行都指挥使司。"[1]知，高台守御千户所在景泰七年(1456)设置，所以以景泰五年(1454)政区建制为断限的《寰宇通志》未将其列入，而天顺时期编纂的《大明一统志》因为对景泰时政区不予载录，因此也不录入。

《明史·地理志》对碾伯守御千户所的描述为"本碾北地。洪武十一年三月置庄浪分卫。七月改置碾北卫，后废，而徙西宁卫右千户所于此。成化中更名。"[2]即成化年间，西宁卫右千户所更名为碾伯守御千户所。据梁志胜考证，碾伯守御千户所非直属于都司而是属于卫的守御千户所，即其仍为西宁卫下的右千户所，亦称"碾伯右所"。[3]与嘉靖《陕西通志》所记，西宁卫"领在城左、右、中、前、后五所，又于碾伯设右所，共六所，隶陕西行都指挥使司"[4]相吻合，当可信。

嘉靖以前的史书多记载为12卫2所，嘉靖以后多为12卫3所，12卫4所

---

1. 嘉靖《陕西通志》卷9《土地九·建置沿革》下，第445页。
2. 张廷玉：《明史》卷42《地理三》，第1016页。
3. 梁志胜：《"碾伯守御千户所"辨析》，《兰州大学学报》2000年第2期。
4. 嘉靖《陕西通志》卷9《土地九·建置沿革》下，第444页。

系清代部分史书的记载，少的一所为高台所，多的一所为碾伯所。因此，陕西行都司下辖12卫3所当无疑义。《陕西通志》言：陕西行都司"领……一十二卫，……三所，并赤斤蒙古、沙州、哈密、安定、罕东、曲先六羌胡羁縻卫所，控制边境。"[1]说明行都司还兼抚嘉峪关外羁縻卫所之职。这一格局的最终形成当以景泰七年高台守御千户所的设置为标志，此后，行都司下卫所数目、名称未有变化。但由于此前行都司治所的三次变迁，其下卫所建置亦更迭频繁，现梳理如下：

表1—8：陕西行都司卫所建置沿革表

卫所名称（今地名）	建置变迁
河州卫（今甘肃临夏市）	1. 洪武三年(1370)置卫，属西安都卫； 2. 七年至九年(1374-1376)属陕西行都司； 3. 十年(1377)立河州左右二卫； 4. 十二(1379)年调右卫立洮州卫，改置左卫为河州军民指挥使司，隶陕西都司，领七千户所； 5. 成化九年(1473)年改军民指挥使司为河州卫； 6. 十年(1474)，分卫原治四十五里为河州，隶临洮府；卫仍军民指挥使司，控制番夷。
洮州军民千户所（今甘肃临潭）	1. 洪武四年(1371)正月置军民千户所，属河州卫； 2. 十二年(1379)升为军民指挥使司，隶陕西都司，领千户所五。
岷州千户所（今甘肃定西）	1. 洪武四年(1371)正月置千户所，属河州卫； 2. 十一年(1378)六月，置岷州卫，属陕西都司； 3. 十五年(1392)四月，改岷州卫为军民指挥使司。
武靖卫（今青海互助县格多乡）	洪武四年(1371)正月置卫，属河州。
高昌卫（今新疆吐鲁番）	洪武四年(1371)正月置卫。
甘肃卫/甘州卫（今甘肃张掖市）	1. 洪武五年(1372)十一月置甘肃卫； 2. 二十三年(1390)改为甘州卫； 3. 二十五年(1392)置肃王府于甘州，以甘州卫为甘州左卫，复置甘州右卫、甘州中卫。（甘州左卫治所同甘肃卫）

---

1. 嘉靖《陕西通志》卷6《土地六·疆域》，第242页。

庄浪卫(今甘肃永登县)	1. 洪武五年(1372)十一月置卫,立五所; 2. 后降为庄浪千户所; 3. 三十五年(1402)改肃府护卫为庄浪卫。
碾伯守御千户所(今青海乐都县)	1. 洪武五年(1372)立碾伯卫,亦作庄浪分卫、碾北卫;[1] 2. 十九年(1386)废,置碾伯右千户所,亦作西宁卫右千户所。[2]
临河卫	洪武五年(1372)置,二十九年(1396)改为镇番卫,隶属于陕西行都司。[3]
高台守御千户所(治今甘肃高台县)	1. 洪武五年(1372)置高台站,隶甘州中卫; 2. 景泰七年(1456)设守御千户所,辖十百户所。
西宁卫(治今青海西宁市)	洪武六年(1373)正月置卫,[4] 属陕西都司,后改属行都司。
朵甘卫(治今四川德格县一带)	1. 洪武六年(1373)二月置卫;[5] 2. 七年(1374)朵甘卫升为行都司,由陕西行都司兼管,亦称朵甘都司。
乌思藏卫	1. 洪武六年(1373)二月置卫; 2. 七年(1374)乌思藏卫升为行都司,由陕西行都司兼管,亦称乌思藏都司。
西平卫	洪武六年(1373)四月置卫
岐宁卫	洪武七年(1374)二月置卫
凉州土卫/凉州卫/西凉卫(今甘肃武威市)	1. 洪武七年(1374)十月置凉州土卫;[1] 2. 九年(1376)废凉州土卫置凉州卫。[2]
归德守御千户所(今青海贵德县)	1. 洪武八年(1375)置,属河州卫,隶陕西行都司;[3] 2. 景泰中改为河州卫下辖中左千户所,称归德千户所; 3. 清乾隆四十七年(1782)改"归德"为"贵德"。
罕东百户所/罕东卫(今青海西宁市西北)	1. 洪武八年(1375)置罕东百户所; 2. 三十年(1397)因通贡置卫。
安定卫(今甘肃敦煌县南、青海北部)	1. 洪武八年(1375)正月置卫; 2. 因朵儿只巴叛,遂废; 3. 二十九年(1396)复置。
阿端卫(今青海朵斯库勒湖与新疆交界处)	1. 洪武八年(1375)正月置卫; 2. 因朵儿只巴叛,遂废; 3. 永乐四年(1406)复置。
曲先卫(一作苦峪卫,今青海柴达木盆地西北部一带)	1. 洪武八年(1375)置卫; 2. 因朵儿只巴叛,遂废; 3. 永乐四年(1406)复置。

和戎巡检司/古浪守御千户所（今甘肃古浪县）	1. 洪武九年(1376)设和戎巡检司,十年(1377)改名为古浪； 2. 十二年(1379)属庄浪卫； 3. 正统三年(1438)改置。
永昌卫（今甘肃永昌县）	洪武十五年(1382)三月置,[1]属陕西都司,后属行都司。
山丹卫（今甘肃山丹县）	洪武二十三年(1391)九月置,[2]属陕西都司,后属行都司。
甘州左卫/甘肃左卫	1. 洪武二十三年(1390) 十二月置甘州左卫；[3] 2. 二十五年(1392)以甘州卫为甘州左卫； 3. 二十七年(1394) 十一月改甘州左卫为肃州卫； 4. 二十八年(1395) 六月改甘州中中卫为甘州左卫； 5. 永乐五年(1407) 三月置甘肃左卫（即甘州左卫）。
甘州右卫	洪武二十五年(1392)复置。
甘州中卫	1. 洪武二十五年(1392)复置； 2. 二十九年(1396)十月置甘州中卫千户所,调安东中护卫官军一千三十八人往实之。
肃州卫（今甘肃酒泉市）	1. 洪武二十七年(1394)十一月甘州左卫改置； 2. 永乐三年(1405)三月革陕西威虏卫官军,并入肃州卫,而增设中右、中中二千户所,命礼部铸印给之。
甘州中中卫	1. 洪武二十七年(1394)十一月置； 2. 二十八年(1395)六月改为甘州左卫； 3. 建文元年(1399)革。
甘州前卫	1. 洪武二十九年(1396)置； 2. 建文元年(1399)革； 3. 永乐元年(1403)八月复置。[1]
甘州后卫	1. 洪武二十九年(1396)置； 2. 建文元年(1399)革； 3. 永乐元年(1403)八月复置。
白城子千户所（今甘肃金塔县北）	洪武二十九年(1396)九月置
威虏卫（治今甘肃金塔县北威虏大庙）	1. 洪武二十九年(1396)置； 2. 建文元年(1399)废； 3. 永乐元年(1403)八月复置； 4. 三年(1405) 三月并入肃州卫。
威远千户所（今甘肃金塔县东北）	洪武二十九年(1396)置

镇番卫（今甘肃民勤县）	1、洪武二十九年(1396)临河卫改置，另一说为三十年(1397)正月；[2] 2、建文中革卫而设守御千户所于庄浪； 3、永乐元年六月(1403)复置。
镇夷守御千户所（治今甘肃高台县正义峡）	1、洪武三十年(1397)置； 2、建文二年(1400)裁革； 3、永乐元年(1403)八月复置，统十百户所。
哈密卫（今新疆哈密）	1、永乐二年(1404)设卫，另一说为四年(1406)三月置卫；[3] 2、成化九年(1473)，土鲁番陷哈密； 3、十三年(1477)十月，复卫于苦峪谷； 4、正德十一年(1516)，土鲁番复据哈密。
赤斤蒙古千户所/赤斤蒙古卫（治今甘肃玉门市西北赤金镇）	1、永乐二年(1404)十月置赤斤蒙古千户所； 2、八年(1410)八月，升所为卫。
沙州卫（今甘肃敦煌）	1、永乐三年(1405)十月置； 2、正统十一年(1446)九月废； 3、嘉靖七年(1528)，沙州为土鲁番所有。
罕东左卫	成化十五年(1479)九月立罕东左卫于沙州。

注：按各卫所初置时间排列。

第二章 陕西行都司卫所的设立与土官军民的关系

从上章对陕西行都司下辖卫所的整理来看，卫所的设置大致分为四个阶段：分别是洪武初年（洪武三年至九年）、洪武晚期（洪武二十三年至三十年）、建文年间、永乐至成化年间。各个时期因明朝所面临的军事状况不同，设卫背景亦不相同，进而影响卫所的结构与性质，尤其是人员构成。以下，在陕西行都司范围内，按照其卫所设置的四个时期，分别对其人员、结构进行阐述。

第一节 洪武初年卫所的设置与人员构成

洪武初年因为三次军事行动，明朝在西北建立了大批卫所及四个都司，控制了河西、河湟的大部分地区，表现出向西域、西番深入的态势，为明朝在西北的稳定打下基础。三次军事行动分别是：洪武二年(1369)征虏大将军徐达领导的陕甘之战；洪武三年(1370)左副将军邓愈自临洮进克河州遣人招谕吐蕃诸酋；洪武五年(1372)征西将军冯胜克甘肃。所建军事机构依次为凤翔卫、临洮卫、延安卫、平凉卫、巩昌卫、兰州卫、忙忽军民千户所、1河州卫、2洮州军民千户所、3岷州千户所、4武靖卫（又称"靖南卫"）、5高昌卫、6岐山卫、7必里千户所、8甘肃卫、9庄浪卫、10碾伯卫、11临河卫、12高台站、绥德卫、13朵甘卫、14乌思藏卫、15西平卫、西安前卫、16西宁卫、华山卫、秦川卫（又称秦州卫）、西安后卫、庆阳卫、宁夏卫、17岐宁卫、18凉州土卫、19归德守御千户所、20罕东百户所、21喃加巴千户所、22安定卫、23阿端卫、24曲先卫（又称"苦峪卫"）、25失保赤千户所、西安中护卫、26和戎巡检司、汉中卫、27永昌卫等，被陕西、陕西行、朵甘行、乌思藏行四个都司管辖，基本奠定了明朝在西北的军事局面。其中河州等卫（带编号）系曾经隶属或者后来改隶陕西行都司，这一阶段卫所的设置主要以河州为中心，时间跨度以邓愈克河州的洪武三年(1370)始，以河州时期陕西行都司被废的洪武九年(1376)终，唯洪武十五年(1382)永昌卫的设置另有原因。

这些卫所的设立除依靠明朝本身的军事力量外，更多地倚靠了当地的土官势力。这些土官大多是故元官吏，亦有当地土酋，在元明鼎革之际，顺势归附了明朝，明朝将之编充在卫所中，给予世袭武官之职，借助其力量控制当地少数民族。此一措施取得了较为理想的效果，终明一世，西北鲜有叛乱。西北土官在卫所框架下服从征调、屡立战功、累官世袭、忠于朝廷，也得到明朝的信任，获得后世"绝不类蜀、黔诸土司，桀骜难驯"的评价。虽然背景相似，但由于各地具体情况不一，所建卫所亦有不同属性，现分类梳理如下：

一、军民卫所

洪武二十三年(1390)，设军民指挥使司、军民千户所。[1] 军民千户所，设官同千户所、守御千户所，即"正千户一人，副千户二人，镇抚二人，其属，吏目一人。所辖百户所凡十，共百户十人，总旗二十人，小旗百人。"[2] "军民"之制，非明代首创，元代已在很多少数民族地区设军民万户府、军民总管府、军民元帅府、军民千户所、军民安抚司、军民宣抚司、军民府等。[3] 按《中国历代官职大辞典》，将"军民府"与"土府"做同解，指明清对世袭土官所管府之统称，区别于流官所辖之府，长官为土知府，佐贰官多由流官充任。[4] 由此看来，首先，设立"军民"机构的地区一般为当地少数民族较为聚集的地区；其次，"军民"机构的正职多由当地少数民族首领担任，副职多由中央委派流官充任。明朝继承且发展了元代建制，将"军民"的形式分别引入都司卫所、府州县系统，既有军事编制的军民指挥使司、军民卫指挥使司和军民千户所，又有民事编制的军民府、土州、土县。

1. 洮州军民千户所

明朝在规划陕西行都司范畴下，所设"军民"性质的卫所，以洮州军民千户所最为典型：

---

1. 张廷玉：《明史》卷76《职官五》，第1875页。此为"申定卫所之制"后的制度修订，实际在洪武二十三年以前，已有多个军民指挥使司、军民千户所的设立。
2. 张廷玉：《明史》卷76《职官五》，第1873—1874页。
3. [明]宋濂等：《元史》卷87《百官三》，北京：中华书局，1976年，第2195页。
4. 吕宗力主编：《中国历代官制大辞典》，北京：北京出版社，1994年，第28和395页。

光绪《洮州厅志》载:"洪武四年置洮州军民千户,隶河州卫;十二年,讨洮州十八族叛藩三副使,事竣,筑新城于东陇山,以旧洮城为堡,升为洮州卫军民指挥使司,隶陕西都司,领千户所五。"[1] 正是由于洮州军民千户所在洪武四年至十二年期间,曾经隶属于河州卫,而河州卫于洪武七年七月至九年十二月期间又隶属于陕西行都司,因此,洮州军民千户所也有短暂隶属陕西行都司的经历,之后,又随河州卫而改隶陕西都司,再又升洮州卫军民指挥使司,仍隶陕西都司。

那么,明以军民千户所,进而是军民卫指挥使司统辖洮州的原因何在?

首先,是军事上的原因。《明实录》记载了洮州升卫的原因,洪武十二年(1379)二月,"征西将军沐英等兵至洮州故城,番寇三副使阿卜商河汪顺朵罗只等率众遁去,我军追击之,获碛石州叛逃土官阿昌、七站土官失纳等斩之,遂于东笼山南川,度地势筑城戍守,遣使来报捷,且请城守事宜。上曰:洮州,西番门户,今筑城戍守,是扼其咽喉矣。遂命置洮州卫,以指挥聂纬、陈晖、杨林、孙祯、李聚、丁能等领兵守之。"[2] 洮州的位置,东至岷州一百五十里,南至叠州生番界一百二十里,西至生番界九十里,北至河州三百一十里。[3] 显然,洮州距离南、西两方番族的距离要远近于距离岷州、河州的距离,一旦有事,很难自保。因此,在发生三副使叛乱的教训下,明太祖敏锐地认识到洮州"西番门户"的重要地位,于是筑城设卫,将不利因素转化为有利因素,反以"卫西控番、戎,东蔽湟、陇,据高临深,控扼要害。"[4] 洮州恰以其独特的地理位置,利用湟水、陇山的阻隔,为河州时期的陕西行都司建立了一道屏障。

---

1. [清]张彦笃修,包永昌等纂:光绪《洮州厅志》卷2《舆地·沿革》,光绪三十三年抄本,台北:成文出版社,1970年,第106页。
2. 《明太祖实录》卷122,洪武十二年二月丙寅条。
3. 顾祖禹:《读史方舆纪要》卷60《陕西九》,第2889页。
4. 顾祖禹:《读史方舆纪要》卷60《陕西九》,第2890页。

其次，是历史建置的原因。洮州之地，历来是少数民族的聚居之所，"秦、汉以来皆诸戎所居。后属吐谷浑，为沙州地。"[1] 北魏、北周相继与吐谷浑部争夺此地，此消彼长，北朝、隋、唐、五代、宋、金、元各朝均于此设州立郡，宋时又长期为吐蕃所占。显然，洮州亦是一个中原王朝与西北民族长期博弈的战场，也是一处各民族军队和人民长期混合杂居的土地。因此，元代以宣政院辖下吐蕃等处宣慰司都元帅府管理吐蕃地方军政事务，吐蕃等处宣慰司都元帅府又下辖脱思麻路军民万户府、西夏中兴河州等处军民总管府，而于洮州设元帅府划归脱思麻路。[2] 明承元制，以"军民"之制继续管辖。

再次，是由明初的实际状况决定的。这一状况又由两方面的因素构成：第一，就是在明朝招谕和军事进攻的双重压力下，大量前来降附的故元官兵和当地土酋面临着如何安置的问题；第二，洮州本身又是个民族众多的地区，据光绪《洮州厅志》所列番族种类不下百种，[3] 其界又与"生番"相临，如何处理好民族关系亦是难题之一。

"星吉巴，原籍岷州间井人，元吐蕃宣慰司副使兼管间井千户所职事达庐（鲁）花赤。洪武三年归附，授百户职，委梅川守御，从征颖嵫于朵儿只族哈笼三副使搭鱼沟，叠州筑洮城，征着思巴，取羊撒黑石嘴阿卜笼罕冬盐海子七占哈笼等处皆有功，授洮州世袭百户。"[4] 元吐蕃宣慰司副使（正四品）星吉巴于洪武三年(1370)归附，洪武四年(1371)便设洮州军民千户所，应与其相关。星吉巴因功授世袭百户（正六品），其子王亨因功授洮州卫指挥佥事（正四品），子孙世袭，屡有战功，后世王琏在延绥战死，星吉巴一族可谓对明朝效忠，直至明末。

---

1. 顾祖禹：《读史方舆纪要》卷60《陕西九》，第2889页。
2. 宋濂等：《元史》卷87《百官三》，第2195页。
3. 参见光绪《洮州厅志》卷16《番族》。
4. 光绪《洮州厅志》卷11《选举·世袭·表》，第645—648页。

表2—1：洮州卫王氏土官家族明代世袭表

	一世	二世	三世	
姓名	星吉巴	王亨（星吉巴子）	王璟（亨子）	王琏（璟弟）
卫职	洮州世袭百户	功升指挥佥事	宣德七年(1432)袭	正统七年(1442)袭
事迹	洪武三年(1370)归附明朝	永乐七年(1409)从征本牙失理，八年(1410)随驾征阿鲁台		天顺二年(1458)从征凉州、罕冬（东）哑有功，后从征延绥，战殁
	四世	五世	六世	八世
姓名	王世昌（琏子）	王宪（世昌子）	王栋（宪子）	王国震（栋孙）
卫职	宏（弘）治六年(1493)袭	嘉靖元年(1522)袭	嘉靖二十三年(1544)袭	崇正（祯）元年(1628)袭

资料来源：光绪《洮州厅志》卷11《选举·世袭·表》，第645—652页。

"昝南秀节，洮州卫底古族西番头目。明洪武十一年，率部落投诚。十二年，督修洮州边壕城池。十九年，随指挥马煜征叠州，以功授本卫世袭中千户所百户。子卜尔结，于洪武二十年袭。二十五年，同指挥李凯等招抚番、夷等，认纳茶马。永乐三年，赐姓昝。宣德五年，以护送侯显功，升本卫实授百户。传至昝承福，清顺治十年，归附。奉洮州卫军民指挥使司札付，昝天锡于光绪二十年承袭。昝氏居资卜族。"[1] 洮州卫由河州卫下军民千户所升置，因发生三副使叛乱，地处西番门户，建城后升格为军民指挥使司。由于土官叛乱，置卫后，以汉族武官任指挥使镇守，[2] 仍需要依靠当地土酋，西番人南秀节即为其一，其于洪武十一年(1378)归附，十二年(1379)便升卫，与其不无关系。南秀节因功授世袭百户，后代亦屡有功劳，并被赐

---

1. 赵尔巽：《清史稿》卷517《甘肃土司》，第14307—14308。
2. 光绪《洮州厅志》卷10《职官》，"陈晖，洪武十三年建卫治。"，第507页；《明太祖实录》卷232，洪武二十七年三月癸未条，"洮州卫指挥使陈晖"。

姓昝，至清顺治十年(1653)九世昝承福归附清朝。

表2-2：洮州卫昝氏土官家族明代世袭表

	一世	二世	三世	四世
姓名	南秀节	卜尔结（南秀节子）	昝敬（卜尔结子）	昝诚（敬子）
卫职	洮州卫世承袭中千户所百户	洪武二十年(1387)承袭；宣德五年(1430)功升本卫实授百户	成化三年(1467)承袭	正德五年(1510)承袭；十二年(1517)以功授世袭副千户
事迹	洪武十一年(1378)归附	永乐三年(1405)，赐姓昝；宣德七年(1432)，随都督李达招抚火巴等族番夷，收买茶马；八年(1433)招抚生番剌章等一百七族		

	五世	六世	七世	八世	九世
姓名	昝良德（诚子）	昝震（良德子）	昝国祯（震子）	昝凝和（国祯子）	昝承福（凝和子）
卫职	嘉靖七年(1528)承袭	嘉靖十五年(1536)承袭；万历三年(1575)以功授世袭指挥佥事	万历四十二年(1614)请以子昝凝和承袭	凝和万历四十八年(1620)承袭	清顺治十年(1653)归附

资料来源：光绪《洮州厅志》卷16《番族》，第879—881页。

星吉巴以故元官吏的身份、南秀节以西番头目的身份，二人可谓明初归附人中的典型，明朝将其一体纳入洮州军民千户所（后为洮州军民卫指挥使司），给予其世袭卫职，可获得三项利益：其一，以其家族世守西土；其二，以其招抚番族；其三，以其管理番民。正统二年(1437)，"奉右军都督勘合，饬昝知卜尔结，令协同土官正千户昝凢秀管理伍总甲番民。"[1] 所以，洪武六年(1373)，"置洮州、常阳十八族等处千户所六、百户所九、各族都管十七，俱以故元旧官鞑靼等为之。"[2]

---

1. 光绪《洮州厅志》卷16《番族》，第800页。
2. 《明太祖实录》卷79，洪武六年二月庚辰条。

明初以军民卫所的形式管理西北民族地区，除洮州外，亦有岷州、河州等地，情况稍有差异。

2、岷州千户所

岷州千户所，洪武四年(1371)正月置，属河州卫，以坚敦肖为副千户。[1] 洪武十一年(1378)七月，西平侯沐英率陕西属卫军士驻岷州，置岷州卫。[2] 洪武十五年(1392)四月，改岷州卫为军民指挥使司。[3] 又十二月，岷州卫百户达琐南乩等十三人谋叛伏诛。[4] 嘉靖二十四年(1545)添设岷州，四十年(1561)革，后存卫。[5] 因此，岷州曾经隶属于陕西行都司的原因与洮州相同，因其曾为河州卫下千户所，但洪武十一年独立建卫后便划归陕西都司，十五年改为岷州卫军民指挥使司后仍隶陕西行都司。严格说来，岷州以军民卫所形式存在期间，与陕西行都司并无多大关系。但是，其创建模式与人员构成实际与洮州基本相似，对于河州时期陕西行都司的贡献是一致的，以洪武时期岷州卫的职官情况来说明：

表2—3：洪武时期岷州卫职官表

姓名	籍贯	卫职	事迹	后世
马奕	直隶六合县人	指挥使	洪武十一年奉敕掌本卫印	
庞敬	山西文水县人	世袭指挥；军民指挥使司职官	洪武间授世袭指挥，永乐时功调本卫指挥使	子英袭指挥使；英子勋、勋之孙序、序之孙允升袭职；敬四代孙腾龙袭指挥同知，天启六年掌本卫印

---

1. 《明太祖实录》卷60，洪武四年正月癸卯条。
2. 《明太祖实录》卷119，洪武十一年七月辛巳条。
3. 《明太祖实录》卷144，洪武十五年四月乙巳条。
4. 《明太祖实录》卷150，洪武十五年十二月庚子条。
5. 张廷玉：《明史》卷93《兵二》，第2208页。

后朵儿只班	波忒国（吐蕃三叠人）	镇守都指挥	元甘肃行省平章，洪武二年率众归附，赐姓后氏，授以金筒。洪武十年掌卫事	子安，袭锦衣卫金事调大宁卫，洪武二十三年升指挥同知，二十六年掌本卫印；安子能以父阵亡由袭职指挥同知升指挥使；能子泰袭指挥使；安四代孙光基袭指挥同知，正德间任本卫指挥使；光基子良儒嘉靖二年袭任；良儒子永亨袭任。朵儿只班三代次孙通，成化五年功中所镇抚
洪宗一	湖广黄州府人	指挥同知	洪武二十三年任	六代孙世臣袭指挥同知，万历四十年掌本卫印；世臣子威袭指挥同知，崇祯五年掌本卫印
包阿速	波忒国三叠人	指挥同知		孙鲁；五代孙世英隆庆间袭任
李义（李思齐次子）	河南罗山县人	指挥金事	父李思齐，元中书平章太尉。洪武二年以洮岷等地归附	八代孙芳袭指挥金事，万历二十七年掌本卫印
虎朵儿只藏卜	岷州卫人	中所正千户	父虎舍那藏卜，元洮州卫元帅府世袭达鲁花赤，洪武三年率众归附，除河州卫土千户，朵儿只藏卜袭，洪武十二年调本卫中所正千户	三代孙雄；四代孙威，正德五年袭正千户职，以父功升金事；六代孙勇功升指挥同知；勇子符袭指挥同知，万历四十一年掌本卫印；符子英袭指挥同知，天启三年掌本卫印
李杰	直隶丰县人	中所正千户	洪武间授本卫中所正千户，永乐间累功升指挥掌本卫印	
王福德	岷州卫人	正千户	洪武十五年任	
张信	直隶六安州人	前所副千户	父张德，洪武四年授西安前所世袭百户，信袭职，二十五年升任	子鉴袭副千户，累功升指挥金事；五代孙绍勋袭指挥金事，万历三十三年掌本卫印；绍勋子国宝由增广生袭指挥金事，崇祯十一年掌本卫印
刘福	直隶寿州人	副千户	洪武十七年任	
张忠		副千户	洪武三十四年由试百户升任	

李云	直隶凤阳府人	实授百户	洪武十一年除巩昌卫后所百户,调本卫梅川守御,十二年调中所实授百户
张焕	直隶六合县人	实授百户	洪武十三年任
田遂	河南光山县人	实授百户	洪武十四年任
陈骏	直隶定远县人	实授百户	洪武二十一年任
马党只秀	岷州卫人	实授百户	洪武二十二年由本卫左所总旗升任

资料来源：王兆祥等校注：《岷州志校注》卷13《职官》下,甘肃省岷县志编纂委员会办公室编印,1988年,第212—213页。

由表可知：

第一,岷州卫是一个典型的汉、土混杂的卫所,以洪武时期的情况看,汉官所占比例较大,以直隶籍的官员为主,且指挥使为汉人。

第二,岷州卫安置了很多故元官吏及当地土官。如洪武二年归附的朵儿只班一支、元太尉李思齐次子李义一支、洪武三年归附的元世袭达鲁花赤虎捨那藏卜子虎朵儿只藏卜一支,朵儿只班、包阿速系西番人,虎朵儿只藏卜、王福德、党只秀系岷州人。

第三,从后世子孙的发展情况看,朵儿只班一支后代多有战功,成为世袭指挥使,朵儿只班子后安战死；朵儿只藏卜一支亦从世袭正千户功升世袭指挥同知。这些少数民族的卫官作战勇敢可见一斑。

洮州、岷州都曾隶属于河州卫,河州卫又曾隶属于陕西行都司,而河州历史上也曾建军民指挥使司。

3、河州卫

洪武三年(1370),"总兵官邓愈统大兵至,宣慰使何锁南率众归附,是年设河州卫。"[1]又"故元陕西行省吐蕃宣慰使何锁南普等以元所授金银牌印宣勅，诣左副副将军邓愈军门降……先是，命陕西行省员外郎许允德招谕吐蕃十八族大石门铁城洮州岷州等处，至是何锁南普等来降。"[2]洪武四年(1371)十一月，"置必里千户所，属河州卫，以朵儿只星吉为世袭千户。必里在吐番朵甘思界，故元设必里万户府，朵儿只星吉为万户。至是来降，河州卫指挥使韦正遣送至京，故有是命。"[3]洪武八年(1375)正月，"置陕西归德守御千户所一、罕东等百户所五，以故元宣政院同知端竹星吉，万户玉伦、管卜、答儿三人为千户。"[4]归德守御千户所隶属于河州卫。[5]同月，"河州卫请以前喃加巴总管府为喃加巴千户所，酋长阿乩等六人为千百户，从之。"[6]又"置失保赤千户所，以答儿木为正千户，世袭其职，隶河州卫。"[7]洪武十年(1377)"立河州左、右二卫"，十二年(1379)"调右卫立洮州卫，改置左卫为河州卫军民指挥使司，隶陕西都司，领七千户所"。[8]

从上面的史料可以清楚地看到河州卫的建设轨迹：先有陕西行省员外郎许允德的招谕，接着是总兵官邓愈的大军，故元何锁南普帅众来降，因而设卫，随之安置了大量故元官吏在河州卫任职，并陆续设各千户所充实河州卫。前文提到，河州卫仅在洪武七年至九年间隶属陕西行都司，因此，洪武四年所设必里千户所、洪武八年所设归德守御千户所、喃加巴千户所及失保赤千户所都曾短暂隶属过陕西行都司，而洪武十二年以后才出现的河州卫军

---

1. 嘉靖《河州志》卷1《地里志·沿革》，第2页。
2. 《明太祖实录》卷53，洪武三年六月乙酉条。
3. 《明太祖实录》卷69，洪武四年十一月丁丑条。
4. 《明太祖实录》卷96，洪武八年正月甲子条。
5. 《西宁府新志》卷3《地理志》，"八年置贵德所，属河州卫，隶陕西行都司。"第108页。
6. 《明太祖实录》卷96，洪武八年正月辛巳条。
7. 《明太祖实录》卷96，洪武八年正月丙戌条。
8. 嘉靖《河州志》卷1《地里志·沿革》，第2页。

民指挥使司实际与陕西行都司并无关系。但河州卫之后分化为洮州卫和河州卫军民指挥使司，洮州卫也曾为军民卫所，可见，河州卫的基本情况是符合军民卫所建置的，以河州卫归附人员情况说明如下：

表2—4：河州卫归附者安置表

归附人/降人姓名	民族	故元官职及品秩	明朝所授官职及品秩	出处
何锁南普/何锁南/何肖南/何贞南	西番	陕西等处行中书省平章政事（从一品）世袭吐蕃宣慰使（从二品）	世袭指挥同知（从三品）	《明太祖实录》卷60，洪武四年正月辛卯条
朵儿只	西番	知院（从一品）	指挥佥事（正四品）	
汪家奴（锁南普氏弟）	西番	知院（从一品）	指挥佥事（正四品）	
马梅	西番	院使（从一品）	指挥佥事（正四品）	《明太祖实录》卷66，洪武四年六月戊子条
汪瓦儿间	西番	平章（从一品）	指挥佥事（正四品）	《明太祖实录》卷68，洪武四年九月辛亥条
孛罗罕	蒙古	宗王（爵 正一品）	正千户（正五品）	《明太祖实录》卷66，洪武四年六月戊子条
朵立只苔儿	蒙古	右丞（正二品）	正千户（正五品）	
克失巴卜	蒙古	元帅（正三品）	副千户（从五品）	
卜颜歹	蒙古	同知（从二品）	副千户（从五品）	
管不失结	蒙古	同知（从二品）	镇抚（从五品）	
韩加里麻/韩哈麻	西番		镇抚（从五品）	《清史稿》卷517《甘肃土司》
朵儿只星吉	西番	万户（从三品）	世袭千户（正五品）	《明太祖实录》卷69，洪武四年十一月丁丑条
阿瓜	西番	酋长	千户（正五品）	《明太祖实录》卷96，洪武八年正月辛巳条
答儿木			世袭正千户（正五品）	《明太祖实录》卷96，洪武八年正月丙戌条

通过上表的整理，可以发现河州卫设置的几个特征：

第一，继承元朝对西番的管理方式。元代在吐蕃设宣慰司、给当地土酋以世官、授金银牌印，明代基本沿袭了这种制度，仍以倚靠当地土酋为主，这对于西番的稳定是有利的。

第二，河州卫的武官构成，以归附的故元官吏为主，但均系副职。指挥使韦正系朱元璋旧部，其他指挥同知、指挥佥事、千户、镇抚等副职多系故元官吏。

第三，河州卫武官由汉人、西番、蒙古共同组成，汉人身份的韦正为正职，西番、蒙古籍官员均为副职，但从人员比例上来看，河州卫还是一个以少数民族土官为主的边卫。

第四，洪武初年，对归附者所授官职均为中下级武官（三品以下），远低于他们在元朝的品秩（三品以上），其中，蒙古籍官员更低于西番籍官员，体现了朱元璋对不同民族的信任程度。

正如王继光先生所言，"河州卫的建置是一个模式，它标志着朱元璋在甘青地区创立土流参设制度的开始。"[1] 这些归附者中很多都是当地土酋，元、明两代统治者都借助他们的力量控制当地少数民族，在明代成为河州卫世袭武官，因为其土著身份，亦被称为土官。由于获得明朝武官世袭制的保障以及家族成员的军功等，有些土官家族的势力逐渐发展壮大，至清代成为土司之家，[2] 仍旧把持一方。河州卫出身的锁南普家族即是一例：

---

1. 王继光：《试论甘青土司的形成及其历史背景》，《社会科学》1985年第8期，第80页。
2. 赵尔巽等：《清史稿》卷517《甘肃土司》载：河州地区有土司何贞南、韩哈麻二家，第14305页。

表2-5：河州卫何氏土官家族明代世袭表

	一世	二世	三世		四世	五世
姓名	锁南普	何铭,字德新(长子)	何敏(次子)	何忠(铭子)	何英(忠子)	何端(英子)
卫职	授河州卫指挥同知	袭指挥同知	授锦衣卫指挥佥事	袭指挥同知	袭指挥同知	袭指挥同知
事迹	洪武三年(1370)率众归附	永乐间,征甘肃,卒于军			调遣防守,时有军功	
备注	赐姓"何",赐篆龙金筒诰命;致仕卒于家	洪武三十年(1397)袭职,授镇国将军;因战功授都指挥同知			正统六年(1441),升都指挥佥事,镇守洮州	备御甘凉,回卫而卒

	六世	七世		八世	九世
姓名	何勋,字朝用(端子)	何巩(勋子)	何珽(巩弟)	何樟(珽子)	何永吉(樟子)
卫职	袭指挥同知	袭指挥同知	袭指挥同知	袭指挥同知	袭指挥同知
事迹	嘉靖间,征洮州,守碾伯,继征甘州,卒于军			防御甘凉,屡有战功	清顺治二年(1645)率众归附
备注		无嗣		天启四年(1624)卒	

资料来源：嘉靖《河州志》卷2《人物志》, 第56-57、59页；《西北种族史》, 第22-24页。

河州何氏在明朝历十世，据表2-4，与何锁南普同期授职的故元降臣之后鲜见于史料，唯何氏一族发展壮大。有学者考证：何土司家族雄居西北达561年，至民国二十一年(1932)方被废除。[1] 其原因有三：一是明朝的优待政策。很好地执行了武官世袭制度，从一辈至九辈，其河州卫指挥同知的世职

---

[1]. 洲塔、何威：《河州土司何锁南考辨》,《西藏大学学报(社会科学版)》2010年第2期, 第77页。

没有变化；对不能袭职的锁南普次子何敏亦授予锦衣卫指挥佥事之职；而且有功必赏，何锁南普因归附、招谕之功被赐姓并赐篆龙金筒，何铭因军功授都指挥同知，系从二品流官，何英因军功升都指挥佥事，正三品流官。二是何氏一族守卫西北，战功卓著。其中何铭、何勋均战死，可谓对明朝极尽效忠。三是何氏家族顺应时势，元明鼎革、明清鼎革之际均归附新朝，把握住了家族兴起的机会。

洮州、岷州、河州，军事建置多有变化，既有"千户所"，又有"卫"的形式；既有一般卫所阶段，又有加"军民"命名卫所的阶段；还有"军民卫所"与一般卫所间的互相转化。这种复杂性产生的原因，一是三地临近西番，民族问题比较突出；二是三地建卫设所的背景是洪武二年(1369)许允德招谕吐蕃[1]和洪武三年(1370)邓愈出兵河州，而此时明朝的目的并不在于完全的军事控制，明朝也还没有这个力量，更多的是基于稳定西番后方，配合消灭漠北故元残余的打算，因此，以"军民卫所"的形式更加符合当时当地的情况。但是，洪武五年(1372)以后，情况就发生了变化：

二、军事卫所

按照明朝"度要害地"设立卫所的一般原则，洪武初年在河西、河湟的几个军事要地建卫设所，基本奠定了洪武二十六年(1393)以后陕西行都司的疆域范围：

河西走廊和河湟谷地由于军事和交通的重要价值，经过洪武五年(1372)冯胜西征而得以为明朝所控制。但冯胜西征军是作为第二次北征沙漠之战的

---

1. 《明太祖实录》卷42，洪武二年五月甲午条。

支线，首先不是主力，所带兵员不足五万；[1] 其次，西路是三路北征军中唯一获胜的一支，攻克重镇后必定留人镇守。因此，无论是征讨还是留守，仅依靠冯胜带去的军队是很难做到的，按实录的记载，西征军大部分又都班师回朝且各回各卫，[2] 而冯胜的西征战线既长、进程顺利且成果颇丰，显然是借助了其他力量。这股势力从明朝初年在河西、河湟所建卫所的过程及人员构成可见端倪，而以河西走廊最东端的庄浪卫及位于河湟谷地的西宁卫最为典型：

1、庄浪卫

庄浪得以建卫，首先是其地理优势。"河西之地，庄浪首接金城，东应宁夏，西援西宁，北套凉甘，约广四百余里，袤三百余里。"[3] 境内交通也很发达，沿庄浪河南抵兰州、北达古浪，沿西大通河又与西宁相接，可对南、北、西三面增援，而东面有大、小松山，起到"东扼黄河，南缀兰、靖，北阻贺兰"[4] 的作用。因此，从洪武十二年(1379)至二十六年(1393)期间，庄浪一度成为陕西行都司治所。

其次是军事进攻的顺利。洪武五年(1372)的冯胜西征本来是作为疑兵以配合中路徐达、东路李文忠在和林的主攻，中、东二路受挫，西路却获得意想不到的顺利，连续攻克兰州、武威、永昌、酒泉，至亦集乃路，甚至兵至瓜州、沙州，所到之处，元军抵抗不甚坚决、降者颇多。在攻下整个河西之后，甘肃、庄浪、碾伯、临河、西宁、古浪、永昌陆续设立军事建置，加以控制，如庄浪，"明洪武五年宋国公冯胜平定河西改县为卫，分立五州。永

---

1. 《明太祖实录》卷160，洪武十七年三月戊戌条，"上乃诏达与文忠及冯胜率兵十五万分三道"。
2. 《明太祖实录》卷74，洪武五年六月癸卯条，"命胜先将吐蕃及西安、河南出征官员就各处赏赐，其京卫出征将士俟回京给赏。"
3. 周树清等纂修：《永登县志》卷1《地理志·永登县疆域图说》，台北：成文出版社，1970年，第10页。
4. 顾祖禹：《读史方舆纪要》卷63《陕西十二》，第2998页。

乐元年仍为庄浪卫，指挥使领五千户，隶陕西行都司。"[1]

再次，庄浪之所以能顺利改县为卫，与早期归附明朝的故元官兵及当地土酋关系密切。元武定王脱欢在追随元顺帝北走时流落河西，于洪武四年(1371)率领诸子部族降明，明太祖令其"招集部落，仍守其地"，[2] 史籍中未明确提到脱欢的职务，但从其长子阿实笃，"洪武九年(1376)嗣职，次年调西宁卫百户"，[3] 十一年(1378)，"以擒戬只功升正千户"[4] 来看，脱欢受职仅为百户，其次子巩卜失加也仅授百夫长，[5] 职位都不算高。第二年设庄浪卫。洪武七年(1374)十月，明太祖给巩卜失加的敕书中说道："朕君天下，凡慕义之士皆授以官，尔巩卜失加久居西土，乃能委心效顺，朕用嘉之。令授以昭信校尉、歧宁卫管军百户。尔当思尽乃心，遵律抚众，庶副朕之委令。尔宜勉之。"[6] 但由于歧宁卫存在时间很短，又改令巩卜失加"俾统所部居庄浪，以功升百户"，[7] 即为庄浪卫百户。巩卜失加之所以能在两年多的时间中由百夫长升为百户，从洪武七年的敕书来看，并未见其有具体的战功，而应当是脱欢父子"慕义"来归和"招集部落"之功，脱欢还有一个儿子把只罕，甚至授到指挥佥事的职务。[8] 因此，正是有了诸如脱欢父子在招集旧部、归附明朝方面的作用，洪武五年，冯胜西征占领庄浪和庄浪卫的设立才得以顺利进行，而这些归附者的官职也随着庄浪卫的设立和发展步步上升。脱欢一族，在明历九世，世代守御西土，巩卜失加本人战死，后世

---

1. 周树清等纂修：《永登县志》卷1《地理志·沿革》，第5页。
2. 《鲁氏世谱》，《始祖脱欢公传》，中国西北文献丛书编辑委员会编：《中国西北文献丛书》第99册，兰州：兰州古籍书店影印本，1990年，第376页。
3. 赵鹏翥：《连城鲁土司》，第18页。
4. 《鲁氏世谱》，《二世鞏卜世杰传》，第376页。
5. 赵尔巽：《清史稿》卷517《甘肃土司》，第14315页。
6. 《敕巩卜失加》，米海萍、乔生华辑：《青海土族史料集》，西宁：青海人民出版社，2006年，第280页。
7. 赵尔巽等：《清史稿》卷517《甘肃土司》，第14315页。
8. 赵尔巽等：《清史稿》卷517《甘肃土司》，第14316页。

军功卓著，鲁鉴、鲁麟、鲁经号称"三世名将"，至四世鲁鉴成为正三品庄浪卫世袭指挥使，"河西巨室，推鲁氏为最。"[1] 明朝保证其世袭武职且有功必赏，鲁氏亦为明尽忠，九世鲁允昌死于明末农民战争，庄浪鲁氏成为明朝稳定河西的一个成功案例，见下表：

表2—6：庄浪卫鲁氏土官明代世袭表

	一世	二世	三世	四世
姓名	脱欢（元武定王、平章政事）	阿失都/阿实笃（脱欢长子）	巩卜失加/巩卜世杰（脱欢次子）	失加/什伽/鲁失加/鲁贤（世杰子）	鲁鉴（贤子）
卫职		嗣职，以功升正千户	先授百夫长，兄死代袭，升庄浪卫百户	袭百户，累官至庄浪卫指挥同知	授百户，袭指挥同知，功升庄浪卫指挥使
事迹	明洪武四年(1371)率诸子部落投诚	随父降	随父降		屡立战功
备注	殉阿鲁台之难	以目盲死	征阿鲁台阵亡	赐姓鲁，拜骠骑将军	追赠为荣禄大夫右都督

	五世	六世	七世		八世
姓名	鲁麟（鉴子）	鲁经（麟子）	鲁瞻（经长子）	鲁东（经次子）	鲁振武（瞻子）
卫职	授锦衣卫百户，袭指挥使	授百户，功授锦衣卫指挥佥事，袭指挥使	署副千户，袭指挥使	袭侄振武指挥使职	袭父指挥使职
事迹	屡立战功	屡立战功			
备注	赠右军都督佥事，破例赐祭葬	以都督同知充总兵官；以疾致仕	有疾，卒		年幼而卒

	八世			九世	十世
姓名	鲁光先（东长子）	鲁光祖（东次子）	鲁光国（东子）	鲁允昌/鲁印昌（光祖子）	鲁宏（允昌子）
卫职		袭指挥使	袭兄光祖指挥佥事职	袭叔光国指挥佥事职	袭指挥使

---

1. 王继光：《安多藏区土司家族谱辑录研究》卷2《重续鲁氏家谱序》，第52页。

事迹				死于李自成军	清顺治十六年(1659)归附
备注	早卒			无子	

资料来源：《明史》卷174《鲁鉴传》，第4643页，咸丰《鲁氏世谱》，《中国西北文献丛书》第99册，兰州：兰州古籍书店，1990年，第375—411页。

鲁氏仅仅是庄浪卫土官的一个代表，由于其后世发展较好而知名，而庄浪卫所接纳的土官绝不只是鲁氏一家，而每一家土官身后又有其带领归附和日后召集的大量部民存在，这些人被充实到卫所中，既为明朝守边，又增加了明朝的军事力量。万历《庄浪汇记》记录了庄浪卫汉、土军官的数额，"汉官指挥千百户共五十九员"，"土官指挥千百户共二十六员"。[1] 详见下表：

表2—7：庄浪卫汉、土指挥使等官人员、俸禄对比

	人员		俸禄（每员）	
	汉	土	汉	土
指挥使	4	2	月俸7石，折俸28石	月俸7石2斗
指挥同知	5	2	月俸5石2斗，折俸20石8斗	月俸5石2斗
指挥佥事	10	3	月俸4石8斗，折俸19石2斗	月俸4石8斗
署指挥佥事	1		月俸3石2斗，折俸12石8斗	
正千户	5	1	月俸3石2斗，折俸12石8斗	月俸4石2斗
副千户	7	4	月俸2石8斗，折俸11石2斗	月俸3石2斗
实授百户	11	7	月俸3石，折俸12石	月俸3石

---

1. [明]王之采：《庄浪汇记》卷1，《中国地方志集成·甘肃府县志辑6》，南京：江苏古籍出版社，1998年，第487页。

试百户	13	6	月俸1石5斗,折俸6石	月俸3石
署试百户	3	1	月俸1石,折俸5石	月俸2石
共计	59	26		

资料来源：《庄浪汇记》卷1，第487页。

从汉、土官员的比例来看，庄浪卫是一个汉、土混合的边卫，少数民族官员占有相当比例，但其主体仍旧是汉官。土官与汉官相比，所领"月俸"与汉官持平，有些还略高于汉官，汉官"月俸"可能以"折俸"的形式发放，而对土官不实行"折俸"制；汉、土官员的"俸粮支军饷"，而汉官的"折俸"于"汉中府开领"。[1]从俸禄的发放数额和形式来看，对土官实际是优待的，因为以"军饷"来发放俸禄是最实际的，一般不会克扣，但以"折俸"形式发放，又是由陕西布政司下汉中府来发放，其中的克扣程度可见一般，有学者研究表明：俸禄的折支是一种严重的变相降俸。[2]

总之，就庄浪卫的情况来看，土官在建卫的过程中发挥了关键作用，明朝政府也给予土官们以卫所世袭武职等较为实际的利益，明朝借助土官的势力和影响力，协助卫所汉官共同守边，土官们也借助明朝的制度保障不断壮大自己的力量。

河湟地区西宁卫的情况大致与庄浪卫相似。

2、西宁卫

西宁，古湟中地，是丝绸之路和唐蕃古道的接口，亦为青藏高原的东方门户，其军事、交通的重要性不言而喻。

洪武六年(1373)正月，"置西宁卫，以朵儿只失结为指挥佥事。朵儿只失结，西宁人，仕元为甘肃行省右丞。初，王师下关陕，与太尉朵儿只班在

---

[1]. 王之采：《庄浪汇记》卷1，第487页。
[2]. 张兆凯：《论明代俸禄制度演变的原因及其影响》，《长沙理工大学学报（社会科学版）》，2004年第9期，第74页。

青海，朵儿只班遣其来朝进马。上赐以袭衣文绮，令还招谕其部曲，朵儿只班不奉诏，遁甘肃。朵儿只失结自率所部二千余人还西宁，遣弟赍苔等赴京，言朵儿只班不奉诏之故。及宋国公冯胜总兵征甘肃，遂以所部从行，胜乃命朵儿只失结同指挥徐景追袭朵儿只班，获其金银印及军士马匹，遣其弟答立麻送京师，至是立西宁卫，命朵儿只失结为指挥佥事。"[1]西宁卫的设立，更是明确指出是与西宁人朵儿只失结的归附有关的：第一，早在洪武四年(1371)，朵儿只失结就已"来朝进马"；[2]第二，冯胜西征甘肃时，朵儿只失结"以所部从行"，并协助明军讨伐不奉明朝调令的朵儿只班，所带人马至少是其在西宁的"所部二千余人"。这说明，朵儿只失结归附既早，又对冯胜占领西宁贡献极大，无怪乎，设西宁卫的同时即以朵儿只失结为指挥佥事。朱元璋给朵儿只失结的敕书中说："……尔朵儿只失结久居西土，闻我身教，委身来庭，朕用嘉之。今开设西宁卫，特命尔为之佐。尔尚思尽乃心，抚其部众，谨守法度，以安疆土。"[3]朵儿只失结确实也不负期望，"(洪武)十六年，以功诏世袭，二十四年调甘州前卫指挥佥事，二十五年诏征湟中西番，屡立大功，卒于官。"[4]

此后，西宁卫成为安置归附者的重要卫所之一。

杨应琚《西宁府新志》言："宁郡诸土司计十六家，皆自前明洪武时授以世职，安置于西碾二属……内惟土司陈子明系南人，元淮南右丞归附，余俱系蒙古及西域缠头，或以元时旧职投诚，或率领所部归命。"[5]清代，西宁卫有十六家土司，考察这些土司的先祖，多是明洪武初年的归附者，列表如下：

---

1. 《明太祖实录》卷78，洪武六年正月己未条。
2. 康熙《碾伯所志》，《人物》，"朵尔只失结，元甘肃行省左丞。明洪武四年入贡归附，授宣威将军、指挥佥事。"第67页。
3. 乾隆《西宁府新志》卷32《艺文志》，第1249页。
4. 康熙《碾伯所志》，《人物》，第67页。
5. 乾隆《西宁府新志》卷24《官师志·土司附》，第881—882页。

表2—8：西宁卫归附土官安置表

土司名称	始祖姓名	民族/籍贯	故元官职及品秩	归附时间	明朝所授官职及品秩
陈土司	陈子明	汉/江苏山阳人	淮安右丞（正二品）	元至正二十二年(1362)	指挥，子陈义功授西宁卫指挥使（正三品）
西祁土司	祁贡哥星吉	蒙古/西宁州土人	甘肃省理问所官	洪武元年(1368)	世袭副千户(从五品)
赵土司	赵朵只木/赵朵尔	岷州番人	招藏万户（正三品）	洪武三年(1370)	百户（正六品）
上韩土司	韩宝元	撒拉尔回人		洪武三年	世袭百户（正六品）
东祁土司	朵尔只失结	蒙古人	甘肃行省右丞（正二品）	洪武四年(1372)	世袭指挥佥事（正四品）
汪土司	南木哥	西宁州土人		洪武四年	指挥佥事（正四品），调宁波副千户守御
纳土司	沙密(蜜)	西番人		洪武四年	总旗
吉土司	吉保	西番人		洪武四年	百户(正六品)，调锦衣卫前所镇抚
阿土司	失喇(刺)	蒙古人	甘肃省郎中（从五品）	洪武四年	小旗
东李土司	李喃(南)哥	西番人	西宁州同知（正六品）	洪武四年	世袭指挥佥事（正四品）
冶土司	薛都尔/薛都尔丁	西域缠头回人	甘肃行省佥事（正四品）	洪武四年	小旗
甘土司	帖木录(禄)	西宁卫土人	百户（从六品）	洪武四年	百户（正六品）
朱土司	乱铁木	西宁州土人		洪武四年	小旗
辛土司	朵力乱	西宁州土人		洪武四年	小旗
剌土司	哈喇（剌）反	西宁州土人		洪武四年	总旗

资料来源：《西宁府新志》卷24《官师志·武职·土司附》，第867—876页；《清史稿》卷517《甘肃土司》，第14308—14314页。

从上表可知，洪武初年有大批故元官吏、西宁州土人头目归附，明朝均将其安置在西宁卫，对他们的初次授职既考虑到归附时间、也考虑到其在元代的官职及民族成分。例如，汉人陈子明归附最早，授职为指挥，其子陈义后因功升为西宁卫指挥使；其副手是洪武四年(1371)归附的朵尔只失结、南木哥、李南哥等家族袭职者；其他归附者均授予较为低级的卫所官职。

与庄浪卫鲁氏的一枝独秀不同，西宁卫则是各家土官各放异彩。按《清史稿·土司传》，明朝的土官家族，到了清代，庄浪卫仍以脱欢家族的鲁氏（因世居连城，又称"连城鲁氏"）为主体，众多鲁姓小土司皆与连城鲁氏同宗；西宁卫则仍旧是明朝洪武初年"广封众建"的十六家格局。可能的因素：其一，西宁卫辖区远胜于庄浪卫，多封亦在情理之中；其二，庄浪卫临漠北，西宁卫临西番，安置的归附人中，庄浪卫以元裔为主，而西宁卫则以番籍为主，番族族类众多、势力分散，若要稳定西番，则必然要"广封众建"；其三，对明朝而言，蒙古是远胜西番的强大对手，庄浪卫鲁氏先祖脱欢以元朝武定王之尊仅得授百户，而西宁卫朵尔只失结、南木哥、李南哥等均授指挥佥事，恐怕是担心庄浪地方蒙古籍土官兵权过重而与漠北蒙古勾结，而成心腹大患，西宁则不存在这个问题。

此外，主要以军事因素考虑而建设的卫所还有甘肃等卫，情况如下。

3、甘肃卫

洪武五年(1372)十一月，"置甘肃卫都指挥使司。"[1] 九年(1377)十月，"升甘肃卫经历沈立本为户部侍郎。"[2] 甘肃卫设立后，与庄浪卫东西并峙、控制河西走廊。

---

1. 《明太祖实录》卷76，洪武五年十一月壬子条。
2. 《明太祖实录》卷110，洪武九年十月丙辰条。

4、碾伯卫

碾伯卫初设在洪武五年(1372);[1] 十一年(1378)三月更名为"庄浪分卫",以指挥佥事李景驻守;[2] 七月改为"碾北卫";[3] 十九年(1386)废后为西宁卫右千户所。[4] 碾伯卫的建置变化和屡次更名,与其地理位置有关,"西宁卫在湟水南,碾伯所在湟水北,互为形援。议者谓庄浪兵宜防碾伯,而西宁游兵宜驻古浪,以防岔口、镇羌,盖西宁与庄浪相唇齿也。"[5] 初设碾伯卫当是与西宁卫南北相守控制湟水流域,碾伯又可与庄浪、西宁形成抵足之势,互相应援,因此,"碾伯"按"湟水北"的地理分布,亦称"碾北";以碾伯护卫庄浪,又成"庄浪分卫";以碾伯护卫西宁,则成"西宁卫右千户所"。

5、临河卫

临河卫设于洪武五年(1372)冯胜平定河西之后,下辖五所,于二十九年(1396)改名镇番卫,隶陕西行都司。[6] 临河卫的地势,"南蔽姑臧,西援张掖,翼带河、陇,控临绝塞,地形陡绝,戎马之场也。"[7] 因此,临河卫的设置是以地形的优势护卫凉州,亦可声援甘肃卫。

6、和戎巡检司

和戎巡检司是古浪守御千户所的前身,系元代所设,明初沿用。按《中国历代官制大辞典》:(巡检司)"掌管地方治安机构。……(元)置于京城及要害之处。明洪武二年始设置于广西,后渐增置于各州县关隘要冲之处,而都城不设。设巡检、副巡检以掌缉捕、盘诘,维持地方治安之

---

1. 康熙《碾伯所志》,《沿革》,第10页。
2. 《明太祖实录》卷117,洪武十一年三月庚子条。
3. 《明太祖实录》卷119,洪武十一年七月辛巳条。
4. 康熙《碾伯所志》,《沿革》,第10页。
5. 顾祖禹:《读史方舆纪要》卷64《陕西十三》,第3029页。
6. 道光《镇番县志》卷1《地理考·沿革》,第66—67页。
7. 顾祖禹:《读史方舆纪要》卷63《陕西十二》,第2997页。

事。"¹本为地方治安机构，因其处"要害之处"，在明代逐渐转换为军事机构。其过程是："至元元年和戎城设巡检司，属永昌路，后降西凉府为州隶，设宣慰使司，和戎之所隶不闻焉。元末兵乱，居人逃散，和戎境虚。明洪武五年宋国公冯胜平定，复设，凉州套虏（虏）闻风远遁。仿充国遗策于扒里扒沙、暖泉、哨马营等处，且屯且耕，以拓土地。九年，以兰州等卫官军守御凉州，设五所，改和戎巡检司。十年，本卫（凉州卫）千户江亨因旧水名，改为古浪，筑城于今治所。十二年属庄浪卫，为屯守之所。正统三年，巡抚都御使罗亨信奏设古浪守御千户所……。"²洪武五年(1372)之所以复设巡检司于和戎城，一是其地可屯可耕，有大片土地可以开拓；二是考虑"西宁游兵宜驻古浪，以防岔口、镇羌"³的缘故。

7、永昌卫

关于永昌卫的设立，有《明太祖实录》及两种《永昌县志》的记载：

> （洪武十五年三月）置永昌卫指挥使司隶陕西行都司。⁴
>
> 至元十五年置永昌路，降西凉府为州隶焉。明洪武三年宋国公冯胜统兵平定河西，改置永昌卫，属陕西行都司。⁵
>
> 至元十五年置永昌路，封王以领之，降西凉府为州隶焉，此称永昌之始。明洪武二十五年置永昌卫，立前后左右中五所，隶陕西行都司。⁶

对比两种方志，内容基本一致，仅设卫时间不一，乾隆五十年(1785)所

---

1. 吕宗力主编：《中国历代官制大辞典》，第409页。
2. 《五凉全志》卷4《古浪县志》，第451-452页。
3. 顾祖禹：《读史方舆纪要》卷64《陕西十三》，第3029页。
4. 《明太祖实录》卷143，洪武十五年三月丁丑条。
5. 《五凉全志》卷3《永昌县志》，乾隆十四年刊本，第349页。
6. 乾隆《永昌县志》，乾隆五十年刻本。

刻《永昌县志》当是根据《明太祖实录》对设卫时间做出了修改，但仍将"洪武十五年"误写作"洪武二十五年"；乾隆十四年(1749)所刻《永昌县志》仅言永昌卫的设置与冯胜克河西相关，并未直言设卫时间，且将时间弄错，应为"洪武五年"而非"洪武三年"，当不可信。永昌卫的设置以洪武十五年(1382)较为可靠，以明朝的战略部署来看，也可得出相同结论。考察《明太祖实录》，洪武十四年和十五年的战略重心在云南，但是由于故元平章乃儿不花等寇边，明朝在十四年(1381)正月至八月间发动了由魏国公徐达主持的第四次沙漠之战并取得胜利，为防故元势力的南下骚扰，同年十月"命凉州卫遣兵屯金塔寺山口及土鲁干口"，[1] 两处屯兵之地在凉州、永昌之间，[2] 旨在防"番"，亦能成为故元南下的突破口，于是次年三月置永昌卫。但由于主力还在云南，并未对西北做更多的经营。西北前期卫所的设置主要集中在洪武九年(1376)之前，即以河州时期陕西行都司的裁撤为标志，唯独永昌卫设在十五年，但因其设置的原因和背景与前期卫所无二，因此归于此类。关于永昌卫的设官，列表如下：

表2—9：永昌卫部分职官表

姓名	籍贯	卫职	任职时间
李庸		指挥使	洪武年间
张杰	甘州人	指挥佥事	洪武年间
马骏	河南原武县人	指挥使	永乐八年
喻礼	江南合肥县人	都指挥佥事	永乐八年
孙琦	江南合肥县人	千户	永乐八年

---

1. 《明太祖实录》卷139，洪武十四年十月壬戌条。
2. 乾隆《甘肃通志》卷11《关梁二》，"金塔寺山口在县（武威县）西三十里"，第3页上；又《丁酉重刊凉镇志》："永昌卫疆域东抵凉州，西接山丹，北连胡境，南距番族……东南至土鲁干山口一百八十里"。转引自永昌县志编纂委员会编：《永昌县志》，兰州：甘肃人民出版社，1993年，第167页。

脱脱卜花	永昌卫人	土军	永乐年间
宋忠	北直宛平县人	都指挥金事	宣德、正统年间
毛忠	永昌卫人	土军	成化年间
杨时	咸阳人	指挥	嘉靖年间

资料来源：《五凉全志》卷3《永昌县志·官师志》，第400页。

  永昌卫的情况亦如其他卫所，为汉土杂居，指挥使由汉人担任，卫所武官中也有像脱脱卜花、毛忠等土军出身的当地人。脱脱卜花，因为在永乐八年(1410)揭发了土达兀马儿沙等谋叛之事，妻子儿女和家财被掠，脱脱卜花自刎，明成祖感念其忠心，以其子好帖木儿世袭永昌卫镇抚并抚恤其家，其孙朵儿只于正统九年(1444)以功赐姓"赵"，历任指挥金事；毛忠，字九诚，扒里扒沙（今古浪大靖）人，国初太父自武威归附，至忠以屡战立功封伏羌伯，充甘肃副总兵，成化四年(1468)讨石城满四，与其孙毛铠俱死，赐铁券赠侯。两人都是出身永昌卫军户，因为对明效忠，成为世袭武官。

  以上卫所，均是在洪武五年(1372)冯胜克河西的背景下设立的，又都是以军事要地建之，故以"军事卫所"归纳。各地之间结成点—线—网的勾连状态，互为倚靠，如庄浪卫、甘肃卫的东西并峙，庄浪卫、西宁卫的唇齿相依，以及以碾伯协助庄浪、以临河护卫凉州、以古浪协助西宁等，将河西走廊与河湟谷地以军事据点的形式紧密联结，奠定了后来陕西行都司的雏形。

  通过上文，可以发现，所谓"军民卫所"与"军事卫所"在性质上有很多交叉之处，即便是"军民卫所"，也都是在军事重地建立的，而很多"军事卫所"，也是土流参治、汉土混杂的军民构成。所以才有河州、洮州、岷州三卫由军事卫所改为军民卫所，又再改回军事卫所的变化。但建置的变化实际反映了该地不同时期所存在的主要矛盾，究竟是以解决军事问题为主，还是以解决民族问题为主，成为划分两种类型卫所的主要标准。

三、羁縻卫所

羁縻卫所，严格说来不在陕西行都司辖境内，而是明朝对于无法直接统治的西域、西番之地的一种统治策略，西域、西番等地的故元将领和部落首领，只要承认明朝的统治，前来朝贡，明朝即设卫授官，一般以原来的土官人等为指挥使等官，卫所内武官数目不受限制，职位一般较高，如朵甘、乌思藏、安定、阿端、曲先、罕东等卫所，安定卫还保留故元安定王的封号。此类卫所为羁縻性质，不为陕西行都司直辖，但为了便于管理和沟通，则由距离最近的陕西行都司兼管：

1、朵甘卫、乌思藏卫

朵甘、乌思藏地，明朝统称为"西番"，即"吐蕃"也，由河州时期的陕西行都司兼管。朵甘卫、乌思藏卫的设置，明朝利用了当地土官之间的矛盾以及当地人的宗教信仰。洪武五年(1372)四月，河州卫探查到，朵甘地区的赏竺监藏与管兀儿相互仇杀，但都信奉故元灌顶国师章阳沙加，明朝便仍以"灌顶国师"册封章阳沙加并赐玉印，使其招抚西番。[1] 明朝的招抚取得了理想的效果，此后，朵甘、乌思藏等地曾经接受过元朝册封的国师、土官们纷纷遣使来朝。十二月便有"乌思藏摄帝师喃加巴藏卜等，遣使来贡方物，诏赐红绮禅衣及靴帽钱物有差。"[2] 又六年(1373)正月，"乌思藏怕木竹巴灌顶国师章阳沙加监藏，遣酋长锁南藏卜，以佛像、佛书、舍利来贡，诏置佛寺，赐使者文绮袭衣有差。"[3]

由于前来朝贡的西番人士不断增加，明朝认为，有必要以相应的制度和建置来巩固这些成果，一方面是将这些承认明朝统治的地区在名义上纳入

---

1. 《明太祖实录》卷73，洪武五年四月丁酉条。
2. 《明太祖实录》卷77，洪武五年十二月庚子条。
3. 《明太祖实录》卷78，洪武六年正月己巳条。

明朝版图，另一方面是给予这些人以官职，使他们在名义上成为明朝的官员。洪武六年(1373)二月，"诏置乌思藏、朵甘卫指挥使司，宣慰司二、元帅府一、招讨司四、万户府十三、千户所四，以故元国公南哥思丹八亦监藏等为指挥同知、佥事、宣慰使、同知副使、元帅、招讨万户等官，凡六十人。……以摄帝师喃加巴藏卜为炽盛佛宝国师，给赐玉印。南哥思丹八亦监藏等为朵甘乌思藏武卫诸司等官，镇抚军民皆给诰印。"[1]

有了建置的依托，招抚成效更加显著，洪武六年(1373)十月，"升朵甘卫指挥佥事锁南兀即尔为指挥同知。初，锁南兀即尔仕元为司徒，镇守朵思麻朵甘思两界。及归本朝，授朵甘卫指挥佥事。"[2] 又"河州卫言：朵甘思宣慰赏竺监藏举西域头目，可为朵甘卫指挥同知、宣抚使、万户、千户者二十二人，诏从其请，命铸分司印与之。"[3] 实录称"来归者甚众"。[4] 明朝便以升卫为都司，增加土官机构、职官等办法加大招抚力度。洪武七年(1374)七月，朵甘、乌思藏二卫升为行都指挥使司，"以朵甘卫指挥同知锁南兀即尔管招兀即儿为都指挥同知。"[5] 十二月，"炽盛佛宝国师喃加巴藏卜及朵甘行都指挥同知锁南兀即尔等遣使来朝，奏举土官赏竺监藏等五十六人，诏增置朵甘思宣慰司及招讨等司。……以赏竺监藏等七人为朵甘都指挥司同知，南哥思丹八亦监藏等三人为乌思藏都指挥司同知，星吉监藏等十一人为朵甘宣慰司使，川挪藏卜等八人为朵甘思等六招讨司官，管者藏卜等五人为沙儿可等万户府万户，管卜儿监藏等十八人为朵甘思等一十七千户所千户，……都管监藏令占等三人为朵甘巡检司巡检。遣员外郎许允德赍诏及诰印往赐。"[6] 又"设河州西番木呾些儿孙等处千户所，以元达鲁花赤锁南

---

1. 《明太祖实录》卷79，洪武六年二月癸酉条。
2. 《明太祖实录》卷85，洪武六年十月己卯条。
3. 《明太祖实录》卷85，洪武六年十月辛巳条。
4. 《明太祖实录》卷116，洪武十年十一月癸未条。
5. 《明太祖实录》卷91，洪武七年七月己卯条。
6. 《明太祖实录》卷95，洪武七年十二月壬辰条。

巴等充正副千户，隶朵甘都指挥使司。"[1]

由于羁縻性质，所设机构、职官不受数目限制，品秩也较高，明朝也给予很多赏赐。朵甘卫、乌思藏卫，先是以河州卫兼理事务，但由于人员的大量增加，一个河州卫已无法处理，于是，设陕西行都司于河州，"总辖河州、朵甘、乌思藏三卫"，旋即又"升朵甘、乌思藏二卫为行都指挥使司"。[2] 可以说，是招谕西番的成果客观上促成了河州时期陕西行都司的设立，以及朵甘、乌思藏两个羁縻行都司的设立。而明朝以羁縻都司卫所屏障陕西行都司卫所，又以陕西行都司卫所屏障腹里卫所的格局也逐步得以建立。

2、安定卫、阿端卫、曲先卫、罕东百户所

安定、阿端、曲先三卫在西域撒里畏兀儿地，洪武八年(1375)，因元安定王卜烟帖木儿所请而设，仍以卜烟帖木儿为安定王，其部众为指挥使等官。[3] 因为羁縻地，明朝采取高官、众设的方式，保留安定王之名、卫所内指挥不限人数。后因其内乱及西番朵儿只巴之乱，卫所几废几设，明朝与其关系亦时松时紧。三卫在洪武初年与陕西行都司并无联系，至陕西行都司于甘州稳定后，洪武末年至永乐初年，三卫复置后，由甘州时期的陕西行都司兼管。

罕东，亦在西域之地，洪武八年(1375)正月置罕东百户所。[4] 三十年(1397)置卫后，由陕西行都司兼管。[5]

3、高台站

"站"是明代的一种军事设置，"置如羁縻卫所。均以当地少数民族

---

1. 《明太祖实录》卷108，洪武九年九月壬申条。
2. 《明太祖实录》卷91，洪武七年七月己卯条。
3. 张廷玉：《明史》卷330《西域二》，第8550页。
4. 《明太祖实录》卷96，洪武八年正月甲子条。
5. 《大明一统志》卷89《外夷·罕东卫》，第5501页。

首领管理。"[1]又按《明史·职官志》言："又有番夷都指挥使司三,卫指挥使司三百八十五,宣慰司三,招讨司六,万户府四,千户所四十一,站七,地面七,寨一。"[2] "明洪武五年,宋国公冯胜平定河西改为高台站,因有台子寺,故名,隶甘州中卫;景泰七年,始设守御千户所,辖十百户所,隶陕西行都司。"[3]可见,高台站的设置是为了安置当地土官、土民,将其充实到卫所中。以"站"的形式管理,类似于羁縻性质,但根据其后来建置的变化,实际成为陕西行都司下直属千户所。

四、过渡性卫所

还有一类卫所,按存在时间和地域来看,应当归属于陕西行都司,但其存在时间短暂,其治所也不明确,很难判断其性质类别,因此,称之为"过渡性卫所":

1、武靖卫、高昌卫、岐山卫、西平卫

洪武三年(1370)六月,"镇西武靖王卜纳剌亦以吐蕃诸部来降。"[4]八月,"故元高昌王和尚、岐王桑哥朵儿只班以其所部来降。"[5]四年(1371)正月,便"置武靖、岐山、高昌三卫指挥使司,以卜纳剌为武靖卫指挥同知,桑加朵儿只为高昌卫指挥同知。"[6]显然,这三卫是因人而设,即为安置来降的元朝武靖王、高昌王、岐王,以三王为本卫的指挥同知。但元朝高昌王名和尚,任高昌卫指挥同知的则是桑加朵儿只,因缺乏史料的记载,无法判断二者的关系或者是否为同一人。岐山卫的相关情况亦无记载,但按

---

1. 吕宗力主编:《中国历代官制大辞典》,北京:北京出版社,1994年,第698页。
2. 张廷玉:《明史》卷76《职官五》,第1876页。
3. 徐家瑞纂修:《新纂高台县志》卷1《舆地》上,第30页。
4. 《明太祖实录》卷53,洪武三年六月乙酉条。
5. 《明太祖实录》卷55,洪武三年八月丙寅条。
6. 《明太祖实录》卷60,洪武四年正月庚寅条。

明太祖对设置三卫的解释，"推诚心以待人，路人可使如骨肉；以嫌猜而御物，骨肉终变为仇雠。朕遇前元亲族，如高昌、岐王等，皆授以显职，仍令带刀侍卫，一无所疑，朕待之如此，彼岂肯相负哉。"[1]既然提到给岐王授职，当是与前文置岐山卫相关。

武靖卫的情况仅与元朝镇西武靖王卜纳剌相关，卜纳剌降明后被授予武靖卫世袭指挥同知，两月后，"武靖卫指挥同知卜纳剌率旧所部官属入朝贡马，赐文绮三十匹，官属亦各赐有差。"[2]应当是举家迁往南京。不久，改任杭州都卫指挥同知，[3]又被迁往杭州，半年后去世。[4]令其子答里麻剌哑"带刀宿卫"，[5]可知其子还在南京，后袭指挥同知之职。[6]史料中并不见关于武靖卫的其他记载，亦不知其正职指挥使为何人，仅根据"河州武靖卫"[7]、"陕西河州武靖卫"[8]等字样判断，当隶属于河州，这一时期的河州属于陕西行都司，因此，武靖卫也可能隶属过陕西行都司，但随着武靖王卜纳剌的离世以及河州时期陕西行都司的废置而不见于记载。从洪武四年正月置卫，到洪武六年七月卜纳剌去世，仅存在两年半的时间。按前文推测，岐山卫是因故元岐王所设，而岐王朵儿只班于洪武五年(1372)六月又与明军交战，[9]那么，岐山卫可能随着岐王的复叛而撤销。

另有西平卫，与上述三卫性质相似，虽非因故元西平王来降所设，当是在其元朝封地所建，即以封王名称为卫的名称。洪武六年(1373)四月，

1．《明太祖实录》卷60，洪武四年正月庚寅条。
2．《明太祖实录》卷62，洪武四年三月戊子条。
3．《明太祖实录》卷78，洪武六年正月乙丑条。
4．《明太祖实录》卷83，洪武六年七月戊辰条。
5．《明太祖实录》卷108，洪武九年九月戊辰条。
6．《明太祖实录》卷110，洪武九年十月癸未条。
7．《明太祖实录》卷108，洪武九年九月戊辰条。
8．《明太祖实录》卷110，洪武九年十月癸未条。
9．《明太祖实录》卷74，洪武五年六月戊寅条。

"置西平卫，以故元来降知院撒尔札拜为指挥佥事。"[1] 十二月，"西平卫指挥佥事撒尔只拜遣镇抚卜鲁哈帖木儿进表贡马，赐以文绮并袭衣。"[2] 至洪武十一年(1378)八月，"西平卫指挥佥事撒儿札拜、百户巴麻完者帖木儿等来朝献马及甲胄等物，赐衣钞有差。"[3] 此后，便不见相关记载。

武靖、高昌、岐山、西平等卫，实为降服的故元高官专设，此类地方在元均有封王，即武靖王、高昌王、岐王、西平王，按名称判断，封地当在今青海、陕西、新疆一带，这些故元宗王或高级官吏前来归附，明朝即以其旧地名称设卫、授归附者以卫所副职，实际并非能管辖到该地，如武靖王卜纳剌被安置于杭州都卫，高昌王、岐王、西平王等情况不明，仅授其部属卫所武职。以此种方式招降故元高官，初期确实起到了一些效果，武靖王等纷纷率部归附，但随着武靖王的很快离世，并不见有其他元朝封王来降或是前来朝贡，至多是派遣下属来朝贡马，这些卫所与明朝的关系渐渐转淡，终至不闻。

2、岐宁卫、西凉卫

"西凉、岐宁，汉唐内地，不可弃。"[4] 又"凉州之域，北控朔漠，西南制羌戎。"[5] 因此，洪武七年(1374)二月，"置岐宁卫指挥使司，以故元平章答立麻、国公买的为指挥同知、枢密院判官古巴、平章着实加、亦怜直为指挥佥事。"[6] 十月，"置凉州卫指挥使司，以故元知院脱林为凉州卫指挥佥事。"[7] 按《明史·地理志》，"又有凉州土卫，洪武七年十月置。西

---

1. 《明太祖实录》卷81，洪武六年四月丁亥条。
2. 《明太祖实录》卷86，洪武六年十二月庚子条。
3. 《明太祖实录》卷119，洪武十一年八月壬戌条。
4. [明]宋濂：《芝园续集》卷4《故岐宁卫经历熊府君墓铭》，罗月霞主编：《宋濂全集》，杭州：浙江古籍出版社，1999年，第1537页。
5. 《明太祖文集》卷8《劳西凉卫指挥敕》，第93页。
6. 《明太祖实录》卷87，洪武七年二月丙寅条。
7. 《明太祖实录》卷93，洪武七年十月甲辰条。

北距行都司五百里。"¹ 来看，"凉州土卫"即"凉州卫"。但凉州卫的设置时间，在实录中还有一个版本，即洪武九年(1376)十月，"置凉州卫，遣指挥佥事赵祥、马异、孙麟、庄德等守之。"² 《明史·地理志》亦有相应说法，"洪武九年十月置卫，属陕西都司，后来属（陕西行都司）。"³ 同一卫所，为何有两个设置时间？期间也不见有罢撤，然后重置的记载。较大的可能性就是名称的变更，按"凉州"在元代先后置"西凉府"、"西凉州"来看，明初应该置"西凉卫"，在明太祖的很多敕书中都提到"西凉卫"，⁴ 更加说明，洪武七年十月所建当为"西凉卫"，又称"凉州土卫"，洪武九年十月则更名为"凉州卫"，先隶属陕西都司，后隶属于甘州时期的陕西行都司。

岐宁卫和西凉卫，建立之初并非是过渡性的，从其俱设经历、知事等办事文官可见。明太祖曾敕谕岐宁卫经历熊鼎、知事杜寅、西凉卫经历蔡秉彝、甘肃卫经历张讷等："敕尔西行，务持汉案，以便来阅。……九年春交者至，尔归面阅。"⁵ 岐宁卫经历熊鼎，任经历前是从五品刑部主事，列传忠义；⁶ 杜寅其人曾参修《元史》，传列文苑，可称大儒。⁷ 二人均非平常人物，仅授边卫从七品经历、正八品知事，说明朱元璋对岐宁卫的看重。而且亲自交待这些办事文官要好好工作，回来后还要当面问询。洪武九年(1376)十月，"升甘肃卫经历沈立本为户部侍郎，西凉卫经历许杰为刑部侍

---

1. 张廷玉：《明史》卷42《地理三》，第1015页。
2. 《明太祖实录》卷110，洪武九年十月戊寅条。
3. 张廷玉：《明史》卷42《地理三》，第1015页。
4. 如《明太祖文集》卷6《谕岐宁卫经历熊鼎知事杜寅西凉卫经历蔡秉彝甘肃卫经历张讷等》，第45页；《明太祖文集》卷8《劳西凉卫指挥敕》，第93页等。
5. 《明太祖文集》卷6《谕岐宁卫经历熊鼎知事杜寅西凉卫经历蔡秉彝甘肃卫经历张讷等》，第45页。
6. 张廷玉：《明史》卷289《忠义一》，第7418页。
7. 张廷玉：《明史》卷285《文苑一》，第7321页。

郎。"¹这应当就是问询后的结果，因为在边卫的工作经历，回京后从从七品经历一跃而升为正四品侍郎，而且还是户部、刑部这样的京职，不可不谓升迁之快。更加说明明朝对这几个卫所的重视程度。

然而，由于洪武八年(1375)故元岐王朵儿只班伪降复叛，导致中官使者赵成、熊鼎、杜寅均被杀，²岐宁卫瘫痪而被撤，管军百户巩卜失加也调回庄浪。巩卜失加，本为庄浪人，洪武七年(1374)十月，被授岐宁卫管军百户，³知岐宁卫当与庄浪卫不远。又熊鼎等所葬之地黄羊川，⁴在今天古浪县境，（因情况紧急，就地安葬的可能性较大），由宋濂所言"西凉、岐宁汉唐内地"，可知其与凉州卫接近。基本可以判断，岐宁卫治所在古浪。因此，岐宁卫的被废并非明朝主动，而是形势使然，至正统三年(1438)古浪守御千户所正式建立，隶陕西行都司；西凉卫亦改为凉州卫，隶属陕西行都司。

上述六卫，虽然存在时间较短，但在安置故元降臣方面，仍发挥了不少作用，根据上文材料，列表如下：

表2—10：武靖等卫归附者安置表

姓名	故元官职及品秩	明朝所授官职及品秩
卜纳剌	武靖王	武靖卫指挥同知（从三品）
桑加朵儿只		高昌卫指挥同知（从三品）
撒尔札拜	知院（从一品）	西平卫指挥佥事（正四品）
卜鲁哈帖木儿		西平卫镇抚（从五品）
巴麻完者帖木儿		西平卫百户（正六品）
答立麻	平章（从一品）	岐宁卫指挥同知（从三品）

---

1. 《明太祖实录》卷110，洪武九年十月丙辰条。
2. 张廷玉：《明史》卷289《忠义一》，第7418页。
3. 《敕巩卜失加》，米海萍、乔生华辑：《青海土族史料集》，第280页。
4. 张廷玉：《明史》卷289《忠义一》，第7418页。

买的	国公（爵 正一品）	岐宁卫指挥同知（从三品）
古巴	枢密院判官（正三品）	岐宁卫指挥佥事（正四品）
着实加	平章（从一品）	岐宁卫指挥佥事（正四品）
亦怜直	平章（从一品）	岐宁卫指挥佥事（正四品）
巩卜失加		歧宁卫管军百户（正六品）
脱林	知院（从一品）	凉州卫指挥佥事（正四品）

六卫均是因故元高官率部众归降而得以设立，因降者在元朝身份较高，明朝授予的卫所职务亦多为仅次于指挥使的指挥同知、指挥佥事，且为世袭，但仍遵循了土官"为之佐"的原则，但这一时期，六卫的主事官指挥使未见有记载，极有可能并未安排指挥使，因为，虽然设卫，但明朝尚未能够实际控制该地，以指挥同知、指挥佥事而不以指挥使给归附者授职，只是为了人为降低故元高官的品秩，以待日后能够实际控制后再派遣汉族武官掌指挥使。但从六卫短暂的存在时间来看，此模式并未成功。

通过对洪武初年陕西行都司范畴下所设卫所与土官军民关系的梳理，总结如下：

一、洪武初年西北卫所的设立基本上是按照军事进攻、占领、招谕、接受归附的路线及步骤来完成的。洪武二年(1369)明军发动陕甘之战，征虏大将军徐达以副将军常遇春、冯宗异为先遣部队渡黄河取陕西，徐达由蒲州渡河自取鹿台、奉元，常遇春克凤翔；合军凤翔后西进，连克陇州、秦州、伏羌；至巩昌，兵分两路，冯宗异取临洮、顾时取兰州；挥师东进，克定西、会宁、靖宁、隆德、平凉、泾川，取庆阳。洪武三年(1370)明朝为扫清故元残余势力，发动第一次北征沙漠之战，仍以徐达为征虏大将军，徐达分遣左副将军邓愈自临洮进克河州，招谕吐蕃。洪武五年(1372)，明军发动第二次沙漠之战，右副将军冯胜率西路军进抵兰州，傅友德败元将失剌罕于西凉、再败元太尉朵儿只巴于永昌，与冯胜主力会师后克甘州，元将上都驴降，师抵亦集乃，元守将伯颜帖木儿降，元岐王朵儿只班遁去，傅友德率兵追至瓜州、沙州。每克一地，明朝建卫驻军。

二、洪武初年设官的原则。起初，明朝对归附的故元官吏按照原官授职，如河州卫土官指挥同知何锁南普仍为吐蕃等处宣慰使司宣慰使、西宁卫土官指挥佥事李南哥仍为西宁州同知，但是很快，明朝改变了元朝在甘肃设行省、在吐蕃设宣慰司等行政制度，以卫所制度进行统一管理，对归附者全部授以卫所职务，设官原则如下：

1. 均授予世职，一般不会剥夺。保障了归附者子孙后代的家族利益，也迎合了"番人恋世官，而流官又不乐居"[1]的实情。

2. 所授土官职位一般较低，蒙古籍官吏职务更低于西番籍官吏。这也是由明初与北元处于战时状态、担心其内外勾结，且朱元璋对少数民族，尤其是蒙古人的猜忌之心等各种因素导致的。

3. 有功必升、有功必赏。凡有归附之功的均授职，再有军功者，视功劳大小升授，可升世官或加授流官，"指挥使"为武职世官的最高一级，还有军功，加授流职，甚至封伯爵、赐免死铁券，赏罚分明足以笼络土官之心；此外，明初还以赐姓、赏赐大量文绮，以及丰厚的朝贡后的回赐等方式来笼络土官。

---

1. 张廷玉：《明史》卷330《西域二》，第8545-8546页。

第二节 洪武后期卫所的增设与调整

洪武初年虽然在西北奠定了较为了稳定的军事局面，但由于西域、西番少数民族众多，在明朝看来仍为不稳定因素，随着云南、辽东的平定，对河西的经营提到日程。乘着洪武二十三年(1390)三月第七次北征沙漠的胜势，同年九月置山丹卫，接着对甘州诸卫做出调整，二十六年(1393)陕西行都司得以正式迁至甘州，行都司开始发挥作用，向北，在肃州卫与亦集乃之间设三所一卫，向西，复置了因朵儿只巴叛而废掉的安定卫，并为与罕东通贡而置卫。此外，镇番卫正式定名。至此，陕西行都司直辖十二卫、三所，兼辖嘉峪关外卫所的局面基本形成。

一、山丹卫

洪武二十三年(1390)九月，"置陕西山丹卫"。[1]《读史方舆纪要》言："（山丹）卫密迩张掖，联属诸城，南隔番、戎，北控沙漠，甘肃有事，卫其肘腋地也。"[2] 从山丹的地理位置，就能清楚地了解山丹卫设立的原因，显然是为陕西行都司迁至甘州做准备，设置时间亦非常吻合。另一方面，山丹卫有一条通往西宁卫的交通要到，山丹成为隔绝蒙古与西番的重地，也是蒙古南下侵扰的重点，陕西行都司曾奏言："西凉、甘肃、山丹，屡被胡虏入寇，宜留精锐军马备之，但时于境上巡逻，不可深入其地，若春秋耕获之时，尤宜严加守备。"[3] 道光《山丹县志》就记载了弘治元年

---

1. 《明太祖实录》卷204，洪武二十三年九月庚寅条。
2. 顾祖禹：《读史方舆纪要》卷63《陕西十二》，第2986-2987页。
3. 《明太祖实录》卷243，洪武二十八年十一月乙丑条。

(1488)蒙古小王子犯山丹；嘉靖三年(1524)，脱脱木儿犯山丹，正史称其为"回贼"，当是西域人士；[1] 嘉靖二十五年(1546)、二十七年(1548)蒙古又南下犯山丹。[2] 可以说，山丹卫是一个战事比较频繁的卫所，那么，其官军的安排应该如河西其他卫所类似，为汉土混杂并吸纳了很多故元官兵及少数民族归附者。如山丹卫百户杨义，是故元元帅俞昭的妻弟，当是以故元军官的身份归附明朝，因征战受伤在山丹卫百户任上致仕。[3]

二、甘肃诸卫

前文提到，洪武初年所建立的甘肃卫，随着陕西行都司移至甘州，被最终划分为甘州前、后、中、左、右五卫及肃州卫。

> 会川伯赵安卒。安，陕西狄道县人，洪武间为甘州卫军。永乐初朝京贡马，授临洮卫百户，累功升陕西都指挥同知。[4]
>
> 脱铁木儿，蒙古人。明初，授陕西平章宣慰使司都元帅，随大将军徐达招抚十八族铁城、岷山等处，赐姓赵，更名安，授临洮卫土官指挥同知。[5]
>
> 赵安，狄道人。从兄琦，土指挥同知，坐罪死，安谪戍甘州。永乐元年进马，除临洮百户，使西域。从北征有功，累进都

---

1. 张廷玉：《明史》卷203《寇天叙传》，第5356页。
2. [清]黄璟、朱逊志等纂修：道光《山丹县志》卷1《世纪》，道光十五年抄本，台北：成文出版社，1970年，第52—53页。
3. 《明太祖实录》卷245，洪武二十九年三月辛未条，"命山丹卫致仕百户杨义为辽东都指挥佥事。义，巢县人，故元（此处当少一"元"字）帅俞昭妻弟也，因征战以伤致疾，已令致仕还乡，至是来朝。上见而闵之，故有是命。"
4. 《明英宗实录》卷124，正统九年十二月壬戌条。
5. 《清史稿》卷517《甘肃土司》，第14304页。

指挥同知。[1]

会川伯赵安，原名脱铁木儿，蒙古人，亦为狄道（今甘肃临洮县）土人。其从兄赵琦，原名脱脱帖木儿，又名赵脱儿，是元朝太尉李思齐的养子，洪武二年（1369）四月随李思齐降明，以当地土酋及故元土官的双重身份被授临洮卫指挥佥事，后因罪死。[2] 赵安当是随赵琦在洪武初年归附明朝的，也由于受到赵琦的牵连，被谪戍甘州卫充军，后因在永乐、宣德等朝的功劳，累官至临洮卫世袭指挥同知，并受封会川伯的高位，其后世亦因战功卓著，世袭临洮卫指挥使一职，在明朝历九代，被列《清史稿·甘肃土司》，见下表：

表2-11：临洮卫赵氏土官明代世袭表

	一世		二世	三世	四世
姓名	脱脱帖木儿/赵脱儿/赵琦	脱铁木儿/赵安，字仲盘（琦从弟）	赵英，字廷杰（安子）	赵铉，字宗器（英子）	赵济（铉子）
元朝官职及品秩	荣禄大夫、陕西等处行中书省平章政事（从一品）	陕西平章宣慰使司都元帅（从二品）			
明朝所授官职及品秩	宣武将军、临洮卫指挥佥事（正四品）	初授百户（正六品），因功升指挥同知（从三品）	按例袭指挥同知，流伯不世袭，以安在边年久，袭指挥使	袭临洮卫指挥使（正三品）	袭临洮卫指挥使
事迹	洪武二年（1369）随李思齐归附	永乐、宣德年间履立战功，封会川伯	擒祁王锁南功，镇守凉州功，官至右军都督府同知充总兵官	功升守备河州都指挥佥事充甘肃游击将军	擅文墨

1. 《明史》卷155《赵安传》，第4262页。
2. 《明太祖实录》卷41，洪武二年四月丁丑条。

备注	坐罪死	卒于边；赐诰命铁券追赠三代			
	五世	六世	七世	八世	九世
姓名	赵梁	赵昆，字承裕	赵永在	赵重琮	赵师范
卫职	袭指挥使	袭指挥使	袭指挥使	袭指挥使	仍为临洮卫指挥使
事迹		通书史			清顺治二年(1645)归附

资料来源：[清]高锡爵修，[清]郭巍纂：康熙《临洮府志》卷16《人物传中·武功》，康熙二十六年刻本，《中国地方志集成·甘肃府县志辑2》，南京：凤凰出版社，2008年，第178—179页。

赵氏土官虽在临洮卫发展壮大，但最初起身于甘州卫军，这说明甘肃诸卫亦有收纳故元官吏及土官的功能，不仅是归附人员，甚至是坐罪之人。永乐年间的甘肃总兵官何福就曾上奏言："甘州五卫番汉官军杂居，难于防制。"[1] 这一作用在明朝中后期，明朝与蒙古战事增多的大背景下更加突出，摘录史料如下：

> （宣德八年十二月）议奏升……甘州左卫指挥佥事可可帖木儿为指挥同知，正千户孛罗台为指挥佥事，副千户王敬、永昌卫副千户毛哈剌俱为正千户……。[2]

从甘州左卫武官的名字判断，也吸纳了很多蒙古籍人士，又：

> （宣德八年十二月）赤斤蒙古卫宗思答儿等八人来归，献驼马，奏愿居甘州自效。从之，命宗思答儿为百户，余俱为所镇

---

1. 《明太宗实录》卷75，永乐六年正月庚戌条。
2. 《明宣宗实录》卷107，宣德八年十二月壬子条。

抚，赐冠带纻丝袭衣，仍命陕西行都司于甘州左卫给俸。[1]

说明至宣宗朝，还有关（嘉峪关）外的蒙古人前来归附，明朝就近安置在甘州，在甘州左卫领取俸禄。正如赤斤蒙古卫的归附者寄住甘州左卫，罕东左卫亦有归附者寄住肃州卫，如：

> （万历四年二月）肃州卫东关厢寄住罕东左卫都督同知阿束把力，并随贡正副使虎都帖木儿等入贡，赏给如例。[2]

且，肃州卫寄住少数民族归附者在永乐朝就有，至神宗朝照例：

> （永乐十年四月）都察院右副都御史王彰等言：肃州卫寄居回回指挥哈剌马牙杀御史陈锜、都指挥刘秉谦，大掠而去，由陕西按察司金事马英激之，当寘英大辟命磔于市。[3]

> （万历四年三月）肃州卫寄住正副使阿纳的纳等各贡，还宴待如例。[4]

甘肃六卫由于地理位置在甘州，且临边界，加之甘州亦是陕西行都司治所所在地，除在洪武初年开始接收故元归附者外，永乐、宣德以后仍有关外的蒙古、回回籍的归附人被安置于此，成为西北少数民族归附人的主要居住地，几代之后，这些归附者遂成为本卫土官、土军或者土民。

---

1. 《明宣宗实录》卷107，宣德八年十二月丙辰条。
2. 《明神宗实录》卷47，万历四年二月乙酉条。
3. 《明太宗实录》卷127，永乐十年四月癸亥条。
4. 《明神宗实录》卷48，万历四年三月庚戌条。

三、白城子千户所、威虏卫、威远千户所、镇夷守御千户所

洪武二十八年(1395),设肃州卫,"领左、右、中、前、后五所。"[1]白城子千户所、威虏卫、威远千户所、镇夷守御千户所均在肃州卫东北方向与亦集乃之间。白城子所,洪武二十九年(1396)设,在肃州卫城东北一百二十里,[2]其地"北通和林、亦集乃路,当冲要";[3]威虏卫,按"洪武丁丑"(即洪武三十年)已经存在来看当是在洪武三十年以前所设,[4]在"肃州东北一百三十里";[5]威远所,明初设,"在肃州卫东北三百八十里。"[6]按其位置来说,也应该是这一时期设置的;镇夷守御千户所,洪武三十年(1397)设。[7]又亦集乃城,在肃州卫"东北过镇夷地方远五百里"[8]处。

集中在洪武二十九至三十年所设置的一卫三所,显然是在洪武二十八年肃州卫设置后一系列深入沙漠之地的举措,并使得陕西行都司的辖境在东北扩展至亦集乃,保证了河西走廊通往漠北的通道。

四、镇番卫

临河卫之名,因境内有石羊河而得,元朝置有小河滩城,洪武三十

---

1. [明]李应魁纂,高启安、台惠莉校注:《肃镇华夷志》卷1《沿革》,兰州:甘肃人民出版社,2006年,第55页。与《明太祖实录》卷235,洪武二十七年十一月乙巳条:"改甘州左卫为肃州卫指挥使司"在时间上略有差异,当是行政命令与实际设卫之间的时间差所致。
2. 《肃镇华夷志》卷2《古迹》,第159页。
3. 《明太祖实录》卷247,洪武二十九年九月庚申条。
4. [明]黄佐:《翰林院检讨宋琮传》,[明]焦竑编:《国朝献征录》卷22《翰林院三》,"(宋琮)洪武丁丑中礼闱第一,……琮以三吾首举连坐,安置威虏卫。"台北:学生书局,1965年,第901页。
5. 《肃镇华夷志》卷2《古迹》,第160页。
6. 《肃镇华夷志》卷2《古迹》,第159-160页。
7. 《肃镇华夷志》卷1《沿革》,第56页。
8. 《肃镇华夷志》卷2《古迹》,第160页。

年(1397)正月改名为镇番卫，[1]显然是凸显其边卫防"番"的作用，因其"卫南蔽姑臧，西援张掖，翼带河、陇，控临绝塞，地形陡绝，戎马之场也。"[2]成为陕西行都司东北边境的一道防线。

五、安定卫、罕东卫

此前西番土官朵儿只巴，洪武六年(1373)十二月以故元詹事院印上交明朝并遣子朝贡。[3]不到三年，洪武九年(1376)八月背叛明朝，劫掠罕东等地。[4]导致安定、阿端、曲先等卫被废。肃王就藩甘州后，为土酋哈昝所请，于二十九年(1396)复置安定卫，[5]次年因通贡又置罕东卫，[6]两卫仍为羁縻性质，均以当地土酋为指挥等官。嘉峪关外卫所的逐步恢复，成为明朝西北边境的第二道防线。

总之，洪武后期卫所的增设与调整均是以甘州为中心，而甘州即陕西行都司治所所在地，总体呈现出扩大卫所数目、增加卫所人员的趋势，其目的有二：

一是巩固西北边防。无论是镇番卫的定名，山丹卫、镇夷所的设立，还是甘肃卫析出甘州五卫拱卫行都司，肃州卫背靠嘉峪关为界，从东至西，形成了第一道防线；肃州卫与亦集乃之间，白城子所、威虏卫、威远所的设置，畅通了河西走廊与漠北的联系，而嘉峪关外安定卫、罕东卫的复设，建立了河西地区与西域的联系，这些卫所的建立和恢复形成了西北边防的第二

---

1. 《明太祖实录》卷249，洪武三十年正月辛酉条。
2. 顾祖禹：《读史方舆纪要》卷63《陕西十二》，第2997页。
3. 《明太祖实录》卷86，洪武六年十二月丙寅条。
4. 《明太祖实录》卷108，洪武九年八月庚戌条。
5. 《明太祖实录》卷245，洪武二十九年三月壬午条。
6. 《大明一统志》卷89《外夷·罕东卫》，第5501页。

道防线。

二是吸收和安置归附者。洪武后期陆续仍有漠北、西域的归附人入明，明朝在洪武初年已建立了以卫所收纳故元官兵及当地土酋的机制，随着河西通往漠北、西域之路的畅通，更多归附者入明，亦被安置在陕西行都司各个卫所中，因此，接收少数民族归附人，将其转变为明朝卫所的官、军和民，是行都司的重要职能。

第三节 建文年间卫所的裁革

建文时期对陕西行都司卫所采取的主要措施是卫所的裁革：建文元年(1399)革甘州中中卫、甘州前卫、甘州后卫、[1]威虏卫四卫，实际还包含白城子千户所和威远千户所，这两所与威虏卫都在今天的甘肃省金塔县境内，当是在同一时间裁撤，威虏卫官军补为山丹卫前所；建文二年(1400)撤镇夷守御千户所；[2]建文中又撤镇番卫，降庄浪卫为守御千户所。[3]其目的显然是为了削弱在甘肃就藩的肃王势力，这与建文新政中厉行的削藩政策是一致的。将肃王府移至兰州，无疑是剥夺了肃王的兵权，因洪武二十八年(1395)曾令"陕西行都司甘州五卫及肃州山丹永昌西宁凉州诸卫从肃王理之"，[4]将

---

1. 万历《甘镇志》，《地里志》，第9页。
2. 《肃镇华夷志》卷1《沿革》，第56页。
3. 《明太宗实录》卷21，永乐元年六月甲戌条，"建文中革镇番卫设守御千户所于庄浪。"本条有两种理解：一是撤镇番卫改为庄浪守御千户所；二是撤镇番卫，在庄浪别于庄浪卫外设守御千户所。本文采用第一种理解，因《明太宗实录》卷31，永乐二年五月丙辰条有"原调庄浪千户所军九百备御"一说，此处的庄浪千户所应理解为"庄浪守御千户所"而非"庄浪卫下某一千户所"，否则，应该是"庄浪卫军"或"庄浪卫某所军"。又《明史·地理志》认为是降庄浪卫为守御千户所。因此，可能的情况是撤镇番卫，使其军与庄浪卫军合并，精简为庄浪守御千户所。此种理解，也较为符合建文时期削弱藩王、精简卫所的政策。又据《镇番卫选簿》李天爵项下记载："李马儿……三十四年，夹河升本卫佥事。三十五年，平定京师升庐州卫指挥同知。"说明洪武三十四年即建文三年镇番卫还存在，而洪武三十五年即建文四年镇番卫可能已经被撤，所以，李马儿才升为庐州卫指挥同知而非直接在镇番卫升授。可以判断，改镇番卫为庄浪守御千户所的时间当在洪武三十四年即建文三年与洪武三十五年即建文四年之间。这一结论可以以《方舆汇编·职方志》卷577《陕西行都司部》，"元为小河滩城，明洪武二十九年始置镇边卫，三十四年废，永乐元年改置镇边千户所，属永昌卫，后复置镇边卫，属陕西行都司。"作为印证。见[清]陈梦雷：《古今图书集成》第107册，上海：中华书局影印本，1934年，第10页。此处"镇边卫"当为"镇番卫"。但关于"守御千户所"则出现分歧，一说是降庄浪卫为庄浪守御千户所，一说是置镇番千户所，属永昌，两种说法均未可知，也可能二者即代指同一千户所，此分歧并不影响文中结论。
4. 《明太祖实录》卷239，洪武二十八年六月丁亥条。

肃王迁离了行都司的治所甘州，自然无法管理行都司及卫所事务。

此外，建文帝在洪武三十一年(1398)八月曾下诏："兴州、营州、开平诸卫军全家在伍者，免一人。天下卫所军单丁者，放为民。"[1]这一举措势必带来两个问题：其一，卫所兵员减少，随之就是卫所的裁撤，仅陕西行都司就革了五卫三所（甘州中中卫、甘州前卫、甘州后卫、威虏卫、镇番卫、白城子千户所、威远千户所、镇夷守御千户所），又降一卫（庄浪卫）为所。明人朱鹭在《建文书法拟》中评价道：建文"四年之间，今日省州，明日省县；今日并卫，明日并所；……虽以干戈倥偬，日不暇给，而曾不少休，一何扰也！"[2]其二，武官职位的减少。明代卫所武官实行世袭制，卫所内指挥使、指挥同知、指挥佥事、千户、百户、镇抚均有定额，卫所被裁或被合并，必然出现调任、卸职和不能实授的情况，引发武官的不满，尤其是在陕西行都司辖境内，均系边卫，卫所内安置着大批故元官吏和当地土官的情况下，大批量撤掉卫所极易引发矛盾。但这一措施恰恰又是符合建文新政想要改变洪武朝"重武轻文"局面的宗旨的。

例如，上文注释所引《镇番卫选簿》（指挥使）李天爵条，其祖李马儿（一辈），山后兴州人，[3]三十四年(1401)已升镇番卫指挥佥事，可能因为镇番卫的被撤，三十五年(1402)升庐州卫指挥同知而未在本卫升职；但李马儿之子李志（二辈）在永乐年间还是又重回镇番卫，因功升指挥使；但李志的儿子李贵（三辈）承袭的却是镇番卫指挥佥事一职，又回到了洪武三十四年的世袭职务，其指挥同知、指挥使的职务因为镇番卫裁撤的关系需要侯查核

---

1. [清]夏燮：《明通鉴》卷11《太祖高皇帝纪十一》，北京：中华书局，1959年，第542页。
2. [明]朱鹭：《建文书法拟》，《前编》，《北京图书馆古籍珍本丛刊11》，北京：书目文献出版社，1989年，第451页。
3. 奇文瑛：《明代卫所归附人研究——以辽东和京畿地区卫所达官为中心》认为："所谓山后之民，……应该就是以蒙古族为主，并包括蒙古化的汉人及契丹、女真人等在内。所以在明朝统治者眼中，山后就是蒙古地方。"北京：中央民族大学出版社，2011年，第32页。

实；直到李贵的儿子李杰（四辈）才又恢复其世袭指挥使的职务。[1]

因此，建文年间在陕西行都司进行的卫所裁革，一方面是压制藩王的势力，一方面是降低武官的地位，但都对行都司下卫所武官，包括土官产生了较大的冲击，实际上也造成了西北的不稳定因素。

---

1. 《镇番卫选簿》，"李天爵条"，第85页。

第四节 永乐至成化年间卫所的复置和确立

一、恢复建文年间裁撤的卫所

建文年间在陕西行都司范围内裁撤了五卫三所，明成祖即位后便开始陆续复置。明成祖于洪武三十五年即建文四年(1402)六月登基，十月恢复庄浪卫，以肃府护卫充之，[1] 实际是继续了建文朝的削藩政策，只是未以撤掉卫所为手段而已；永乐元年(1403)六月复镇番卫，[2] 八月复甘州前卫、甘州后卫、威虏卫、镇夷守御千户所；[3] 永乐三年(1405)三月并威虏卫入肃州卫，增中右、中中二千户所。[4]

不重置甘州中中卫，当是因已有甘州中卫的存在；未恢复白城子千户所、威远千户所，且并威虏卫入肃州卫，当是增肃州卫中右、中中二千户所之故。更现实的原因，可能是由于建文时期"放军为民"的政策，使得永乐初年无法恢复洪武末年所建所有卫所的兵源。但是，永乐朝恢复陕西行都司卫所数额，除加强边境的军事目的外，还有一个奖励靖难功臣、笼络武官，尤其是当地土官的作用。

如庄浪卫鲁氏土官，其二世巩卜世杰于洪武三十五年(1402)打击了侵犯庄浪的叛将卜烟答失，擒七十二人，逢成祖登基，来朝贡马献俘，升为庄浪卫百户，且为世职。[5] 之后鲁氏在永乐朝累官至庄浪卫世袭指挥同知，而在永乐初年归附时巩卜世杰仅为百夫长。又如《镇番卫选簿》（指挥使）张

1．《明太宗实录》卷13，洪武三十五年十月丙寅条。说明庄浪卫曾经被撤，又于洪武三十五年即建文四年重设。
2．《明太宗实录》卷21，永乐元年六月甲戌条。
3．《明太宗实录》卷22，永乐元年八月庚午条。
4．《明太宗实录》卷40，永乐三年三月甲辰条。
5．《鲁氏世谱》，《二世巩卜世杰传》，第376页。

梁条，其祖一辈张胜，栾州人，本为其父张安（洪武三年充军）代役，于三十二年七月克怀来升小旗，十一月克村升总旗，三十三年升百户，三十四年西水寨升副千户，三十五年渡江升金吾后卫指挥佥事，钦与镇番卫流官。[1] 依靠一次靖难之役，张胜从一名普通士兵一跃而成为指挥佥事，明成祖犒赏功臣可见一斑。

二、营建关外卫所

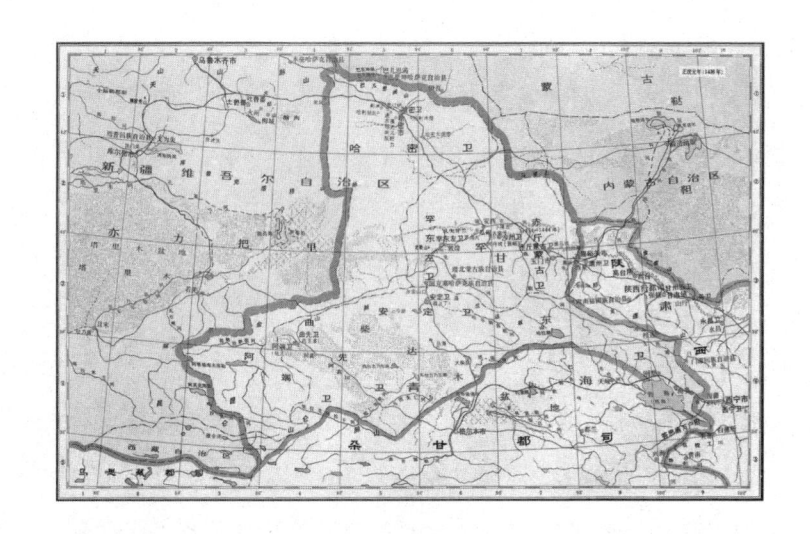

图2-1：明朝哈密等卫

图片来源：谭其骧主编《中国历史地图集》第七册"元·明时期"，正统元年(1436) "哈密等卫"，第84页。

1、哈密卫

哈密，"宋时土人陈氏据其地，元族属忽纳失里封威武王居此，寻改封肃王"，"其部落有回回、畏兀儿、哈喇灰三种"，永乐四年(1406)设哈

---

1. 《镇番卫选簿》，"张梁条"，第88页。

密卫，"哈密居诸卫最西，为西域噤喉，中华拱卫。"[1] 哈密卫的设立显示了明成祖开拓西域的野心，仿明太祖在撒里畏兀儿设安定等卫之制，改元肃王安克帖木儿为忠顺王，其下头目任卫所武官，不受人数的限制，凡"可为指挥千百户镇抚者，具名来闻，授之以职"。[2] 弘治朝指挥王永曾言："先朝建哈密卫，当西域要冲。诸番入贡至此，必令少憩以馆谷之，或遭他寇剽掠，则人马可以接护，柔远之道可谓至矣。"[3] 又正德年间，兵部言："西戎强悍，汉、唐以来不能制。我朝建哈密、赤斤、罕东诸卫，授官赐敕，犬牙相制，不惟断匈奴右臂，亦以壮西土籓篱。"[4] 均道出了明朝哈密建卫的两个目的：军事、贸易。军事上隔绝蒙古与西番的联系，作为陕西行都司的屏障；畅通"诸番入贡"的渠道，既为招抚、亦为商品交换。

朱棣之所以在即位之初便向哈密遣使招谕，还有一个宣传的目的，通过靖难之役所得到的帝位，需要通过外交手段得到周边民族的承认，以此彰显自己的正统地位和新朝气象。

2、赤斤蒙古千户所

哈密建卫后，直接影响到赤斤蒙古地区，其东有肃州卫、东南有罕东卫、西南有安定卫、西北有哈密卫，北边是大沙漠，完全被包围在明朝的控制范围内，故元丞相苫术之子塔力尼不得不率部归附，永乐二年(1404)，明朝始建千户所，以塔力尼为千户。[5] 随着归附者日益增多，升所为卫，但并未直接升塔力尼为指挥使，仅授予指挥佥事之职，且赐姓名给仅为副千户的速南失加、乃马歹二人，[6] 当是警告其藏匿"叛虏老的罕"之罪，[7] 直到塔

---

1. 钟方：《哈密志》卷3《舆地志一·沿革》，第17页。
2. 《明太宗实录》卷52，永乐四年三月丁巳条。
3. 张廷玉：《明史》卷330《西域二》，第8565–8556页。
4. 张廷玉：《明史》卷330《西域二》，第8566页。
5. 《明太宗实录》卷35，永乐二年十月辛未条。
6. 《明太宗实录》卷107，永乐八年八月壬戌条。
7. 《明太宗实录》卷134，永乐十年十一月壬午条。

力尼交出老的罕，才被升为指挥同知。塔力尼死后，其子且旺失加袭职，宣德元年(1426)成为指挥使。[1] 从实录看，宣德以后，仍有蒙古人从赤斤蒙古地区前来归附，如赤斤蒙古卫千户赛夫丁[2]、故元柳城万户阿黑把失等[3]，都表示愿意去北京安居效命，明朝也给予房屋器具及各种赏赐，从"如例"来看，归附者绝不在少数，且明朝已经有了系统的安置政策。

3、沙州卫

沙州与赤斤蒙古地接境，随着赤斤蒙古卫的设立，沙州地区的蒙古人亦纷纷来归，永乐三年(1405)十月置沙州卫[4]，以头目困即来、买住两人为指挥使，一卫有两指挥使，可知沙州卫情况复杂，明朝以羁縻之制管辖，亦埋下内斗的隐患。后有买住的部下赤纳来归，授其都指挥佥事，官高于买住，明朝担心人心不平，又授买住都指挥同知，而与买住同为指挥使的困即来并未升授，三年后才升都指挥佥事，可见，明朝对于沙州卫武职的升授较为任意，动辄授予高位，并未完全依照军功升授的标准，必然引发矛盾。"正统年间，困即来卒，部下多有投向瓦剌者，其长子喃哥及弟克俄罗领占率部居甘州，凡二百余户，千二百三十余人；沙州之地被罕东头目班麻思结所占；喃哥另一弟锁南投靠瓦剌，被也先封为祁王，后为明朝所擒，徙至东昌[5]。沙州卫遂废。"[6]

---

1. 《大明一统志》卷89《外夷·赤斤蒙古卫》，第5500页；《明宣宗实录》卷23，宣德元年十二月戊子条。
2. 《明宣宗实录》卷33，宣德二年十一月乙未条。
3. 《明宣宗实录》卷73，宣德五年十二月条丁亥条。
4. 张廷玉：《明史》卷330《西域二》，"永乐二年，酋长困即来、买住率众来归。命置沙州卫，授二人指挥使，赐印诰、冠带、袭衣。"第8556页。又张廷玉：《明史》卷42《地理三》，"沙州卫，元沙州路，属甘肃行省。洪武初废。永乐元年置卫。正统间废。"第1016页。关于沙州卫的设置时间自相矛盾，均为误，当是以《明太宗实录》及《读史方舆纪要》所载"永乐三年"为是。
5. 张廷玉：《明史》卷330《西域二》，第8561-8562页。
6. 《明英宗实录》卷145，正统十一年九月丙子条。

沙州卫与赤斤蒙古卫一样，本意是作为肃州的屏障，但从设置之初，其与周边卫所的矛盾以及其内部斗争始终尖锐，终至被废，而引发的恶果则是周边哈密、赤斤、罕东诸卫所的动荡，其四卫屏蔽肃州的功能亦丧失。

此外，宣德、正统年间，沙州卫仍有很多蒙古人前来归附，要求住在内地，如鞑靼忽迭儿必失等七人[1]、头目伯兰沙等[2]、古南他木儿等[3]，有住北京的、有住甘州的，分别由顺天府、陕西行都司进行安置，还有在山东卫所代俸的，明朝均给予妥善的安排。

4、阿端卫、曲先卫

随着哈密卫、赤斤蒙古卫、沙州卫的相继设立，阿尔金山—乌兰达坂山以北之地已进入明朝的管辖，以南地区的安定卫虽在洪武末年复置，但未恢复洪武初年安定、阿端、曲先三卫的局面，永乐四年(1406)分别于药王滩、帖兀谷之地复置曲先卫、阿端卫，并将安定卫徙至昔儿丁，均授当地土酋以卫所武职。[4] 至此，永乐年间对嘉峪关外西域之地的建设告一段落，仿洪武年间羁縻卫所的建制，安定、阿端、曲先、罕东等隶西宁、赤斤、沙州隶肃州，[5] 以"关西七卫"护卫陕西行都司、作为明朝西北屏障的局面基本形成。

5、罕东左卫

正统十一年(1446)九月沙州卫废，罕东左卫才得以在成化十五年(1479)九月立于沙州，原罕东卫人奄章流落于此，后部落日盛，其子班麻思结因功升都指挥使，其孙只克请设卫，[6] 此亦因人设卫一例。

---

1. 《明宣宗实录》卷75，宣德六年正月乙未条。
2. 《明宣宗实录》卷78，宣德六年四月丙申条。
3. 《明英宗实录》卷30，正统二年五月甲午条。
4. 《明太宗实录》卷52，永乐四年三月丁未条；《明太宗实录》卷61，永乐四年十一月甲申条。
5. 张廷玉：《明史》卷330《西域二》，第8555页。
6. 《明宪宗实录》卷194，成化十五年九月甲子条。

三、增置守御千户所

正统三年(1438)，巡抚都御使罗亨信奏请于古浪设守御千户所，将其地从庄浪卫独立出来。[1] 景泰七年(1456)于台子寺设高台守御千户所，将其地从甘州中卫独立出来。[2] 均直隶于陕西行都司。《明史·职官志》有："其守御千户所，不隶卫，而自达于都司。"[3] 可知，古浪、高台二处军事地位的上升，尤其是高台，"路当冲要，水草便利，地土肥饶"，[4] 在已有镇夷守御千户所后，又增设高台守御千户所；古浪守御千户所，因古浪城的建成而设。两地皆为可屯可戍之地，均新建粮仓，由重兵守御。

至此，陕西行都司十二卫、三所的建置最终确立，直至明朝结束，部分卫所还持续到清初。

综上可知，陕西行都司卫所的设立与土官军民密切相关：

首先，卫所的构成除明朝的西征军外，土官、土军、土民占据了相当比例，很多卫所甚至基本由土人组成，如凉州土卫。

其次，很多卫所的设立就是为了安置前来归附的故元官吏和当地土酋，既能安抚他们以稳定边境，又能扩充明朝的军事实力，同时说明明初西北存在大批的归附人。

再次，明朝按照土官们各自不同的情况分授卫所官职，有高有低，依靠卫所制的框架保证其世袭职务基本不变，各家因军功、际遇的不同各有发展，所以，至明末清初，依然保存了很多土官世家，他们基本来源于洪武初年的归附者，少数为洪武以后的降人，基本出身于都司下的直属卫所，鲜见

---

1. 《五凉全志》卷4《古浪县志》，第452页。
2. 徐家瑞纂修：《新纂高台县志》卷1《舆地》上，第30页。
3. 《明史》卷76《职官五》，第1874页。
4. 《明英宗实录》卷263，景泰七年二月庚申条。

有羁縻卫所的归附人。

可以说，明朝较好地利用了卫所制、武官世袭制及军户世袭制安置了大批西北少数民族上层及军民，西北土官亦背靠明朝发展壮大了家族的势力，两者维系了较为友好的关系，明朝在陕西行都司所实行的卫所与土官结合的军事制度是比较成功的地方建制。

第三章 军卫体制下的陕西行都司土官

从第二章看，明代陕西行都司卫所的建立与发展与土官密切相关，这些土官的身份有三：故元官吏、当地土酋、既为元官亦为土酋。按照其定居陕西行都司的时间划分，来源上也分为三种：一是数代定居该地的土著，他们接受过元朝的册封，转而归附明朝，元、明两朝均视其为土官。如河州卫何氏土官，民族上被视为西番，一世何锁南普系元朝所封吐蕃宣慰使，明初改授明朝的官职，仍世居河州；二是元朝时来该地任职的官员，归附明朝后就地安置，被明朝视为土官者。如西宁卫东李氏土官，其祖李赏哥元朝时居西宁，传至李南哥为元西宁州同知，洪武初归附，仍被安置于西宁卫；三是明朝时从其他地方前来归附的故元官吏，被安置于此地，经过在明朝数代的发展，被明朝或后世视为土官者。如庄浪卫鲁氏土官，其一世祖脱欢流落河西，后归附明朝被安置在庄浪卫。

明朝在元甘肃行省的河西、河湟之地不设郡县，只建卫所，积极吸纳当地土酋和故元官吏成为边卫武官，因世居其地，被明朝及后世视为土官。由于陕西行都司卫所均为边卫、民族混杂，土官这一群体数量庞大且发挥了巨大作用。因此，考察军卫体制下土官的生存状态，有助于了解明代西北边疆政策的实施与效果。

第一节 明代土官问题

一、土官、土司源流

土官名称的最早来源是《礼记·月令》，"其帝黄帝，其神后土。"《注》曰："此黄精之君，土官之神，自古以来，著德立功者也。黄帝，轩辕氏也。后土，亦颛顼氏之子曰黎，兼为土官。"[1] "土官"在经书中被释义为土地神。

宋元史籍中，开始有作为职官名称的"土官"出现。《宋史·蛮夷传》，元祐二年(1087)，有在西南地区"择授土官"[2]的记载。《元史》关于"土官"的记载已有90多处，涉及陕西、湖广、云南、广西、西番、安南等地区，《元史·百官志》明确记载了宣慰、宣抚、安抚、招讨、长官诸司及总管府、土府州县职掌，说明土官制度已基本形成。元代土官制特征如下：一、宣慰、宣抚等司的设置"其在远服"，即设在边远少数民族地区；二、"掌军民之务"，既管军事又管民政，所辖既有土军、亦有土民；三、元代的宣抚司、安抚司中设有达鲁花赤一员，按元制，达鲁花赤必须由蒙古人或出身高贵的色目人充任，其实权高于宣抚使、安抚使；四、土官世袭制；五、土官有特权，"土官有罪，罚而不废"；六、土官有朝贡等义务。[3]

"土司"一词出现较晚。考察《明实录》，最早关于"土司"的记载出现在嘉靖三年(1524)十月，"加镇远府推官杨载青俸二级，载青以土舍袭职，尝中贵州乡试，巡抚杨一漢请如武举袭荫之例加升一级，以为远人向

---

1. 《十三经注疏·礼记正义》卷16《月令》，北京：北京大学出版社，1999年，第515页。
2. [元]脱脱等：《宋史》卷494《蛮夷传》，北京：中华书局1977年，第14198页。
3. [明]宋濂等：《元史》卷91《百官志七》，北京：中华书局，1976年。

学者之劝。吏部覆土司额，设定员，具各在任，难以加升，宜于本卫量加俸给，著为例，报可。"[1] 可知，"土司"一词至少在明中叶才出现。

"土司"一词出现后是否可以取代"土官"呢？明代史籍中"土官"被广泛应用，除《明实录》外，明代《土官底簿》、《明会典》等均有对"土官"职掌的专门论述。以实录为例，关于"土官"有2327条记载，以"土司"一词出现的嘉靖三年十月为限，嘉靖三年十月以后"土官"仍有400条记载，而"土司"仅有228条。此外，根据杜玉亭先生在《土官土司两类说考疑》中对明代文献的考察，仅晚明时期的《徐霞客游记》、《万历野获编》以及嘉靖《贵州通志》、《四川总志》和天启《滇志》出现了泛称各种土职的土司字样。[2] 这较之未出现土司字样或者是出现土官字样的明代文献可谓少矣。可见在"土司"一词出现后，"土官"仍然被广泛使用，且比"土司"的应用要广泛。仍以《明实录》为例，其中"土官"的使用从洪武朝直至天启朝，历朝皆有，所涉及的区域也十分广泛，除与《明会典》、《土官底簿》对应的湖广、广西、四川、云南、贵州等地区外，还涉及西北、东北等卫所土官，以及西番土官，甚至交趾、朝鲜、缅甸等地均有土官。因此，明代中后期"土司"一词出现后未能取代"土官"，说明在明人眼中，二者是有明显区别的。不过，在西南地区，出现了"土官"、"土司"指代同一人的情况，[3] 但西北地区则没有，这也是为何《明史·土司传》仅列"西南土

---

1. 《明世宗实录》卷44，嘉靖三年十月甲寅条。白耀天《土官与土司考辩》、杜玉亭《土官土司两类说考疑》分别用《明实录》嘉靖二十五年（1945年）九月癸酉、嘉靖四十五年（1566年）十月庚辰条史料作为"土司"之名的最早记载，笔者认为不妥，因为考察《明世宗实录》，嘉靖二十五年或四十五年之前有多处有关"土司"记载，如《明世宗实录》卷265，嘉靖二十一年八月辛丑条，"遂私调土司杨留"等。
2. 杜玉亭：《土官土司两类说考疑》，中国社会科学院民族研究所主编：《中国民族史研究》，北京：中国社会科学出版社，1987年，第477页。
3. 《明神宗实录》卷456，万历三十七年三月壬寅条，"贵州土官安疆臣"；《明神宗实录》卷320，万历二十六年三月丙申条，"贵州土司安疆臣"；《明熹宗实录》卷33，天启三年四月庚申条，"云南土官沙源"；《明熹宗实录》卷60，天启五年六月庚辰条，"云南土司沙源"。

司"而未列"甘肃土司"的原因之一，这也说明，明代西南、西北地区土官性质不同，西南土官可作"土司"之称，而西北土官不可作"土司"之称。

　　清代，"土司"应用范围大大超过"土官"。[1]不仅西南五省，甘肃也被正式承认为土司区。清代文献中，渐有以"土司"取代"土官"的趋势；清代的"土官"逐渐沦为职位、品秩较低的土职人员，成为"土司"的下属。[2]

　　因此，"土官"与"土司"并非同一概念，相关辨析已有前辈学者做过很多论述，[3]本文所要强调的是，在明代陕西行都司范畴下，被称作"土官"的群体，未见有以"土司"来指称的，显然，明代行都司的土官并不符合作为"土司"的条件，但到了清代，才出现了以"土司"指称原陕西行都司土官的现象，这说明，行都司土官在从明到清的过程中，群体属性上发生了变化，亦或是明、清时人对该群体的认识发生了变化，具体情况将在后文中详述。

二、汉、土之别

　　明代官僚系统中民族成分复杂，尤其是武官系统，接纳了很多非汉民族人士。这渊源于元末明初的统一战争中，朱元璋的军事战略和民族策略。一是明代的基本军事制度——卫所制的创建，所需兵源大，在从征过程中吸收了大量故元官兵充实卫所；二是明朝对少数民族首领采取招徕政策，特

---

1. 《清实录》，中华书局1985年影印本。检索《清实录》，"土司"3596条记录，"土官"406条记录。
2. 顺治五年闰四月二十七日，《敕李天俞》："自尔土司归诚向化，故历代授官，管束本地土官人等……尔即倾心本朝，特以先例，命尔世袭，照旧管束土官土军土民，并各该家口人等。"说明，"土司"有"管束土官"的职责。李鸿仪编纂：《西夏李氏世谱》，沈阳：辽宁民族出版社，1998年第77页。
3. 相关研究论文有曹相：《土官与土司考辨》，《云南民族学报》1984年第12期；韦文宣：《"土官"与"土司"》，《广西民族研究》1987年第4期；杜玉亭：《土官土司两类说考疑》，中国社会科学院民族研究所主编：《中国民族史研究》，第474-481页；白耀天：《土官与土司考辨》，《广西地方志》1999年第3期等。

别是洪武、永乐二朝积极吸收少数民族上层前来归附。而明代史籍中随处可见汉、土并列的记载：明代的军官户口册《武职选簿》中对土官身份会有特别指出，[1] 明代兵部颁布的军政条例中对汉官、土官亦有不同规定。[2] 可见，汉、土在明代是有明显分别的，如在辽东，卫所武官分为三种：洪永年间，"由各省直调拨分隶各卫支俸管事者"称"汉官"；"高丽国夷人归附总属东宁卫者"称"土官"；"建州毛怜等卫夷人降附安置安乐自在二州者"称"达官"。[3] 一般而言，被称作"土官"的，多数是非汉民族，如湖广、广西、四川、云南、贵州的土官，官方称其为苗、蛮等。西北卫所中，亦以汉、土区别身份：正统二年(1437)二月，"给陕西河州等八卫备边土官俸。旧制，土官不给俸。至是选调赴边策应，遂暂给之，如汉官制。"[4] "汉官"、"土官"的身份，有时可作为支俸的标准。又如，成化二年(1466)四月，甘肃巡抚徐廷章在奏疏中言道："镇守等官，推访不分内外，汉土军职有名誉，素着夷人信服者一员，职专抚治。"又建议"守备红城子堡都指挥使鲁监，虽系土官，素有智勇，所守红城子堡距庄浪七十余里，非要害之地，请将鲁监挈回庄浪。"[5] 意思是选贤不分汉、土，鲁鉴虽为"土官"，但"素有智勇"，可堪重用。但言下之意是，过去的用人标准中，对于"土官"还是有顾虑的，也就是说，时人眼中，汉、土身份不同是非常清楚的。

总之，明朝人的观念中，汉、土存在身份上的差异，"土"的称谓主要针对边疆少数民族，亦如中国历史上所谓苗、蛮、夷、戎、狄、番、胡、越等。但是随着民族间的交融，民族地区的汉人也有被边疆化、少数民族化的趋势，亦被官方视为少数民族，而以"土"称之，例如西宁卫土官指挥陈子明。

---

1. 中国第一历史档案馆、辽宁省档案馆编：《中国明代档案总汇》。
2. 《天一阁藏明代政书珍本丛刊》第15册，北京：线装书局，2011年。
3. 《明神宗实录》卷441，万历三十五年十二月癸未条。
4. 《明英宗实录》卷27，正统二年二月条壬戌条。
5. 《明宪宗实录》卷29，成化二年四月戊辰条。

三、土官、流官、世官之关系

"土官"与"流官"常常被视为一组相对的概念。"土官"被认为是在民族地区由中央王朝赐封给当地少数民族首领的世袭官职，亦可指代这些首领本人。而"流官"则是封建王朝派遣到民族地区，有一定任期、期满调任，官职不能世袭的非本地官员。传统认为，明代"土官"多由当地少数民族首领充任，而"流官"多由非当地的汉人充任，在民族地区实行"土流参治"的政策，西南地区"以土为主、以流为辅"，而西北地区"以流为主、以土为辅"。[1] 明清时期，尤其是清朝雍正年间的"改土归流"，即是要废除少数民族中的世袭土官，改为由封建中央王朝直接委派的定期轮换的流官，推行完全如内地一样的地方制度。[2]

然而，在明代的制度中，"流官"还有另一层含义，不是指派出官员，而是与"世官"相对。《明史·职官志》："岁凡六选（指兵部武选）。有世官，有流官。世官九等，指挥使，指挥同知，指挥佥事，卫镇抚，正千户，副千户，百户，试百户，所镇抚。皆有袭职，有替职。其幼也，有优给。其不得世也，有减革，有通革。流官八等，左右都督，都督同知，都督佥事，都指挥使，都指挥同知。都指挥佥事，正留守，副留守。以世官升授，或由武举用之，皆不得世。即有世者，出特恩。[3] 可知，"世官"指可以世袭的官职，"流官"指不能世袭的职位；获得"流官"的途径有二："世官"立功可升为"流官"，或者通过武举考试得以升授；"流官"因为职位较高，均为三品以上的大员，一般不得世袭，但如遇"特恩"也可世袭。因此，在卫所中，虽然武官的职位是可以世袭的，但是能世袭的

---

1. 冯海晓：《明代西南、西北边疆地区土司制度比较研究——以云南丽江府木氏和青海西宁卫李氏为例》，硕士学位论文，云南大学，2011年。
2. 陈连开主编：《中国民族史纲要》，北京：中国财政经济出版社，1999年，第621页。
3. 张廷玉：《明史》卷72《职官一》，第1751–1752页。

只是其祖辈获得的三品以下的"世官",因功加授的"流官"不能世袭。但作为个人,他可以既保有"世官"之职,又享受"流官"待遇。联系到"土官"个人,当然也可能同时拥有"世官"、"流官"的双重职务。

因此,"土官"从世袭的角度拥有了两重含义:一是与派出性质的"流官"相对,具有世袭官职身份的民族地区首领;二是既可拥有世职也可获得流职的卫所武官。过往的研究大多集中在第一层含义中对比土、流权利的大小以及对民族地区的影响,而忽略了"土官"中比例很大的一个群体——卫所武官的研究。

四、"土官机构"之外的"土官"

明代的土官机构,按《明史·职官志》可分为三类:一是宣慰司、宣抚司、安抚司、招讨司、长官司;一是军民府、土州、土县;一是羁縻都指挥使司、卫、所、站、地面、寨等。[1] 宣慰司等及土府州县多设在西南民族地区,宣慰司等隶属于都司卫所,土府州县隶属于布政司。[2] 羁縻都司卫所则设在东北、西北民族地区,系"洪武、永乐间边外归附者,官其长,为都督、都指挥、指挥、千百户、镇抚等官,赐以敕书印记,设都司卫所。"[3] 羁縻都司卫所性质上基本独立,但名义上由临近都司兼管,如河州时期的陕西行都司曾兼管朵甘、乌思藏行都司,甘州时期的陕西行都司则兼管哈密等七卫。唯西番之地,既设羁縻都司卫所,又设宣慰司、招讨司、万户府等。不同地区设置不同类别的土官机构,是由明朝对各民族地区的控制能力以及各民族地区的区域特性所决定的。不同类别的土官机构设置在不同地区,则

---

1. 张廷玉:《明史》卷76《职官五》,第1875—1876页。
2. 《明会典》卷15《户部二·州县一》,第90页。
3. 张廷玉:《明史》卷90《兵二》,第2222页。

反映了该地区接受明朝中央政府的何种管辖方式。西南地区的宣慰司等及土府州县均在明朝省级行政辖区之内，属于明朝大一统国家下能够有效控制的区域版图；东北、西北地区所设羁縻机构则属于明朝未能武力征服之地，多是以招谕之策建立起的朝贡关系。因此，《明史》以西南之宣慰司下土官入《土司传》，以西北之羁縻卫所下土官入《西域传》，以东北之羁縻卫所下土官入《外国传》，所依据的也是各自所在土官机构的性质。

然而，本文所讨论的陕西行都司（直辖）卫所土官，既不属于宣慰司系列，亦不属于土府州县系列，也非羁縻卫所系列，他们不存在于三类土官机构中的任何一种，而是存在于明朝正式地方行政机构中三司之一的都司之中，其官职就不是仅为朝贡关系所给予的荣誉头衔，而是实实在在的明朝官吏，也就是说，他们已经被纳入到明朝正式的官僚系统之中，他们本人是明朝卫所的武官，其家族亦成为明朝卫所的军户。那么，对他们的考量自然也与土官机构中的"土官"完全不同，永乐四年(1404)一道关于官吏考核标准的奏书也证明了这一点："奏准各都司卫所、布政司、按察司、行太仆寺、盐运司、盐课提举司、煎盐提举司、市舶提举司、茶马司，考核俱从繁例。宣慰、宣抚、安抚、招讨、长官司、俱系土官衙门，从简例。"[1] 可见，都司卫所与宣慰、宣抚等司分属流、土两个系统，而陕西行都司土官显然是属于流官系统，对其的考核标准亦如"繁例"。此外，所谓"土官衙门"所拥有的权力，应当是在自己的统辖区域内有官吏的任免权，中央仅仅只是册封宣慰司宣慰使、宣抚司宣抚使等主要土官以及派驻少量流官，而大土官们则拥有任命辖境内小土官的权力。"官吏的任免权"对于陕西行都司土官们来说是不可能的。因此，陕西行都司卫所土官中几位著名人物，如永昌卫土官毛忠、西宁卫土官李英、庄浪卫土官鲁鉴等，其《明史》中的传记，完全是作为明朝国家体制内的正式臣工被记载的。

---

1. 《明太宗实录》卷52，永乐四年三月甲寅条。

第二节 土官的军户身份

一、军户的来源

明朝继承元朝的分户制度,为了有效管辖人口并征发赋役,将全国之人分为三类:"曰民,曰军,曰匠。民有儒,有医,有阴阳。军有校尉,有力士、弓、铺兵。匠有厨役、裁缝、马船之类。濒海有盐灶。寺有僧,观有道士。毕以其业著籍。"[1]明朝的户籍制度非常严格,规定"凡军、匠、灶户,役皆永充。军户死若逃者,于原籍勾补。"[2]因此,正常来说,一旦成为军户,世代便为军籍;在特殊状况下,成为皇亲国戚、功臣元勋、贵族官僚亦或监生学子,则可享受减免差役赋税等等优待。而卫所军户的来源,按《明史·兵志》,有从征、归附、谪发三种,"从征者,诸将所部兵,既定其地,因以留戍。归附,则胜国及僭伪诸降卒。谪发,以罪迁隶为兵者。其军皆世籍。此其大略也。"[3]章潢《图书编》增加"籍选"一种,孙承泽《春明梦余录》称为"著籍"。[4]实际上,还有垛集(又称"垛充")、抽籍(又称"抽充"、"抽丁")、收集(又称"招集")、收籍、招募等其他方式。[5]

根据学者的研究成果,"从征"军指早年随朱元璋起事的徐达、汤和等将领所统率的起义旧部,张金奎认为,还应包括较早归并到朱元璋旗下的

---

1. 张廷玉:《明史》卷77《食货一》,第1878页。
2. 张廷玉:《明史》卷78《食货二》,第1906页。
3. 张廷玉:《明史》卷90《兵二》,第2193–2194页。
4. [清]孙承泽:《春明梦余录》卷42《兵志》,北京:北京古籍出版社,1992年,第808页。
5. 关于卫所军户的来源,参见王毓铨:《明代的军户》,《历史研究》1959年第8期;于志嘉:《明代军户世袭制度》第一章,《明代军户的来源》,台北:学生书局,1987年,第1–45页;张金奎:《明代军户来源简论》,《明史研究》2007年年刊。

众多小股起义军和元朝降兵，而且这批人绝大多数在明初已经进入军官群体；[1]"归附"军指降附的元朝及元末群雄所属官军，张氏认为，归附军来源广泛且数量庞大，因此成为卫所初创时期军队的基础甚至主体，明初卫所中下层军官的主体即来自归附军，对于归附军，为防止不测，明朝政府一般要将其分散安置，由嫡系旧部管束；[2]"谪发"指犯罪充军，明朝初年谪充军实行南北易置，即南人发北、北人发南，嘉靖以后逐渐南人改南、北人改北，"陕西则充甘肃宁夏等卫所"，且"但系发遣边卫充军人犯俱申各该抚按定发肃州卫充军"。[3]张氏认为，与其他军户来源不同，谪充军存在于整个明代，很多边远卫所甚至完全由谪充军人组成。越是设立时间靠后的卫所，谪充军的比例越大。[4]于志嘉认为，"垛集"与"抽籍"是两种签发民户为军的方法，但二者亦有交集，[5]"垛集"是以户为基准的佥兵法，集民户三户四户为一垛集单位；"抽籍"则是以丁为基准的佥兵法，籍民户四丁五丁以上者以一丁为军。于氏另列举了两种收充军户的方式："收集"指收原充军人者为军；"收籍"指收原属民籍如屯田夫，或其他户籍者如蛋户、船户等为军。[6]张金奎氏对"收集"的解释是：既要收集遣散回乡的元朝以及其他元末起义军的降兵降卒，又负有收集流散在民间的元朝旧军户的任务。[7]张氏将"收集"归入"归附"一类，于志嘉则认为二者应区别看待。此外，还有"招募"为军的方式，张金奎认为招募主要行用于明朝建国前，

---

1. 张金奎：《明代军户来源简论》，第156-158页。
2. 张金奎：《明代军户来源简论》，第158-162页。
3. 《军政条例续集》卷5，《天一阁藏明代政书珍本丛刊》第16册，北京：线装书局，第26-30页。
4. 张金奎：《明代军户来源简论》，第169页。
5. 于志嘉：《明代军户世袭制度》，第12页。
6. 于志嘉：《辞与盟水斋存牍中有关明代军户资料选读》，《中研院历史语言研究所法律史研究室2004年第二次研读会》。
7. 张金奎：《明代军户来源简论》，第159页。

对应召者，卫选簿资料中一般称"报效"。[1]

显然，由于故元官吏或者当地土酋的身份，陕西行都司土官军户的主要来源为归附军，所以，《清史稿·甘肃土司》中均列有其始祖的归附时间。但按照明朝的制度，他们与普通军户又不相同。明朝除分户外，还有"籍"的区别，《明武宗实录》记录了光禄寺卿李良的生平，"良，字遂之，神武卫官籍，本山东齐河县人，以进士授山阴知县，召为监察御史。"[2]《明太祖实录》记载一位叫做李彦才的应天卫卒的事迹，"彦才，潼川遂宁人，尝从元将万户卜花征北，与其子添禄相失。已而彦才归附，为应天卫卒，凡二十年矣。而添禄以有司荐任澧州石门税课局副使，访求累年，始知父母所在，奏乞给侍。上怜之，命除其父军籍，俾就其子禄养。"[3] 可见，同属卫所军户，还有"官籍"与"军籍"的差异，李彦才者，显然是作为故元兵丁，归附后成为了明朝应天卫中最底层的军卒而非武官，所以，明太祖才因为其子的关系，可怜他们的遭遇而除去了他的军籍身份。此外，明代重要文献《明代进士登科录》，对"籍"的记录更为详尽，有民籍、军籍、官籍、匠籍、儒籍、盐籍、灶籍、站籍、盐灶籍、医籍、富户籍、太医院籍、厨籍、校尉籍、锦衣卫籍、群牧所籍、幼军籍、校籍、军灶籍、旗籍、总旗籍、仪卫司籍、大力士籍、商籍、王府籍、王府宗籍、军民籍、屯种军籍等。[4] "籍"的划分是为了区别身份地位和来历，使之为国家提供不同的劳役。因此，在军户系统中，还可细分为官籍、旗籍、军籍。旗籍中还可分出总旗籍；军籍中甚至可以按卫、所名称再细分，如锦衣卫籍、群牧所籍，还可按职务名称划分，如幼军籍、校籍、校尉籍、大力士籍等。行都司土官，大多被授予世袭武官，因此属于官籍，也有个别是由

---

1. 张金奎：《明代军户来源简论》，第175-176页。
2. 《明武宗实录》卷110，正德九年三月庚寅条。
3. 《明太祖实录》卷99，洪武八年四月庚寅条。
4. 屈万里主编：《明代登科录汇编》，台北：学生书局，1969年。

总旗、小旗，甚至土军升授的，属旗籍、军籍。"籍"别不同，待遇差别较大，身份地位亦悬殊。

作为"归附"而来的土官们，可以说，从一开始就得到了明朝的优待，给予了"官籍"身份，保证了子孙后代的地位。

二、收编土官为军户的原因

对于归附的土官，明朝为何要将其籍为军户，安置在卫所中呢？为何不将其安置在府州县成为民户？又为何不设宣慰司、宣抚司等土官机构安置他们？大致有如下几点理由：

1、守土御边

河西、河湟之地，汉唐皆立郡县，视为内地。但对明朝而言，则成为边地。开国之初，明朝也曾试图解决北部边疆问题，然而洪武五年(1372)北征的失利，惟甘肃被收复，直接导致河西成为明朝与北元、东察合台汗国的边境，河湟亦成为明朝与藏区的边境；洪武二十一年(1388)，虽然明军在捕鱼儿海取得大捷，终结了北元王朝，却造成蒙古更多势力的崛起，西北边境面临的情况变得更为复杂。由于洪武时期，明朝的都城还在南京，对于西北还是以防御为主，之所以建立陕西行都司，完全是因为其地理位置的重要性，具有西控西域、南隔羌戎、北遮胡虏、隔断番虏的战略地位。洪武年间的归附土官，一方面是降将，归附后需要以军功获得明朝的信任；一方面是土著，谙习西北情况，还可继续为明朝招徕更多的归附者，因此，明朝将其纳入军户系统，既不使其远离故土，又可为明朝守边，可称互利。而明朝之所以可以放心，一是因为都城南京距甘肃尚远，不存在旦夕之忧，二是明朝给予土官的均系副职，多数级别不高，且授职人数众多，短期内是无法聚成较大的反叛势力的。

2、补充兵源

卫所逐步建立，人员也需要陆续补充。按明朝一所1200人、一卫5600人的标准，建置稳定后的陕西行都司，12卫3所，理论上的军额应为七万零八百人。而明朝又设九边，以陕西行都司地营建甘肃镇，设重兵，镇戍系统与卫所系统在兵员上并不完全重合。弘治年间镇守甘肃总兵官彭清在所陈《边务四事》中提到"陕西行都司所属卫所原额旗军七万一千九百余人"，[1] 魏焕《皇明九边考》中考证甘肃镇"官军舍余七万九千九百四十五员名"，[2] 可知，明初陕西行都司所需官军总数至少为八万左右，而洪武五年(1372)冯胜西征甘肃时所率兵额大约为五万，[3] 班师回朝时带回大部，因其中两万系河南卫兵，[4] 当回河南，又"吐蕃及西安、河南出征官员就各处赏赐，其京卫出征将士俟回京给赏"，[5] 只有少数西征军留在甘肃。因此，陕西行都司大部分兵源当来自于所归附的故元官兵及当地土著，如西宁人朵儿只失结就自率二千余人从征冯胜，西征结束后率所部回西宁，后设西宁卫并以朵儿只失结为指挥佥事。[6]

3、割断联系

陕西行都司卫所土官基本都是故元官吏及当地土酋，其归附之初，一般都率领着大批军士，明朝将其统统收编在卫所中，无疑是要割断他们与旧部的统属关系。一方面，对他们的安置是分散性的，同批归附的人员常常被打散分布在不同卫所。另一方面，都司卫所对军队只有统属权而无征调权，

---

1. 《明孝宗实录》卷169，弘治十三年十二月癸巳条。
2. [明]魏焕、郑晓：《皇明九边考》，台北：华文书局，1968年，第363页。
3. 《明太祖实录》卷160，洪武十七年三月戊戌条，"上乃诏达与文忠及冯胜率兵十五万分三道"。
4. 《明太祖实录》卷72，洪武五年二月乙巳条，"诏发河南卫兵二万从征西将军冯胜北征"。
5. 《明太祖实录》卷74，洪武五年六月癸卯条。
6. 《明太祖实录》卷78，洪武六年正月己未条。

这是明朝的一项制度。明朝的军事权力机关，中央是五军都督府，地方是都司卫所，这一系统只管卫所军士的军籍，而不管战时的征调。遇有战事，由皇帝下旨兵部调用卫所军，并选任总兵官，配以印信，率领卫所军队出征；征罢，总兵官将印信上交，官军各回卫所。都司卫所只有统兵权，而无调兵权，卫所武官只负责军士的日常管理和训练，战时则要听从征调。因此，将归附土官及其部属纳入都司卫所系统，相当于对他们进行了整编，由国家收归了军队的领导权，而且还有制度上的保障，使这样的建制可以保持长期的稳定。

将西北地区归附的故元官兵及土著势力收入国家正式军政编制，为其效力，这当然是明朝的主要目的，但是，要实现这个目的也要有客观条件的配合，这个客观条件就是行都司土官的情况与西南地区大相径庭。

4、根基薄弱

明代官修法典《明会典》、专书《土官底簿》均对"土官"职掌进行了专门论述，但所列土官仅限湖广、广西、四川、云南、贵州等西南地区；作为清代官修正史的《明史》，其《土司传》亦未列西北土司，仅将上述五省列为土司区。显然，在明清人眼中，对西北与西南土官的定性不同，原因在于二者本身存在极大的差异，而明朝在其地所建行政体系亦不同。

分以两地区土官势力家族为例：贵州著名的水西安氏，先祖济火从诸葛亮南征有功，封罗甸国王，历经数十代，元朝时被封水西宣慰司，洪武初年，其后裔霭翠归附，被赐名钦，安氏领水西，以原职世袭。洪武六年，霭翠的地位已在各家宣慰司之上。[1] 安氏在明之前，世代居于水西，且历数十辈，为当地土酋，又受过元的册封，明朝只能"赋税听自输纳，未置郡

---

1. 张廷玉：《明史》卷316《贵州土司》，第8169页。

县"。[1]明代在西南地区封授的土官情况基本如是：为当地的大姓、豪酋，根基深厚。西北土官则是另一种情况：大多是元、明之际迁入的外地人，属于客籍身份。世居西宁的李氏、世居庄浪的鲁氏均为显赫一时的土官家族，但李氏一族是元朝时才迁入西宁的，而鲁氏是元末才流落河西的，两家的发迹均在明朝，其先祖在洪武初年归附时实力并不强大。正因如此，明太祖对于西北、西南两地土官实行了不同的管理模式，对西北土官，将其全部安置在卫所系统中，使其逐渐融合在正规体制下；对西南土官，则因地制宜、土流参治。以云南为例，洪武十五年(1382)正月，朱元璋谕傅友德、蓝玉、沐英："今云南既克，必置都司于云南以统率诸军，既有土有民，又必置布政司及府、州、县以治之。"[2]二月，置云南布政使司、都指挥使司。[3]三十年(1397)正月，置云南提刑按察司。[4]可知，明初在云南设置了与内地相同的地方行政机构——三司，目的是"既平滇宇，用夏变夷"。[5]正如，陈碧芬在《论朱元璋治滇的意义》一文中所言是"将云南纳入全国统一的政治轨道。"[6]然而，由于遇到西南诸蛮"叛服无常"的困难，不得已"统而稽之，大理、临安以下，元江、永昌以上，皆府治也。孟艮、孟定等处则为司，新化、北胜等处则为州，或设流官，或仍土职。"[7]正是因为云南复杂的民族情况，朱元璋虽有心却无力实行整齐划一的行政建制，既设府州县，亦设土官机构，特别是设有宣慰、宣抚系列土职。其余四川、广西、贵州、湖广情况大略如此。

---

1. 张廷玉：《明史》卷316《贵州土司》，第8167页。
2. 《明太祖实录》卷141，洪武十五年正月甲午条。
3. 《明太祖实录》卷142，洪武十五年二月乙卯条、癸丑条。
4. 《明太祖实录》卷249，洪武三十年正月壬申条。
5. [明]陈善：《都指挥使司题名记》，[明]刘文征：《滇志》卷20《艺文志》，昆明：云南教育出版社，1991年，第667页。
6. 陈碧芬：《论朱元璋治滇的意义》，《中国边疆史地研究》2008年第1期，第38页。
7. 张廷玉：《明史》卷313《云南土司》，第8063页。

因此，从明朝的边境形势，到归附者的实际情况，将土官军民纳入军户系统，既充实了卫所兵额，又稳定了边地。

三、土官军户的职责与义务

既然归附明朝且成为卫所军户，必然就要履行身为军户的义务，那么作为军户中较为特殊的土官身份，其具体义务又有哪些，与普通军户以及西南土司的情况又有何异同？

1. 朝贡

中国历代王朝在"华夏中心"、"华夷之辨"理论指导下，以朝贡方式处理与周边民族以及外国的关系，明朝在蒙古族所建元朝之后立国，尤其在意王朝的正统性，对于朝贡也因此特别重视，洪武、永乐间与周边国家朝贡不绝，对于归附的少数民族亦要求其朝贡以表诚心。《明会典》规定："湖广、广西、四川、云南、贵州、腹里土官，遇三年朝觐，差人进贡一次。俱本布政司给文起送，限本年十二月终到京。庆贺限圣节以前。谢恩无常期。贡物不等"[1] 陕西行都司土官大抵亦如此例。如前文提到的故元陕西行省吐蕃宣慰使何锁南普在洪武三年(1370)六月降明后，同年十二月即前来贡马及方物；又如故元武靖王卜纳剌洪武三年六月降后，洪武四年(1371)正月设武靖卫，以卜纳剌为指挥同知，同年三月卜纳剌率部入朝贡马；故元知院撒尔札拜于洪武六年(1373)四月降明，明设西平卫，以撒尔札拜为指挥佥事，同年十二月撒尔札拜遣镇抚卜鲁哈帖木儿进表贡马。降附，然后朝贡，显然是土官们必须履行的义务。此一条，对陕西行都司土官来说，与西南土司们的义务没有什么区别，却是普通军户不存在的义务。

---

1. 《明会典》卷108《朝贡四·土官》，第583页。

2、从征、平叛

明朝将归附土官纳入军户系统，目的之一就是补充兵员，为我所用，尤其是蒙古骑兵，作战勇猛。洪武、永乐时期，因为北方战事较多，这些早期归附的土官常常要被征调，且名目繁多。一是平甘青，如洪武五年（1372），冯胜征甘肃就令西宁土官朵儿只失结从征，此后，冯胜又命朵儿只失结同指挥徐景追袭遁逃于青海、甘肃之地的朵儿只班。[1] 又如永乐八年（1410），永昌土达老的罕等叛逃，西宁卫土官李英平叛获功；[2] 二是征北"虏"，如永乐十九年（1421），"敕西宁、庄浪、平凉、巩昌、岷州、河州、临洮、洮州诸卫选精锐土军，不限名数，令土官都指挥李英，指挥鲁失加、刘芳、赵安，千户哈剌苦出、董暹、张永等领之，以明年三月至北京。"[3] 仅该年八月，朝廷就四次分调辽东、山东、河南、山西、陕西、宁夏等各卫官军至北京，旨在永乐二十年（1422）北征鞑靼首领阿鲁台之战；三是讨西"番"，如宣德元年（1426），镇守西宁都督佥事史昭与土官都督李英奉旨追捕西宁与河州必里卫所管西番两簇，因其此前劫杀陕西行都司都指挥佥事康寿家属之故；[4] 四是定西域，如永乐末年，明朝派遣中官乔来喜、邓成等出使西域，路经安定、曲先之地，遭到"番寇"劫杀，陕西行都司土官都指挥李英、必里卫土官指挥康寿等于洪熙元年（1425）讨平之。[5] 无论是征伐还是平叛，陕西行都司土官都是重要的军事力量，作为明朝军队的组成部分，在漠北和西北战场上充分发挥了骑兵的作战优势。

3、招谕、赍敕

稳定中原后，明朝继续统一事业，对待西北少数民族，因其部落众

---

1. 《明太祖实录》卷78，洪武六年正月己未条。
2. 《明太宗实录》卷102，永乐八年三月辛未条；《明太宗实录》卷131，永乐十年八月庚午条。
3. 《明太宗实录》卷240，永乐十九年秋八月甲寅条。
4. 《明宣宗实录》卷22，宣德元年十一月庚寅条。
5. 《明宣宗实录》卷7，洪熙元年八月丁卯条。

多、情况复杂，采取"恩威并施"的招谕政策，很多故元官吏及西北土酋就是应诏而降，他们归附后，明朝利用土官们与同族、旧属之间的关系，派他们前去招谕，取得了不错的效果。如洪武四年(1371)，"命故元降臣脱列伯赍诏往甘肃塔滩等处，谕元臣宝咱王。"[1] 宣德七年(1432)，甘肃总兵官都督刘广建议，"遣都指挥同知印铎同西宁卫土官都指挥佥事李文等，往甘州白城山招抚西番阿吉簇逃徙番民七百余帐，还居野马川。今千户他里巴言，头目朵里只领真等六十余帐逃往赤斤，俺官搬卜等三十余帐逃往肃州仙人坝，俱是土官管属番民，请仍敕李文招抚。"[2] 又如正统二年(1437)，明英宗"遣指挥祁贤等赍敕谕迤西安定王亦攀丹及指挥桑哥等。"[3] 祁贤，系西宁卫土官贡哥星吉孙，多次被委任前往安定卫等地宣布诏谕、赏赐财物及安抚事宜。招谕系陕西行都司土官因地域、身份的便利而受到朝廷的特殊委托，非西南土司亦或普通军户可以承担之责。

4、屯戍、班操

既然是军户身份，就要承担国家的军役。首先，必须保证家族中的从军者，对土官而言，就是世袭武官之职，不可断绝。即便很多土官后代不喜武功而善文墨，却还必须成为武官。其次，明朝的卫所军有屯戍之职。洪武二十五年(1392)，户部尚书赵勉言："陕西临洮、岷州、宁夏、洮州、西宁、兰州、庄浪、河州、甘肃、山丹、永昌、凉州等卫军士屯田，每岁所收谷种外余粮请以十之二上仓，以给士卒之城守者。上从之，因命天下卫所军卒自今以十之七屯种，十之三城守。务尽力开垦，以足军食。"[4] 至此，定下边卫"七分屯、三分守"的制度。再次，明朝为加强地方卫所军的作战能力，实行班操制度，陕西亦在班军之列。如永乐十三年(1415)，"敕岷州、

---

1. 《明太祖实录》卷63，洪武四年三月戊寅条。
2. 《明宣宗实录》卷87，宣德七年二月癸丑条。
3. 《明英宗实录》卷37，正统二年十二月戊午条。
4. 《明太祖实录》卷216，洪武二十五年二月庚辰条。

西宁、临洮各卫选土官舍人余丁，不限名数，以明年春赴北京操练。"[1] 此一条，已说明土官军户与普通卫所军户基本无差别，而不似西南土司拥有较大的自主权。

综上，土官军户以军事任务为主责，承担国家军役，除征战、戍守、班操外，还有军屯之责。又因其身份的特殊性，还要承担贡马、招谕等政治任务。

四、土官军户的权力与权利

归附的土官不是故元官吏就是当地土酋，附明后还要定期朝贡、负担军役，他们为何甘心如此，是何种政策吸引他们为明效力呢，他们在明朝能够享受到何种待遇及保障呢？

1、武官世袭制

明代实行武官世袭制。明代武官有卫所选簿记录其从军履历，以备武选及袭职时作为参照。由于现存卫所选簿不全，陕西行都司下辖各卫所中仅留《镇番卫选簿》一种，而《清史稿·甘肃土司》所列"甘肃土司"在明代的先祖均系西宁卫、庄浪卫土官，但两卫选簿不存，无法判断其世系是否记录在卫所选簿中，但因为西宁卫李南哥孙李昶官锦衣卫指挥同知，所以其世系保留在《锦衣卫选簿》中，选簿中亦明确记录其后世子孙为"锦衣卫带俸土官指挥同知"。[2] 因此，基本可以判断，陕西行都司卫所土官是作为武官被记录在卫所选簿中的，但他们确实又具有"土官"的身份。明代还有《土官底簿》留世，却只记录西南五省土官世系。说明在明人眼中，陕西行

---

1. 《明太宗实录》卷170，永乐十三年十一月乙卯条。
2. 《锦衣卫选簿》，《中国明朝档案总汇》第49册，第460页。

都司土官与西南土官是有本质区别的。现以《武职选簿》所反映的武官世袭制度、《土官底簿》所反映的土官世袭制度，参考学者对两种选簿的研究成果，以及《明会典》的相关记载，将两种世袭制度进行比较，以便了解陕西行都司土官的世袭情况。

关于卫所武官世袭制的研究，主要有台湾学者于志嘉的《从卫选簿看明代武官世袭制度》[1]、《明武职选簿与卫所武官制的研究——记中研院史语所藏明代武职选簿残本兼评川越泰博的选簿研究》[2]两篇文章，李荣庆《明代武职袭替制度述论》[3]，以及梁志胜的专著《明代卫所武官世袭制度研究》[4]；土官世袭制度的研究，有陈晓敏的硕士论文《明代的土官与土司制度——以<土官底簿>之记载为中心》及罗勇的文章《明代云南土官袭职制度研究》[5]。现列表如下：

表3—1：明代卫所武官、西南土官世袭制度比对表

	卫所武官	西南土官
范围	卫指挥使以下各级世官	宣慰使；土指挥；土知府等
资格	嫡长男优先；次子；庶子；兄弟子侄	子；弟；侄；妻或婿；为夷民信服者
年龄	退休：洪武中为50岁，后改为60岁 袭职：年15以上可袭职 袭职：永乐十五年规定10岁可袭职，弘治二年规定，应袭人员5岁以上勘定立案，15岁以上可以袭职	

1．于志嘉：《从卫选簿看明代武官世袭制度》，《食货月刊》1986年第15卷，第7、8期。
2．于志嘉：《明武职选簿与卫所武官制的研究——记中研院史语所藏明代武职选簿残本兼评川越泰博的选簿研究》，《中央研究院历史语言研究所集刊》1998年第69本，第1分。
3．李荣庆：《明代武职袭替制度述论》，《郑州大学学报（哲学社会科学版）》1990年第1期。
4．梁志胜：《明代卫所武官世袭制度研究》，北京：中国社会科学出版社，2012年。
5．罗勇：《明代云南土官袭职制度研究》，《学术探索》2013年第3期。
6．张廷玉：《明史》卷71《选举三》，第1726页。

凭证	诰敕、贴黄、选簿	勘合号文（号纸或委任状）、宗支图本；诰敕、印信、冠带服色等
比试	需比试，"凡袭替官舍，以骑射试之"[6]；靖难功臣之"新官"不比；成化后，出现"纳粟免除比试"情况。	土官不比
支俸	支俸	不支俸
优养	因武官或其家人老疾残幼者给予优待。如洪武时规定，"老而无子者，月给全俸。早亡而妻守寡者，月给俸二石。子患残疾不能承袭者，月支俸三石。十年内有子，仍袭祖职。"[2]	
优给	因武官亡故而给予优待。如洪武四年三月规定，"武官亡没，……如（袭职者）年幼则优以半俸，殁於王事者，给全俸俟长袭职，着为令。"[3]	

通过比较发现，两种世袭制度在程序和规定上有很多相似之处，但差别是显著的，尤其是在很多附属制度上。例如，"武官袭职"仅见于卫所内正三品指挥使以下武官，"土官袭职"则文武兼行，武职有正三品宣慰使、指挥使以下，文职有正四品知府以下，"土官袭职"显然比较宽泛；在袭职资格上，"武官袭职"还是要保证在血缘关系范围内选择袭职者，但"土官袭职"则可由妻子或女婿，甚至是其他头目承继，条件是能够得到部众百姓的认可，这一规定显然是针对土官地区的安定制定的；"武官袭职"需要通过武选，但因"靖难之役"起家的"新官"子孙则可不比，而"土官袭职"一律不必比试；俸禄方面，武官有月俸，而土官不支俸；对武官，还有根据实际困难提供的优养及优给制度的保证，对土官则无，土官袭职反而还要以纳谷米的方式提供保证金。[1] 这些差异的原因，在于实行两种制度的目的不

---

1. 《兵部武选司条例》："成化三年议：准土官应该袭者，量职大小，五品以上，令纳谷三百石，六品以下者，令纳谷一百五十以备充荒。"《天一阁藏明代政书珍本丛刊》第14册，北京：线装书局，2010年，第453页。
2. [明]陆容：《菽园杂记》，北京：中华书局，1985年，第134页。
3. 《明太祖实录》卷62，洪武四年三月丁未条。

同,"武官"是明朝正式官僚体系中的组成部分,对其严格选拔但给予较好待遇,才能有效保障其军事作战能力;"土官"所在地区大多是边疆民族地区,亦是明朝控制力较为薄弱之处,对其选拔和任用一切以地区的稳定为要务,不必过于严苛,"土官"们在地方的政治、经济上拥有较大的自主权,因此不必明朝给予更多的优待。实际上,两种世袭制,虽同有"世袭"的形式,且在很多规定上有相互借鉴之处,但二者渊源不同,"武官世袭"源于元代"世官制","土官世袭"则源于汉唐"羁縻制度"。陕西行都司土官情况,虽有"土官"之名,但本质上仍在卫所武官的范畴之内,如《锦衣卫选簿》李光先,"嘉靖四十年四月,李光先,年十岁,西宁卫人,系锦衣卫带俸故指挥使李崇文男,……给至嘉靖四十四年终住支。"又其项下七辈李化龙,"万历二十一年九月,查本选簿锦衣卫李化龙,年二十二岁,系锦衣卫带俸故指挥使李光先男,父李光先,嘉靖四十年冒功,例应减革,只袭带俸土官指挥同知,万历十一年以都指挥佥事升本卫堂上佥书,今故所据武举并推升流官,例不准袭,本卫带俸土官指挥同知,比中一等。"[1]"终住支"、"带俸"、"比中一等",都说明其卫所武官的身份,承袭所依据的是武官世袭制而非土官世袭制。

2、支俸

兵部言:"接得抚臣揭报,番族头目板日等为虏勾去,因之招率众来归,至二百余帐,两次拒虏,各有斩级,夫虏以勾番为猾夏之渐,则我以鼓番为制虏之机。今观我招之则来,虏衅之则杀,是番之未尝不可用,亦未尝不乐为我用明矣,然必保护周而后永坚其效顺之心,升赏信而后常得其敢死之力。近例,凡番人斩有虏级,亦照汉人事例升赏,其愿升者,即以土官不支俸例

---

1. 《锦衣卫选簿》,《中国明朝档案总汇》第49册,第460页。

议升,仍严行戒谕官兵,不许妒彼异族故掩其功,亦不许掠为已有,冒支其赏,如番汉厚力已,集火酋机会,可乘即听便宜,举事期于剿除祸本。"上从之。[1]

上述史料是万历年间兵部所上提议,主要的意思是,要防止"房"来"勾番",就要对"番"实行招徕,以"番"制"房",对于有功劳的"番"人,要按照汉人的奖励办法,不能"冒支其赏"。但也提到了一项规定,即"土官不支俸例",也就是说,这些番籍土官有军功的,可以按例升职,却不支取俸禄。这项规定在卫所选簿中有很多具体的例子:

> 张鹏翼,年二十八岁,太和县人,系大理卫太和所故不支俸土官千夫长兼试千户张常嫡长男。[2]
>
> 李万春,年四十三岁,嵩明州人,凤梧守御所故不支俸土官署正千户李万年堂弟。[3]
>
> 张奇逢,年二十七岁,华阳县人,系定远守御所故不支俸土官副千户张绍文亲侄。[4]
>
> 明国柱,年三十岁,土人,系庄浪卫中所故不支俸土官副千户明振嫡长男。[5]
>
> 王之弼,年二十五岁,红古城土舍,系庄浪卫故不支俸土官指挥佥事王国勋嫡长男。[6]
>
> 韩进忠,年二十七岁,河州人,系河州卫右所故不支俸土官

---

1. 《明神宗实录》卷263,万历二十一年八月庚寅条。
2. 《新官袭职选底》天启元年,《中国明朝档案总汇》第75册,第88页。
3. 《新官袭职选底》天启四年,第296页。
4. 《新官袭职选底》天启四年四月,第332–333页。
5. 《旧官袭职选底》天启二年,《中国明朝档案总汇》第75册,第114页。
6. 《新官袭职选底》天启二年十二月,第225页。

副千户韩勇侄。[1]

卜曰令，年二十八岁，河州人，系河州卫左所故不支俸土官实授百户卜协福嫡长男。[2]

上述卫所均非羁縻卫所，有云南都司之大理卫、定远守御所、凤梧守御所，陕西行都司之庄浪卫，陕西都司之河州卫，均系边地卫所，都不支俸。但同为土官身份的李氏家族成员，却可以"锦衣卫带俸"，如上文提到的李化龙，原因何在？

且土官有俸并非个案：

> 封右军都督府左都督李英为推诚宣力武臣特进荣禄大夫柱国会宁伯，食禄一千一百石，给赐诰券，赠其三代及妻。[3]
>
> （赐）高阳伯李文勋号奉天翊卫宣力武臣阶特进荣禄大夫柱国，食禄一千石，本身免一死，俱给授诰券。[4]
>
> 宥陕西西宁卫抚夷指挥祁英罪，停俸三月，坐番贼掠甘肃所贡马不能备御也。[5]

李英，为西宁卫世袭土官指挥佥事李南哥之子；李文，为李英之侄，世袭西宁卫土官指挥同知；祁英，系西宁卫世袭千户贡哥星吉家族第四世土官，三人均享受国家俸禄，可见土官亦有"支俸"与"不支俸"两类。其中"不支俸"土官，一类应是宣慰司、宣抚司等土官机构中之土官；一类是

---

1. 《新官袭职选底》天启二年十二月，第226页。
2. 《新官袭职选底》天启二年十二月，第227页。
3. 《明宣宗实录》卷31，宣德二年九月戊申条。
4. 《明英宗实录》卷281，天顺元年八月癸丑条。
5. 《明宪宗实录》卷287，成化二十三年二月甲戌条。

"署事土官不支俸米",[1] 及"土官有从七品,亦不支俸"。[2] "土官不支俸"应该是常例,如上述《新官袭职选底》所见,但既然规定了代理官职的土官及从七品之下的土官不支俸,可知在实授及正七品以上的土官中有一部分是能够享受国家俸禄的,比方说获得爵位的土官以及镇戍土官等。西宁卫李氏、祁氏均非宣慰司系统土官,亦非署事土官、低级武官,李英及其后世甚至做了京官,他们的身份已与羁縻、半羁縻系统下土官及低级职位的土官不同,而是与汉官无异了。

3、升赏

由于陕西行都司卫所均系边卫,易与境外民族打交道,亦常有战事或摩擦发生,行都司土官较之腹里,有很多立功机会,凡有功劳,明朝不吝奖赏,从归附、贡马,到招谕、军功,朝廷都会给予升职、加俸禄、赐财物等各种奖励,还有赐姓、赐谥号、赐爵等政治地位上的鼓励,而集大成的奖赏,莫过于赐给免死铁券。

明朝的"铁券"是明太祖朱元璋为封开国功臣所立,"(洪武)三年大封功臣,公六人,侯二十八人,并赐铁券。……永乐初,靖难功臣亦有赐者。"[3] "佐太祖定天下者,曰开国辅运推诚;从成祖起兵,曰奉天靖难推诚;余曰奉天翊运推诚,曰奉天翊卫推诚。武臣曰宣力武臣,文臣曰守正文臣。"[4] 洪武、永乐之后,"公、侯、伯封拜,俱给铁券,形如覆瓦,面刻制词,底刻身及子孙免死次数,质如绿玉,不类凡铁,其字皆用金填,券有左右二通,一付本爵收贮,一付藏内府印绶监备照。"[5] 券文由翰林起草,

---

1. [明]不著撰人:《土官底簿》,[清]纪昀、永瑢等:《景印文渊阁四库全书》第599册,台北:台湾商务印书馆,2008年,第335页。
2. 《明会典》卷118《铨选一·勋禄》,第614页。
3. 张廷玉:《明史》卷68《舆服四》,第1661页。
4. 张廷玉:《明史》卷76《职官五》,第1855页。
5. [明]沈德符:《万历野获编》卷5《左右券内外黄》,北京:中华书局2004年,第137页。

中书舍人书写；铁券的保管、勘验则由中官之印绶监掌管。规格上，明代铁券之诰词几乎等同于皇帝册封藩王或嫔妃，颁赐铁券亦成为朝廷一项重要的盛典，获得免死铁券对官员来说是极为荣耀之事。[1] 而西宁卫李氏土官家族中就有两人获此殊荣。

《会宁伯李英金书铁券》文：

奉天承运皇帝制曰：

　　朕维人臣能效劳于国者，必有封爵以贵之。所以彰其绩，报其功，至公之道也。尔右军都督府左都督李英，蕴器深宏，秉性方直，世守西土，效忠朝廷。事我皇祖皇考，屡著勤诚。暨朕纂承大统，益克尽臣职，常效劳于征伐，亦殚力于抚绥，酬厥勋庸，宜隆恩命。今特授尔推诚宣力武臣特进荣禄大夫柱国会宁伯，食禄一千一百石，子孙世袭。仍与尔誓：除谋逆不宥，其余若犯死罪，免尔一死，以报尔功。于戏！锡爵推恩，固国家逮下之典。建功奉职，实臣子事君之忠。朕既不忘尔功，尔尚无忘朕训，永保富贵，以励贞诚。钦哉！[2]

　　　　　　　　　　　　　　　　宣德二年十月二十四日

《高阳伯李文金书铁券》文：

　　维天顺二年岁次戊寅三月戊子，朔越十八日乙巳，皇帝制曰：国家于武臣之有劳绩者，必封爵以贵之，此报功效能之圣典

---

1. 夏寒：《明怀柔伯施聚夫妇、施鉴墓志考释》，《中国历史文物》2009年第2期。
2. 《会宁伯李英金书铁券》，米海萍、乔生华辑：《青海土族史料集》，西宁：青海人民出版社，2006年，第233页。

也。尔右军都督府右都督李文,负资忠义,秉志纯良,将略素娴,战功克著。兹朕复位之初,受以边防之寄,因胡虏之侵犯,遂克敌以成功。顾兹茂勋,宜隆恩典。特封尔为奉天翊卫宣力武臣特进荣禄大夫柱国高阳伯,食禄一千石。乃与尔誓:除谋逆不宥外,其余若犯死罪,免尔本身一死,以酬尔勋。于戏!爵禄有加,用尽报功之义,忠勤不替,方资事上之诚。朕既不忘尔勋,尔亦毋忘朕训,往励尔节,益懋徽猷。钦哉!

(背面)若犯死罪禄米全不支给。[1]

据铁券所书,李英因"世守西土",李文则是在英宗复位后"受以边防之寄"而获金书铁券。对于明朝臣子来说,有几次重大机遇,太祖"开国"、成祖"靖难"、英宗"复辟",但机遇同时又伴随着危机,尤其是开国功臣中善终者并不多。西宁卫李氏土官家族,在明朝的政治变动中,未见有明显动作,但从其被赐铁券来看,显然是走在"正确的道路上",不说是否站在成祖、英宗一派,但至少是稳定西北边疆有功,家族中两人均累功至右军都督府都督、被赐免死铁券,荣耀至极。但功劳太盛,亦有灾祸,李英、李文先后获死罪,但也都得到英宗的宽大处理。李氏一族,于宣宗、英宗朝最为显赫,此后,渐为衰落。即便如此,其祖职未被剥夺,在卫所世袭制度的保障下,以祖职延续至清代。

4、受田

"明土田之制,凡二等:曰官田,曰民田。……诸王、公主、勋戚、大臣、内监、寺观赐乞庄田,百官职田,边臣养廉田,军、民、商屯田,通谓之官田。其余为民田。"[2]对陕西行都司土官而言,可以享有的土地又

---

1. 《高阳伯李文金书铁券》,《青海土族史料集》,第234页,该铁券现藏青海省档案馆。
2. 张廷玉:《明史》卷77《食货一》,第1881页。

有哪些呢？首先是武官"职田"，洪武十年(1377)"制赐百官公田，以其租入充俸之数。公、侯、省、府、台、部、都司内外卫官七百六十人，凡田四千六百八十八顷九十三亩，岁入米二十六万七千七百八十石。"[1]但之后，废除了职田制度，"令还田给禄米。"[2]其次，虽然废除了"职田"，但皇帝常常由于军功仍给武臣赐予大量田地，行都司土官获功机会较多，赐田当不在少。如西宁卫李氏第六辈锦衣卫指挥李光先，在隆庆二年(1568)户部议裁革勋戚庄田时，被查实仅在京的土地就有百数十顷，户部建议酌量裁减。[3]其家族在西宁卫地方的土地当更多。再次是边臣"养廉田"，正德四年(1509)规定："镇守给水、旱田各十顷，副总兵各半之，分守并监枪、游击各旱田十顷，守备半之，原无者各给水田一顷，永为养廉定例。"[4]行都司土官中亦有被委任为镇守官者，如正德五年(1510)，"升……庄浪卫土官都指挥同知鲁经充右参将分守庄浪。"[5]按例，"分守"当赐旱田十顷作为养廉田。此外，政府还允许卫所武官家人自行开垦荒地，永乐二年(1404)，"令天下都司卫所屯军百人以上者，止以百户一人督耕；三百人以上者，千户一人；五百人以上者，指挥一人，毋多旷军职。其舍人、余丁愿耕者听。"[6]土官家属亦然。以上是土官通过正规途径可以获取的土地，另外，由于卫所武官在屯田中并不分配正额田地，只对屯务进行管理，因此，常会出现武官侵占军屯、民屯甚至民田的情况。如会宁伯李英，正统年间获罪，罪名之一是"招诱逃七百余户，置庄垦田，豪夺人产。"[7]

---

1. 《明太祖实录》卷115，洪武十年十月辛酉条。
2. 张廷玉：《明史》卷82《食货六》，第2001页。
3. 《明穆宗实录》卷27，隆庆二年十二月丁酉条。
4. 《明武宗实录》卷58，正德四年十二月癸卯条。
5. 《明武宗实录》卷62，正德五年四月丙午条。
6. 《明太宗实录》卷28，永乐二年二月癸巳条。
7. 张廷玉：《明史》卷156《李英传》，第4276页。

5、带管土民

除了对土地的享有，土官们还拥有对土民的控制权。陕西行都司虽然没有民事性质的府州县建置，却有大量民人存在，尤其是土民，如"西宁卫属陕西行都司，内隶六千户所四里土民，外控巴哇等一十三族番夷。"[1]又如"甘肃卫分，惟凉州土地最广，洪武中旧设九所，及带管土民七里，其后次第迁调，今止余四所。"[2]可知，行都司人口由军户和民户共同构成，民户多系土民，由卫所带管。但是，"卫所带管土民"也遇到了问题，洪熙元年（1425），上谕行在户部尚书夏原吉曰："岷州地临边疆，其土民旧令卫所带管者，盖欲使得安业。近闻卫所官扰害非一，致其逃窜者多。今虽赦有复业，其居宅田土，已为豪猾占据。宜行岷州，凡土民惟令本卫经历司带管，经历文官必能抚恤，凡产业为人占据者，皆令追还，庶几不致失所。"[3]陕西行都司各卫所与岷州卫情况相似，很可能遇到相同状况，虽未有具体史料，但亦有可能出现"经历司带管土民"的阶段。不过，由于"土民"来源及民族成分复杂，其后，还是固定下来，由"土官带管"。洪熙元年十月，行在右军左都督李英奏："庄浪卫土官指挥同知鲁失加所部土军、土民二百六十人，旧隶随驾三千之数。今从征安定还，请仍令鲁失加管领训练，遇有边警易于调用。"从之。[4]又如，弘治十六年（1504）九月，甘肃副总兵都指挥同知鲁麟奏："臣领兵甘肃，臣子经，虽蒙恩授官本土，然幼不更事，庄浪土人无所钤束，又境外明水湖等处烽火不绝，贺兰山后房骑出没，万一失备，隳臣先世遗业，请容归庄浪抚治部落。"命赐麟敕，暂留庄浪抚管土人。[5]这都是土官自陈土民难管，要求由土官管束的例子。但是，

---
1. [明]李完：《请革庄浪参将带管西宁疏》，李鸿仪编纂：《西夏李氏世谱》，第133页。
2. 《明英宗实录》卷132，正统十年八月壬寅条。
3. 《明宣宗实录》卷5，洪熙元年七月己亥条。
4. 《明宣宗实录》卷10，洪熙元年十月甲申条。
5. 《明孝宗实录》卷203，弘治十六年九月辛巳条。

连巡按御史也发表了相同的建议，万历十八年(1590)十月，巡按陕西御史崔景荣言："西宁旧有土官李世显，管束土人，自本官阵没，统约乏人，遂至酿乱。宜另选才力土官一员，责令约束，其西宁边外，多系熟番，西纳陇卜等大者一十三族，附庸不可胜计。……宜择宿将，假以抚夷职衔，令抚安番族，绝其交通，仍约以有事互相应援，如御虏有功，一体升赏。"部覆从之。[1] 从官员不断上奏请求令"土官带管土民"可知，朝廷似乎并不放心由土官管束土民，否则土官们不必反复陈述理由，亦不会出现由经历司文官带管的安排。但是，土民易生乱，又确实给朝廷带来不小的麻烦，不得已，还是要由土官管领。

带管土民，对土官来说，是有利可图的事情。宣德十年(1435)三月，"免西宁卫土民杂差，以土民有来诉者也。"[2] 十二月，又"免甘肃土民杂差，从总兵官太保宁阳侯陈懋奏请也。"[3] 正德八年(1513)，分守庄浪左参将鲁经奏称：所部土丁饥馑，乞免徵原给种粮五百石，诏许之，且令巡抚官量为赈济。[4] 可知，土民除屯田外，还要承担繁重的"杂差"。既然土民由土官带管，其赋役也由土官征收和管理，这给土官剥削土民提供了条件，除占有土民的屯田子粒，亦可驱使土民为其垦荒种地。此外，土民还是军事预备力量，既可被征调守备，亦可被招募为土兵、土军。如成化三年(1467)，就将西宁卫原调官军土民五百六十七员名，于庄浪、凉州二处轮流备御。[5] 正是由于行都司"土官带管土民"的正式确立，以致土民逐渐成为土官私属，至清，已与西南土司所领有土民的情况无二。如西宁卫东西二祁土官（东祁，朵尔只失结后；西祁，贡哥星吉后），在清代"所辖之土民，

---

1. 《明神宗实录》卷228，万历十八年十月辛未条。
2. 《明英宗实录》卷3，宣德十年三月丁亥条。
3. 《明英宗实录》卷12，宣德十年十二月辛亥条。
4. 《明武宗实录》卷97，正德八年二月乙丑条。
5. 《明宪宗实录》卷40，成化三年三月丙寅条。

各号称十万。"[1]

6、带管土军、土兵

陕西行都司虽有民户，但仍是以军户为主，军户之中亦有很多土军户，而且很多土官就是由土军、旗军因军功升至的。卫所中的土军，系国家在编的军人，由土官统领和操练。如庄浪卫土军一直都是由鲁氏土官管领的，成化年间，"命分守庄浪都督同知鲁鉴子麟为百户，领土军操练。"[2] 弘治年间，鲁麟及其子鲁经亦被委任率土军协守庄（浪）、凉（州）。[3] 正德年间，庄浪土军仍由鲁经管领，朝廷还因"土军艰难"，令陕西布政司发银一千五百两给鲁经买补马匹之用。[4] 说明，土军事宜一般都由土官进行管理，而土军如普通军户一般亦有屯田、戍守之责，甚至还有杂差，也由土官管理。如甘州左卫中所土官副千户王海就曾上奏请求酌情蠲免守备土军及军余的杂泛差徭。[5]

除土军外，朝廷还常常招募土人为兵，称为"土兵"。尤其是明朝中后期，卫所制衰落，而土兵往往战斗力较强，招募之制更盛。土兵，由卫所带管，仅得赏银而不似卫所军支月粮。如永乐时，就有"凉州卫带管土兵五百余人，关赏赐不支月粮。"[6] 但土兵难管，巡抚甘肃副都御史毕亨就曾上奏言："庄浪参将苏泰不能绥辑土兵"。[7] 大学士杨一清亦言："土兵土人非汉官所能钤制"。[8] 因此，土兵亦由土官带管。宣德年，"升西宁卫指挥佥事李文为陕西行都司都指挥佥事，仍管西宁土兵。"[9] "鲁氏，西大

---

1. [清]梁份著，赵盛世等校注：《秦边纪略》卷1，西宁：青海人民出版社，1987年，第66页。
2. 《明宪宗实录》卷163，成化十三年二月辛亥条。
3. 《明武宗实录》卷4，弘治十八年八月壬申条。
4. 《明武宗实录》卷37，正德三年四月壬辰条。
5. 《明英宗实录》卷137，正统十一年正月戊子条。
6. 《明太宗实录》卷75，永乐六年己巳条。
7. 《明武宗实录》卷4，弘治十八年八月壬申条。
8. 《明世宗实录》卷82，嘉靖六年十一月癸卯条。
9. 《明宣宗实录》卷52，宣德四年三月壬戌条。

通人，自洪武初归附，世统部下土兵。"[1] 以至于，土兵渐成土官的私人武装。万历年间，总督魏学曾奏："西宁副总兵鲁光祖、碾伯游击祁德、土官李光先三家，各有骁健土兵，召之可得万余。"[2] 这一态势延续至清，据《秦边纪略》，"上川口，土司李氏之所居也。……今其精锐土人，尚以万计。""鲁宏，其子名帝臣，所部精锐有三万余人。""其他土官吉、纳、阿、陈、辛等，所辖合万人。"[3] "上川口土司李氏"即西宁卫土官李南哥后，"鲁宏"即庄浪卫土官鲁氏在明代的最后一任指挥使。能够掌握数量不少的军队，对土官来说既是势力的体现，亦是家族得以发展的保障。

总之，陕西行都司卫所土官义务颇多：明初有招抚西番各族的任务，还有镇压番族及关外卫所叛乱的责任；各朝又有贡马、从征之责；还要管领土军、土民，管理土军就涉及到军屯、马政，管理土民就涉及到税赋、差役；最重要的是作为内地与番地联系的桥梁，还参与着茶马互市的运作。在明代，他们与西南土司虽同属"土官"身份，也有如西南土司的朝贡、从征之责等，但本质上仍属卫所军户身份，需要承担军役，只是比普通军户地位崇高些。因其身份特殊，明朝给予较高待遇：均授世袭武职，位高者俸禄优厚；贡马、招谕、战功都给予很多赏赐；功高位重者封伯、赐金书铁券；所管土民、土军、土兵渐成私属。他们中出类拔萃者，能够从归附之初的低级武官，做到明朝最高军事权力机关（五军都督府）的正一品大员，无怪对明朝忠心了。

---

1. 《明宪宗实录》卷163，成化十三年二月辛亥条。
2. 《明神宗实录》卷251万历二十年八月丁酉条。
3. 梁份：《秦边纪略》卷1，第60–61、87、50页。

第三节 镇戍制度与土官

明代兵制之复杂，在于卫所体制下之常备军外，又逐渐形成一支镇戍体制下的作战部队，卫所军是镇戍军的兵源之一，两种制度并行不悖。但镇戍体系的建立经历了由临时到固定的过程，交织着武官、文官，甚至宦官的镇守系统，特别在边地，还穿插着王府、边镇的建立。这些纷繁复杂的建制被统称为"镇戍"，镇戍官员与卫所官员分属两个不同系统，在陕西行都司卫所中世袭武职的土官们，又是如何参与在镇戍体系中的呢？

一、甘肃总兵官

洪武初年，朱元璋为防止武将控制兵权，实行"兵将分离"的制度，遇到战事，则委派大将充总兵官，调卫所军随征，事毕，总兵官上缴印信卸任，官军各回卫所。陕西行都司地方，由于地处边地，又界于"番""房"之间，战事不断。洪武初年，宋国公冯胜、卫国公邓愈、西平侯沐英等先后以征西将军之名远征河西、河湟、西番之地，但均为临时性的调遣。至二十五年（1392）二月，"上以西凉、山丹等处，远在西陲，凡诸军务宜命重臣专制之。乃命都督宋晟为总兵，都督刘真副之，遣使制谕曰：其西凉、山丹诸卫军马凡有征调，悉听节制。"[1] 是甘肃总兵官变为常设的标志，奠定了以公、侯、伯、都督充总兵官，以总兵官节制地方卫所的制度。三月，又令凉国公蓝玉"往理兰州、庄浪、西宁、西凉、甘肃等七卫。"[2] 四月，

---

1. 《明太祖实录》卷216，洪武二十五年二月癸酉条。
2. 《明太祖实录》卷217，洪武二十五年三月癸未条。

再令蓝玉"核实甘州各卫军士，分置甘州中、右、中中三卫。"[1] 二十六年(1393)，陕西行都司由庄浪迁至甘州，四月，命宋晟、刘真同署陕西行都指挥使司事；[2] 次年四月，以杨能为都指挥使，陈晖、冯克让为都指挥同知，署陕西行都指挥使司事。[3] 二十八年(1395)肃王就藩甘州，以肃王理陕西行都司甘州五卫及肃州、山丹、永昌、西宁、凉州诸卫事。[4] 如此繁复的权力分配和转换，实际上仍旧是朱元璋为防止武将擅权而采取的相互节制策略。首先，甘肃之地，军事地位重要，临时性的派遣解决不了常发性问题，不得已派大将（宋晟）镇守；但马上意识到不可使总兵官权力过大，再另派大将（蓝玉）整理地方卫所事务，以备行都司治所的迁移；待行都司治所正式迁至甘州后，先暂令总兵官理行都司卫所事务，很快，安排好行都司都指挥使、指挥同知等固定编制所需人员，并署理行都司事务。于是，虽然甘肃地方有了大将镇守，但统兵权还是归都司卫所，兵将依然分离，仅仅只是总兵官从京师来到了地方、从临时变为了常设。即便如此，朱元璋对于甘肃亦如其他边镇一样并不完全放心，以其子肃王楧之国甘州，理行都司卫所事务。于是，陕西行都司亦形成三权分立的局面，都司卫所掌管军士训练、屯田、戍守等日常事务，其上有肃王总理，甘肃总兵官则按照中央的指令调遣军队进行军事行动。

建文、永乐以后，这种情况发生了变化。首先，是肃王府势力的衰落。建文帝为巩固皇权厉行削藩，建文元年(1399)迁肃王府于兰州，仅保留其右、中护卫军；[5] 明成祖以藩王身份承继大统，深刻地认识到边镇藩王能够掌握兵权的危害，建文四年(1402)六月成祖登基，九月肃王楧来朝以表

---

1. 《明太祖实录》卷217，洪武二十五年四月壬子条。
2. 《明太祖实录》卷227，洪武二十六年四月乙酉条。
3. 《明太祖实录》卷232，洪武二十七年四月癸未条。
4. 《明太祖实录》卷239，洪武二十八年六月丁亥条。
5. 万历《甘镇志》，《地理志》，第9页。

效忠,[1] 肃王府对陕西行都司卫所兵权的控制再也没有被恢复过；宣德七年(1432)肃王楧的儿子、继任肃王瞻焰自请裁王府所属甘州中、右二护卫之一归朝廷,助备边,得到明宣宗应允。[2] 肃王府至此,连府中人畜遭到蒙古人掳掠都无法自保。[3] 仅存的一支王府护卫还要偶尔被调拨备边。[4] 甚至连甘州旧肃王府,不是被边臣请求改为都司衙门,就是被都御使奏请改作钟鼓楼,最终还是毁王府为军士营房。肃王府地位一落千丈,再也无法参与到地方军政事务之中。其次,是甘肃镇的营建。关于甘肃镇建立的时间,史书无明文,学者意见不一,大致是以陕西行都司的设立、镇守甘肃总兵官的设置以及边镇区域的形成为三个坐标点,但由于行都司两度复设、甘肃总兵官设置的时间标准也不一致,因此,关于甘肃镇设立时间的看法差别极大。[5] 无论如何,却有一个共识是：无论创建、完成以何种事件为标志,甘肃镇的建设应当有一个过程,包括甘肃镇制度的创建、边墙的建设以及守兵的布置,

---

1. 《明太宗实录》卷12,洪武三十五年九月辛巳条。
2. 《明宣宗实录》卷93,宣德七年七月壬申条。
3. 《明英宗实录》卷2,宣德十年二月庚戌条,"肃王瞻焰奏,达贼入凉州卫东南扒沙马牙山,虏去本府牧放人畜。上复书曰：此边将守备不严,已降敕切责之矣。"
4. 《明英宗实录》卷24,正统元年十一月己未条,"调肃王护卫兵一千,听指挥戴旺提督备边。俟黄河冰解仍令还卫,从镇守陕西都督同知郑铭等奏请也。"
5. 于默颖《明蒙关系研究——以明蒙双边政策及明朝对蒙古的防御为中心》(内蒙古大学博士学位论文,2004年,第102页)认为甘肃镇始建于洪武七年西安行都卫的设立；胡凡《明代洪武永乐时期北边军镇建置考》(《文史》2006年第4期)以洪武十二年复置陕西行都司于庄浪为甘肃镇初建的标志；艾冲《明代陕西四镇长城》(西安：陕西师范大学出版社,1990年,第8页)以洪武十二年宋晟首次出镇凉州为甘肃建镇标志；范中义《明代九边形成的时间》(《大同高等专科学校学报》1995年第4期)以洪武二十五年宋晟充总兵官为建镇标志；余同元《明代九边述论》(《安徽师大学报》1989年第2期)以洪武二十七年李景隆佩平羌将军印充总兵官为建镇标志；韦占彬《明代"九边"设置时间辨析》(《石家庄师范专科学校学报》2002年第3期)以永乐元年宋晟佩平羌将军印充甘肃总兵官为建镇标志；赵现海《明初甘肃建镇与总兵官权力、管辖地域之考察——以敕文为中心》(《明史研究论丛》2010年)以甘肃镇守总兵制度的建立作为甘肃建镇的标志；肖立军《明代中后期九边兵制研究》(长春：吉林人民出版社,2001年,第81—82页)认为甘肃建镇应考虑甘肃镇防区的形成。

而这一过程始于洪武末年、成于永乐初年，其后各朝不断完善。总之，由于王子戍边制度的崩溃，加快了九边军镇的建设，因此，甘肃镇建置集中在永乐年间进行，而镇守总兵官为甘肃镇的最高统帅，没有了肃王的牵制，总兵官的军事权限无疑有所提升，同样基于权力制衡的理念，永乐初开始派出镇守内臣、宣德初又开始营建督抚兵备，遂成为后世的规范和定制。

《明史·职官志》载："总兵官、副总兵、参将、游击将军、守备、把总，无品级，无定员。总镇一方者为镇守，独镇一路者为分守，各守一城一堡者为守备，与主将同守一城者为协守。又有提督、提调、巡视、备御、领班、备倭等名。"又"凡总兵、副总兵，率以公、侯、伯、都督充之。其总兵挂印称将军者，……甘肃曰平羌将军……诸印，洪熙元年制颁。"此为各镇守备武官之官制，而甘肃镇的防守，亦有交代，"镇守甘肃总兵官一人，旧设，驻镇城。协守副总兵一人，甘肃左副总兵，旧设，嘉靖四十四年，移驻高台防御，隆庆四年，回驻镇城。分守副总兵一人，凉州右副总兵，旧设。分守参将四人，曰庄浪左参将，曰肃州右参将，曰西宁参将，曰镇番参将游击将军四人，坐营中军官一人，守备十一人，领班备御都司四人。……至崇祯时，益纷不可纪，而位权亦非复当日。盖明初，虽参将、游击、把总，亦多有充以勋戚都督等官，至后则杳然矣。"[1]

甘肃总兵官有如下几点规制：一、以公、侯、伯、都督充之。始于洪武二十五年(1392)都督宋晟充总兵官，尚未挂平羌将军印；二、佩平羌将军印。始于洪武二十七年(1394)正月命曹国公李景隆佩平羌将军印往甘肃镇守。[2] "平羌将军"，顾名思义，是为平定西羌（在明代称作"西番"），最初授予讨伐四川土酋的御史大夫丁玉，而后用于镇守甘肃总兵官，可见甘肃总兵官的首要职责就是"平番"；三、驻守甘州镇城。当以李景隆镇守甘

---

1. 张廷玉：《明史》卷76《职官五》，第1866、1869页。
2. 《明太祖实录》卷231，洪武二十七年正月辛酉条。

肃时成为总兵官固定的驻守之地；四、权力在都司之上。设甘肃总兵官的原因，官方的理由是"(洪武)二十五年，以都司官权轻，未易镇服，添设西宁侯宋晟，敕赐'平羌将军'印，总兵镇守。"[1]都司最高级别的武官是都指挥使为正二品，而能够充任总兵官的最低级别是都督佥事也为正二品，相较之下，总兵官事权确实是在都司之上，但从设总兵官后很快令肃王就藩并领都司事务来看，并非是因为"都司官权轻"才设总兵官的，否则大可直接略过总兵官而令肃王府理事，更大的可能性是作战需要以及权力制衡机制使然。但随着肃王势力的衰落，甘肃总兵官接管了肃王的很多权限，依然凌驾于都司之上。显然，世代在卫所繁衍的土官们自然要听命于总兵官，协助总兵官驻守。

嘉靖《陕西通志》所列"甘肃副总兵"如下：毛忠凉州扒里扒沙人，以兰州卫籍，累功升伏羌伯，充甘肃（左）副总兵。成化四年征石城土达满四，殁于阵，赠伏羌侯，谥曰武勇。李荣哈密卫人，充甘肃副总兵。赵安狄道县人。宣德十一年守御凉州，以征虏功升都督同知，充（右）副总兵。复协守凉州，官至会川伯。赵英，安之子，以功至都指挥协副，成化初以平番功升都督，镇守凉州。[2]庄浪卫鲁氏土官中，鲁鉴、鲁经也都充任过甘肃副总兵一职，无一不是土官身份，"副总兵"也都是都督以上的高级武官，其职责是"协守"或"分守"，在甘州镇城则随主将守城，在凉州则独镇一路，均为作战的主要力量，因此在甘肃镇的作用和军功均不小。为何副总兵大多为土官身份，原因大致如下：一是土官作战勇敢，立功较多；二是土官在地方上号召力强，有战斗力的土军、土兵、土民们愿意受其调遣；三是亦如其在卫所中初授之世职均为副职的情况类似，正职始终由汉官担任，土官

---

1. [清]高弥高、李德魁等纂修：《肃镇志》卷2《建置志·公署》，顺治十四年抄本，台北：成文出版社，1970年，第33页。
2. 嘉靖《陕西通志》卷19《文献七·全陕名宦》，第961页。

军功再高也不可能授予本地镇守总兵官的最高权力，最多是不断进爵，提高其政治地位，或是调往他处任总兵官，如李文曾佩征西将军印，充总兵官，镇守大同。[1]鲁经曾充总兵官，镇守延绥。[2]需要说明的是，有很多土官家族的卫所世职，能够升到指挥使一级，较大的可能性是卫所武官系统的重要性逐渐被镇戍武官系统所取代的结果。

　　副总兵之外，许多重要的军事重地也都由土官守备。如鲁氏土官家族中，很多成员都曾被委任过镇戍官：成化年间，鲁鉴以都督同知官分守庄浪充左参将；[3]弘治七年(1494)，命守备红城子堡都指挥同知鲁麟充甘州东路游击将军；[4]十年(1497)，鲁麟改左参将分守庄浪；[5]正德五年(1515)，命庄浪卫土官都指挥同知鲁经充右（应为"左"）参将分守庄浪。[6]其中缘由在万历四年(1576)的题准中有所体现："庄浪食粮土军七百人，族类多至二万，协守土官，不能钤束。今五旗地方，各添设防守土官一员，听督抚官，于土官内选委。听该道填注贤否，与汉官一体考察。"[7]可见，有些地方的土军甚至连土官都难以辖制，唯有添设有力土官加以委任。这是明王朝在少数民族地区"以土治土"的策略，但同时也不放松对土官的控制，各朝在给鲁氏土官的敕谕中都少不了叮嘱其需听总兵官节制，如《正统九年十二月十八日皇帝敕陕西行都司指挥使鲁失加》："今特升尔为右军都督府都督佥事，仍旧操备，听总兵、镇守官调用。"[8]《天顺二年三月二十四日皇帝

---

1. 《天顺元年二月十七日皇帝制谕右都督李文》，《青海土族史料集》，第268页。
2. 《明世宗实录》卷82，嘉靖六年十一月戊戌条。
3. 《明宪宗实录》卷78，成化六年四月甲戌条。
4. 《明孝宗实录》卷84，弘治七年正月己亥条。
5. 《明孝宗实录》卷130，弘治十年十月戊子条。
6. 《明武宗实录》卷62，正德五年四月丙午条。
7. 《明会典》卷130《镇戍五·各镇分例二·甘肃》，第670页。
8. 《正统九年十二月十八日皇帝敕陕西行都司指挥使鲁失加》，《青海土族史料集》，第283-284页。

敕谕署都指挥佥事鲁鉴》："仍听总兵、镇守等官节制调度。"[1]

总之，以总兵官为核心的武将镇戍制度是基于作战需要建立起来的，与作为地方军事兼行政体系的卫所制度不同，但很多卫所土官由于其自身优势也被选任在军镇中担任重要职务。

二、督抚兵备

永乐后，陕西行都司的军政大权实际掌握在甘肃总兵官手中，而皇帝是不可能坐视其独大的，于是陆续采取了一系列限制其权力的措施。首先是派遣镇守内臣；然后是将洪武时期临时派出的监察御史常规化，逐渐演变为巡抚、总督，并令地方布政司、按察司分别派出机构备边，由督抚节制。于是，在边镇出现了以总兵官为首的武将镇戍系统、以宦官组成的镇守内臣系统、以督抚为首的文官镇戍系统三家，虽然起到了分散兵权的作用，却导致各方势力相互角逐、此消彼长，反而导致边镇的衰落。那么，在三股势力之下的行都司土官的处境如何呢？

1、镇守内臣

"镇守太监始于洪熙，遍设于正统，凡各省各镇无不有镇守太监。"[2] 其中，"英宗复设各省镇守，又有守备、分守，中官布列天下。"[3] 由于宦官专于敛财、危害地方，镇守内臣几度被废。首先是嘉靖八年(1529)始革，"四十余年不复设。"[4] 其次是天启七年(1627)十一月，刚刚即位的崇祯皇帝下令撤各边镇守内臣。[5] 但很快，"镇守、出征、督饷、坐营等事，无一

---

1. 《天顺二年三月二十四日皇帝敕谕署都指挥佥事鲁鉴》，《青海土族史料集》，第284页。
2. 张廷玉：《明史》卷74《职官三》，第1822页。
3. 张廷玉：《明史》卷82《食货六》，第1993页。
4. 张廷玉：《明史》卷304《宦官一》，第7795页。
5. 张廷玉：《明史》卷23《庄烈帝本纪一》，第309页。

不命中官为之，而明亦遂亡矣。"[1] 镇守中官之祸几乎持续了大部分明朝存在的时间。

甘肃镇首任镇守太监是王安，永乐时就曾被遣往西域等地，洪熙时被派往甘肃镇守，甘肃镇成为九边中最早设置镇守中官的边镇。《明宣宗实录》中记载了他在镇守任上的五件事情：率陕西行都司属卫选拣精锐官军一千人限期入京，[2] 奏请运彩色三梭布十万匹于甘肃市马，[3] 随副总兵史昭等讨伐曲先卫，[4] 以兰州卫军王震等藏玉石不献而私鬻于家执送至京，[5] 向兵部奏报西宁卫官军甘州守备事宜。[6] 足以说明镇守内臣在甘肃镇的职责与权力：第一，临时统兵之权；第二，随征督战之职；第三，参与备边布防；第四，兼管茶马贸易；第五，监察卫所官军。可以看出，镇守太监所涉权力既广且大，包括军事、财政、行政事务，面圣机会较其他官员为多，又有直接执送卫军入京之权；其与朝廷的联系非常密切，实际就是作为皇帝的眼线监查地方，同时为皇家敛财。自然，行都司土官无论是作为卫所军户，还是镇戍大将，都要受到镇守内臣的节制，因为连总兵官亦在其监视之下。在这样的背景下，有些土官会选择笼络镇守太监的策略，例如，西宁卫李氏族中土官李光先，就与宁晋伯刘斌联姻，[7] 宁晋伯家就有中官背景，一代宁晋伯刘聚是太监刘永诚的侄子，刘永诚就曾出镇延绥。[8]

2、监察御史

洪武十年(1377)，始派监察御史出巡地方。其后成定制，称"十三道监

---

1. 张廷玉：《明史》卷74《职官三》，第1827页。
2. 《明宣宗实录》卷48，宣德三年十一月庚午条。
3. 《明宣宗实录》卷58，宣德四年九月戊申条。
4. 《明宣宗实录》卷67，宣德五年六月甲申条。
5. 《明宣宗实录》卷85，宣德六年十二月癸巳条。
6. 《明宣宗实录》卷95，宣德七年九月戊午条。
7. [明]王家屏：《明故诰封诏毅将军锦衣卫指挥使守村李公暨孙淑人合葬墓志铭》，《青海土族史料集》，第255页。
8. 《明宪宗实录》卷89，成化七年三月甲申条。

察御史"，由都察院派出，官虽为七品，却是"代天子巡狩"，在地方考察民情，监督吏治，大事奏裁，小事立断，事权甚重。且系差遣，事毕还京，故地方官员不敢与抗。[1]其中，甘肃地区一人。例如，永乐五年(1407)四月，明成祖给甘肃总兵官西宁侯宋晟的一道敕书曰："朝廷禁约下人私通外夷不为不严，比年回回来经商者，凉州诸处军士多潜送出境，又有留居别失八里、哈剌火州等处泄漏边务者，此边将之不严也，已别遣监察御史核治，自今宜严禁约，盖因哈剌火州等处使者来言其事故，戒饬之。[2]对于卫所内军士与"外夷"的"私通"，朝廷非常重视，并没有交给总兵官处理，而是"别遣监察御史核治"，实际上，连总兵官也在监察御史的"核治"之下，而最有可能与"外夷"有较多联系的行都司土官们，自然更是监察御史的严查对象。

又如巡按陕西监察御史张监就曾向朝廷上奏西宁土官李英因与甘肃苑马寺卿陈儞的姻亲关系，将征伐安定所获马匹三百三十五匹私归其家之事。[3]而且引发了李英一系列"罪行"被揭露及下诏狱，可见监察御史对于地方影响之巨。

巡抚、总督最初亦为都察院向地方派出的监察官，但一般会加"都御史或副、佥都御史"衔，以示权重，其后逐渐演变为地方军政大员。

3、甘肃巡抚

巡抚之名，起于洪武二十四年(1391)"懿文太子巡抚陕西"。永乐十九年(1421)，"遣尚书蹇义等二十六人巡行天下，安抚军民。"是巡抚任事的开始。甘肃巡抚（又称甘肃都御使、巡抚甘肃等处赞理军务）的始设则起于宣德十年(1435)，明宣宗命兵部侍郎出镇甘肃，但尚未有"甘肃巡抚"之名

---

1. 张廷玉：《明史》卷73《职官二》，第1768页。
2. 《明太宗实录》卷66，永乐五年四月戊戌条。
3. 《明宣宗实录》卷83，宣德六年九月甲申条。

称。正统元年(1436)，由于甘州、凉州用兵，明英宗命兵部侍郎参赞军务，甘肃巡抚、宁夏巡抚自陕西巡抚中分离，辖甘肃之地。景泰元年(1450)，定设巡抚都御史。天顺年间曾短暂罢免，但很快恢复建制。隆庆六年(1572)，改赞理军务。[1] 于是逐渐开启了文官参与军事的体系，而巡抚一职由最初的监察转为"赞理"，也由因为具体事宜的临时委派成为地方的常规建置。

甘肃巡抚"统甘肃兵备、西宁兵备、庄浪兵备三道，陕西行都司之甘州左右等十二卫，镇夷等三所城堡，赤斤蒙古等六卫，朵甘等卫及宣慰、招讨等司，西海丙兔诸部贡市。"[2] "甘肃兵备一员，专在肃州地方抚治番夷、整饬兵备，并肃镇二卫钱粮，兼屯田；西宁兵备一员，抚治西宁番夷，兼管西宁等卫所，并西宁卫所属仓场；庄浪兵备一员，改设行太仆寺少卿兼按察司职衔，整饬庄浪兵备"。[3] 基本上，甘肃巡抚接管了甘肃总兵官、陕西行都司都指挥使的大部分权力，因此，行都司土官也受其管辖。正德年间，时任甘肃巡抚的毕亨就向朝廷举荐了庄浪卫土官鲁经、鲁麟父子，令其率部协守庄浪。[4]

4、陕西三边总督

陕西三边总督（又称总督陕西三边军务）的设置，起因于弘治十年(1497)，火筛入寇，宣府、大同、延绥、甘肃、宁夏等地均被掠，各地军事力量没有统一调度，于是"议遣重臣总督陕西、甘肃、延绥、宁夏军务，乃起左都御史王越任之。"王越成为第一任陕西总督，但尚无"总督"之名。"（弘治）十五年以后，或设或罢。至嘉靖四年，始定设，称提督军务。七年改为总制。十九年避制字，改为总督，开府固原，防秋驻花马池。"[5]

---

1. 张廷玉：《明史》卷73《职官二》，第1777页。
2. 吴廷燮：《明督抚年表》卷3《甘肃》，北京：中华书局，1982年，第297页。
3. 《明会典》卷128《镇戍三·督抚兵备》，第662页。
4. 张廷玉：《明史》卷174《鲁鉴传》，第4644页。
5. 张廷玉：《明史》卷73《职官二》，第1774页。

"总督陕西三边军务，节制陕西、延绥、宁夏、甘肃四抚，固原、榆林、宁夏、甘肃、临洮五镇，专统固原兵备、洮岷兵备、鄜州兵备、临巩兵备、巩昌兵备、靖虏兵备六道，陕西布政司之巩昌、临洮二府，平凉府之平凉、固原、静宁等州县，延安府之鄜州，陕西都司之固原、洮州、临洮、巩昌、兰州、秦州、岷州等卫，文县、礼店、归德、阶州等所。""四镇兵马钱粮，一应军务，从宜处置，镇巡以下，悉听节制，军前不用命者，都指挥以下，听以军法从事。"[1]从陕西三边总督所辖范围来看：第一，凌驾于巡抚、总兵官、都司、布政司、按察司之上，成为陕西地区统辖军政的最高长官，比起之前地方三司各司一职（军事、行政、监察）以及巡抚、总兵只管一镇的权力，在地域和范围上都大大扩展了；第二，甘肃镇由其节制，也就是说甘肃总兵官以下镇戍武官均由其调遣；第三，虽然节制甘肃巡抚，但在兵备上二者有分工，甘肃巡抚专统甘肃、西宁、庄浪三道兵备；第四，陕西行都司各卫所未明确说明在其节制之下，并不是说其管不到行都司卫所，而是由甘肃巡抚统辖行都司卫所，陕西三边总督再节制甘肃巡抚，即对行都司卫所有间接管辖权，可以过问但不直接负责。

　　从弘治年始设至明朝灭亡，共有六十六任六十二位陕西三边总督，[2]无一不是进士出身，也都在兵部任过职，可以说是文武全才，特别是杨一清，正德年间两次出任，嘉靖年间又被起用。其与土官的关系，实录中亦有载：正德元年(1506)，杨一清因为甘肃副总兵鲁麟卒，麟子经名位尚轻，而鲁领所守庄浪为要害之地，于是推荐参将吴鈜守庄浪。[3]嘉靖六年(1527)，杨一清又推荐时任庄浪副总兵官的鲁经出任延绥总兵官，并评价鲁经"守庄浪二十余年，累立战功"。[4]可见，其对土官的任用是唯才是举。

---

1. 吴廷燮：《明督抚年表》卷3《陕西三边》，第199页。
2. 参见吴廷燮：《明督抚年表》卷3《陕西三边》。
3. 《明武宗实录》卷15，正德元年七月己卯条。
4. 《明世宗实录》卷82，嘉靖六年十一月癸卯条。

总之，明代中后期逐渐建立起以总督、巡抚为核心的督抚兵备体系，取代了以总兵官为主的大将兵备制，"国初，兵事专任武臣，后常以文臣监督。文臣，重者曰总督，次曰巡抚。总督旧称军门，而巡抚近皆赞理军务，或提督"，又"按察司官整饬兵备者，或副使、或佥事、或以他官兼副使佥事。沿海者，移海防道；兼分巡者，称分巡道；兼管粮者，称兵粮道"，均"以所辖督抚领其首"。[1] 实际上是以文官统领武官，加之还有镇守太监的监督，身为武官的行都司土官们，地位下降，能够管辖他们的官僚系统错综复杂且不止一套，处境亦不如前。如明世宗曾向徐阶问询鲁氏边将的状况道："西边有一鲁姓者，如今不闻所以，汝知否？"徐阶回答说："近年有鲁聪者，任古北口参将，颇骁勇，被劾革任。凡武官之善战者，多丽率，而抚按兵备等专要责其奉承，一不如意，便寻事论劾，轻者罢官，重者问军问死。"[2] 可见境遇之艰难。但土官们或因为战功，或通过联姻，加强与地方重臣的联系，仍旧得到朝廷的信任，在镇戍系统中占据一席之地，也为明朝的西北边防作出了重要贡献。

---

1. 《明会典》卷128《镇戍三·督抚兵备》，第661页。
2. [明]徐阶：《答重城谕二·兵将》，《明经世文编》卷244，第2548页。

第四节 明清鼎革之际的行都司土官

明代陕西行都司土官，在很多学者的研究中常常被视为"土司"，将其性质等同于西南地区的土司，并认为元明清三代是土司制度从确立、发展至衰亡的三个阶段，特别是明代，被看作是土司制度的辉煌期。然而，通过前文的叙述可以发现：陕西行都司土官在整个明代始终存在于卫所体系中，即便是在卫所制日渐衰落的情况下，其袭职仍在卫所内进行；在镇戍体系逐渐建立和完善的过程中，行都司土官无一不在各类镇戍官员的管辖之下，他们中善战之士亦被委任为镇守武官。可以说，这些土官从归附至被安置在陕西行都司卫所后，就一直存在于明代官僚体制之武官系统之中，属于明政府有编制的正式官员，绝不等同于独立性较强的"土司"。但是，情况在清代发生了变化，《清史稿》列有"甘肃土司"，也就是说，清代以后，人们在观念上并不区别南、北土官，他们被一体视为"土司"。那么，这种变化是如何发生的？触发这种变化的原因又有哪些呢？

一、明代卫所的衰败

成祖以后，国家鲜有战事，卫所兵制逐渐废弛；1449年土木之变造成明朝五十万京军损失过半，于谦改设十团营，募兵制逐渐取代卫所兵制；明代中后期，由于班操、占役、勾军、漕运、吃空饷种种弊端，不仅内地卫所兵不可用，边卫亦深受其害，卫所兵制名存实亡。但作为行政辖区的卫所仍旧存在。顾诚先生认为："明中期以后，总的趋势是从都司、卫、所辖地内划出一部分设立州县。"但由于卫所官员不会轻易放弃世袭权利，边卫、运粮卫所承担的军事和漕运任务仍有存在的必要，卫所和州县在征收本色、折色和负担劳役等问题上差异很大等等影响变革的阻力存在，至明朝灭亡，绝大部分卫所仍然是同州县类似的地理单位这一基本格局并没有改变。[1]

卫所兵制的崩溃给陕西行都司土官提供了扩大军事实力的机会，他们经过整个明朝二百七十多年的发展，基本已在当地扎根，如西宁卫陈氏从至正二十三年(1363)归附的陈子明至顺治五年(1648)袭职的陈师文已传十一世、庄浪卫鲁氏从洪武三年(1370)归附的始祖脱欢至顺治十六年(1659)袭职的鲁宏已历十世、西宁卫西祁氏从洪武元年(1368)归附的贡哥星吉至崇祯年间袭职的祁廷谏已历八世、西宁卫东李氏从洪武四年(1371)归附的李南哥至崇祯年间袭职的李天俞已历八世。[2] 又因为带管土民、土军、土兵的便利，各自都掌握了一支以"土"为主的私人武装，作战能力上要比汉军强得多，这支力量亦成为行都司土官对抗明末农民起义以及归附清王朝的资本。

二、明末农民战争的冲击

陕西行都司土官们在明代的发展，基本上是顺风顺水，且稳中有升，洪武初年归附的很多人，至明末清初仍有子孙袭职，且很多世袭职务较先祖所授职务多有升授，许多旁系子孙亦获得世职，子孙绵延、富贵不绝。一方面是他们历代子孙的忠诚和军功使然，一方面则是卫所武官世袭制度提供的保障。虽然不是所有的土官家族都有如此幸运，很多也逐渐没落至无闻，但这些得以保留的土官们的状况，也可以基本反映出明朝给予他们的优待。不过，这样的生活在明朝末年农民战争的浪潮中被彻底摧毁了。西北是农民军的策源地，这些土官家族也遭到了前所未有的打击。

首先，李自成农民军没有采取招降，而是直接给这些土官以严重打

---

1. 顾诚：《明帝国的疆土管理体制》，第142–143页。
2. 赵尔巽：《清史稿》卷517《甘肃土司》；陈万言：《西北种族史》；王继光：《安多藏区土司家族谱辑录研究》。

击。崇祯十六年(1643)，李自成的部下贺锦奉命攻取宁夏、甘肃、西宁等地，宁夏、甘肃都较为顺利，至西宁时遇到了阻力，西宁卫世袭指挥使祁廷谏（祁贡哥星吉后代）率子兴周、时任西宁副总兵的庄浪卫世袭指挥使鲁印昌（巩卜失加后代）奋力抵抗，鲁印昌"散家财享士卒"，"部卒殆尽，遂殁于阵"，但贺锦被祁廷谏所杀，廷谏又为贺锦部下所擒，送至西安李自成处。死于这次事件的还有西宁卫世袭指挥同知李洪远（高阳伯李文后代）与妻祁氏及家丁一百二十人；西宁卫世袭指挥同知李天俞（会宁伯李南哥后代）家族三百余人被杀，李天俞被执送西安；西宁卫世袭指挥同知祁国屏（朵尔只失结后代）亦有抵抗；西宁卫世袭指挥佥事甘继祖（帖木录后代）家被掠。此外，西宁卫世袭指挥使陈师尧（陈子明后代）早在崇祯初年就在跟随洪承畴守松山时阵亡。[1] 可以说，李自成军对待这些土官并未有什么招降措施，更多的是直接打击，而这些土官们被杀、被俘，无一家幸免。那么，作为起义军的闯军为何不对这些土官积极招降呢？第一，作为农民军的李自成部首要打击对象就是导致土地高度集中的官僚地主，而这些土官就是当地占有土地最多人；第二，农民军深入西部，需要军饷粮草，而这些土官又是当地最富有的人；第三，这些土官拥有卫所军的指挥权，还有私人的土兵及家丁，所以他们大多选择了对抗起义军，由此就受到了起义军更严重的打击。

其次，这些土官没有选择投靠农民起义军，而是毫无例外地归附了清朝。土官们之所以选择对抗起义军，一方面可能是忠诚于明朝，希望保有自己的土地、财产以及世袭地位，而农民军显然会剥夺这一切，这是阶级立场决定的，他们也看到了这一点；另一方面则是看到了先前投诚者的下场，当贺锦所部到达兰州时，兰州总兵杨麒父子抓了肃王朱识鋐献给贺锦，肃王也投降起义军，兰州未做任何抵抗而降，但贺锦对肃王、杨麒父

---

1. 赵尔巽：《清史稿》卷517《甘肃土司》，第14308—14316页。

子一并斩首；贺部深入甘州后，甘肃总兵马爌、甘肃巡抚林日瑞组织了抵抗，亦被处死，面对前车之鉴，他们决定奋力一搏。正是由于他们激烈的抵抗，与起义军达到了水火不容的境地，特别是贺锦死于祁廷谏之手，而贺锦是李自成手下得力战将之一，号左金王，战功卓绝。而被俘的祁廷谏、李天俞等却是在顺治二年(1645)英亲王阿济格兵至西安时获救，阿济格分别对其"赏衣帽、鞍马、采缎、银两，令回西宁安抚番族，仍授本卫指挥使，世袭。""赐衣冠、鞍马、银两、彩缎，令回西宁招抚番族。"[1]这让他们看到了恢复明朝生活的希望，于是纷纷归附清朝。又如顾诚先生所言"从目前所见到的资料来看，原来为形势所迫投降大顺政权的明朝将领，差不多都拜倒在爱新觉罗皇室之下。"[2]投降者尚且如此，更勿论曾经做过抵抗的土官们。

第三，清朝打着"为明复仇、反对李闯"的旗帜招降他们。清朝显然是看到了这批土官对于明朝制度的眷念之情，首先做到了恢复他们的世袭职务；其次，这些土官大多不是汉人，不见得对朱明王朝的汉人政权有多少真正的感情，只要优待他们，就能获得他们的支持，除了恢复职务外，还可以做的是为他们的亲人向起义军复仇，而"私仇"绝没有"国仇"冠冕堂皇，打着"为明复仇"的旗帜，对于土官和清朝双方都是有利的；最重要的一点，这些土官具有一定的军事实力以及相当的号召力，清朝亦如明朝当初，招抚他们后马上令其"招抚番族"，既可稳定西陲，亦可增加自身的军事力量。

三、清代改卫置县

顺治二年(1645)孟乔芳总督陕西军务，陕西行都司土官纷纷归降清朝。

---

1. 赵尔巽：《清史稿》卷517《甘肃土司》，第14308、14312页。
2. 顾诚：《明末农民战争史》，北京：中国社会科学出版社，1984年，第287-288页。

土官后裔何永吉、陈师文、祁廷谏、李天俞等于顺治二年归附，鲁宏于顺治十六年(1659)归附。归附之初，清代沿用明代旧制，但随着清朝行政区划的变革，这些土官栖身的卫所（虽早已名存实亡，但框架仍在）也被撤销。清代以明陕西布政司、陕西行都司之地为甘肃省。康熙三年(1664)，分陕西为左、右布政司。六年(1667)，改陕西右布政司为巩昌布政司。七年(1668)，又改甘肃布政司。雍正三年(1725)裁陕西行都司。从雍正二年(1724)始，陆续将其下辖卫所改为府州县建置：甘州五卫改为甘州府、西宁卫改为西宁府、凉州卫改为凉州府、肃州卫改为肃州直隶州、镇番卫改为镇番县、古浪所改为古浪县、永昌卫改为永昌县、庄浪卫改为平番县、山丹卫改为山丹县、高台所改为高台县。[1]

失去了卫所的框架，行都司土官的世袭利益如何保障？府州县本是以中央派遣流官为主来进行行政管辖的，但为了笼络他们，清朝统治者也乐得承认他们的土司地位，保证他们的世袭利益，虽然不在卫所了，但其在明代的世职不变，作为条件，希望他们向对明王朝效忠一样忠于清王朝。具体做法如下：

首先，大方承认其土司身份。入关伊始，便对罹难于农民战争的行都司土官后代进行安抚，顺治二年二月二十九日，敕书李珍品（高阳伯李文后代，李洪远子）："敕陕西西宁卫指挥同知李珍品，自尔土司归诚向化，故历代授官，管束本地土官人等。兹尔居家惨被贼祸，尔即倾心本朝，特仍以前例，命尔世袭。照旧管束土官土军，并各该家口人等。蒙开国之殊恩，须加意抚绥，务令得所。朕属众志，禁捕盗贼，遇有边警，听调杀贼，以应军机重务。悉听甘肃镇巡官节制。有功一体升赏。尔宜益殚忠勤。用图报称，

---

1. 赵尔巽：《清史稿》卷64《地理十一》，第2117–2121页；另有一说为，清初曾设厅管辖卫所，西宁厅等存在近80年后，于雍正初年改为西宁府等，而非是由西宁卫直接改为西宁府。见张生寅：《西宁厅沿革考论》，《青海社会科学》2012年第5期。

毋得私占科扰。纵容别官浸渔克害，以致重情不附。责其所归，尔其勉之，故敕。"[1] 与明代给予行都司土官的敕书相比，最显著的区别就是以"土司"取代了"土官"，这也是官方史书中西北地区第一次出现"土司"的称谓，这一变化实际反映了两点趋势：第一，顺应了明朝中后期以来，"土官"向"土司"的转变，这一转变首先发生在西南地区的宣慰司等土官机构中；[2] 第二，认可了明代以来，甘青地区土官势力逐步增长后在当地的政治地位。而"土司"仍世袭，照旧"管束土官土军"，意思是给予其在明朝相同的待遇。

清朝将第一份敕书给了为明朝殉国的李洪远的儿子李珍品，是非常有策略的，一是倡导对王朝的忠诚，顺治帝还赐匾额"忠臣烈妇，宗族荣之"[3] 给予洪远夫妇。二是向其他尚未归附的土官们示好，告诉他们，即便是如李洪远这样家族几近断绝者，清朝都会加以扶持，勿论你们这些有军队、有归附和招谕之功的人，清朝绝不会亏待你们的。这一措施效果非常显著，河西各家土官纷纷来归，顺治五年(1648)，"授陕西庄浪土司祁廷谏、鲁安为指挥使，西宁土司李天俞为指挥同知。"[4] 所给敕书与李珍品大体相同。

其次，实行"土流参治，土治于流"的土司制度。明代陕西行都司土官，在洪武初年归附时多被授卫所副职，使其辅佐正职卫指挥使，二者都是卫所官员，性质相同，至多是上下级关系，而且很多土官通过战功亦升授为指挥使，甚至五军都督府都督等高级武官；即便是明政府派往地方的总兵官、巡抚、总督等流官，与行都司土官也只是同僚关系，因为他们都是明朝

---

1. 《敕李珍品》，李鸿仪编纂：《西夏李氏世谱》，第77页。
2. 参见拙作《明代西北土官非土司考释——从"土司"一词的产生分析》，《民族史研究》第11辑，北京：中央民族大学出版社，2014年。
3. 李鸿仪编纂：《西夏李氏世谱》，第216页。
4. 《清世祖实录》卷38，顺治五年闰四月癸卯条。

正式官僚系统中的一员。到了清代，对"归附而有战功者"授"土司"，"土官为文官，土司为武官。土司之职位，比土官略高，常带指挥使宣慰使之职衔，受三品至五品之官，除征纳钱粮及贡物外，其他皆受所在府，州，县，厅之管辖。"[1]明代的陕西行都司土官成为了清代的甘青土司，他们与府州县官员之间就不是同僚或上下级的关系，而是在制度上受制于彼了，这个制度就是"土流参治，土治于流"的土司制度。

脱离了都司卫所体系的土官，名为"土司"，却受府州县管辖，所剩权力只是"为一部落之首领，辖治其族"[2]而已，但对其所管土民，可"征纳钱粮"，还可向朝廷贡马，获得一些赏赐，有实力的还可豢养一支军队，但军队必须随时听候调遣，随同清军作战。因此，清初对陕西行都司改卫置县后，土官们的权力不是被加强了，反而是被削弱了。虽然保留了世袭职务，但这个世袭职务与其在明代的世袭性质已不同了：在明代，是卫所内的实职，在清代，随着政府对河西、河湟地区控制力的加强，逐渐成为名誉头衔；在明代，授实职的土官是享受朝廷俸禄、接受朝廷奉养的，在清代，他们一体成为自给自足的土司，靠向土民征税养活自己；在明代，以武官的身份为国家守边，自己的军队是国家的常备军或作战部队，粮饷由国家提供，在清代，土军由自己养活，朝廷征调，要协同作战。总之，清朝以州县取代卫所，是将甘青土司限制在了自己的部族范围内，不再使其干预其他地方事务，但在其属地，却拥有独立的经济权和军事权，这也是他们可以被称作"土司"的关键。不过，这样的独立性，对清朝来说始终还是隐患，随着清代治边政策的逐步完善，对于甘青土司又会产生什么变化呢？

---

1. 萧一山：《清代通史》上卷，北京：中华书局，1986年，第558页。
2. 萧一山：《清代通史》上卷，第558页。

四、清代的治边政策

清以边疆少数民族身份入主中原，对于边疆的治理更为重视，对疆域的有效控制欲望更为强烈，这从康雍乾三朝屡行大规模的征讨便可看出。与明朝略显保守的治边政策相比，清初的边疆政策更为积极主动。黄新亮《清代的治边政策与中国边疆领土的巩固》总结清初是"危机意识下的积极实边"，其表现形式有三：在东北、蒙古、新疆、西藏等地区实行封禁政策，严禁汉人进入；用羁縻之策笼络少数民族上层，包括封爵、赏赐、给俸、联姻、年班、围班等；设卡伦巡边。[1] 马玉华《治边政策：从清代到民国的梳理》认为清代继承了中国古代"因俗而治"、"恩威并施"的治边思想。[2] 归纳为，"修其教不易其俗，齐其政不易其宜"；"分而治之"与"众建而分其势"。[3] 可见，清初对边疆的治理形式虽然多样化，但目的只有一个——直接控制，而且表现出"重实不重名"的务实态度。例如，对蒙古王公多授以亲王、郡王、贝勒、贝子、镇国公、辅国公等世袭爵位。这一思想自然也贯彻在甘青土司身上。

首先，承认甘青土司的地位是为了稳定地方。表现在两个方面：一是用大土司安抚、招徕中小土司。总督孟乔芳在将被李自成拘禁的祈廷谏、李天俞等释放出来后，派他们安抚西宁及河西地区各土司；二是用土司土兵协助其军事行动。康熙五十八年(1719)西藏达哇蓝占巴抗清，岳钟琪率兵西征，命连城土司鲁华龄做先锋兼护粮饷；雍正元年(1723)，罗布藏丹津反清，甘青大小土司站在清廷一边，为其把守关隘。有清一代，甘青土司屡立战功、颇为忠诚，当是对清朝给予其土司身份及世袭地位的报答。

1．黄新亮：《清代的治边政策与中国边疆领土的巩固》，《齐齐哈尔高等专科学校学报》，2009年第3期。
2．马玉华：《治边政策：从清代到民国的梳理》，《南京晓庄学院学报》2012年第1期。
3．马大正主编：《中国边疆经略史》，郑州：中州古籍出版社，2000年，第259页。

其次，将甘青地区彻底纳入直接管辖。明代以军事建制陕西行都司控辖河西、河湟，西北大致以嘉峪关为界，土官被安置在关内卫所，关外设羁縻卫所，利用行都司土官的特殊身份，联系和控制关外的西域及藏区，这种控制是间接和松散的，明代实际管辖区域没有到达西域、藏区。但清代秉持"边疆一日不靖，内地一日不安"的思想，立志于彻底解决西北问题。清代对河西走廊、河湟谷地的管理从明代的军事建制改为民政建制，是因为清不需要他们作为控制手段和屏障，而是要对这一地区征收赋税。这源自清从康熙末年开始的"驱准保藏"战争的胜利，经过雍正、乾隆两朝的军事、宗教政策的巩固，连西藏地区都归于清王朝直接统治之下，且青海地区的蒙古、回部（维吾尔族等）、西番（藏族）等也分别被编佐领、编旗，纳入清王朝直接统治之内。[1] 总之，清代因西北疆域的扩展，对原明代河西、河湟之地已无需设卫所保障。

最后，逐步削弱甘青土司的特权。具体措施如下：第一，增加土司数目。以西宁为例，除承认了自元明以来发展壮大的十七家土官为土司外，还增设了小李土司、曹土司，[2] 意在"众建而分其势"；第二，扩大承袭范围。雍正三年(1725年)，清廷设计了土司的再分封制度，准许各处土司除嫡长子孙可以承袭本职外，其他庶出子弟贤能有才者也可请旨申报，酌情授予官职，并可分掌地方事务，[3] 这实际上是分化瓦解土司的权力；第三，要求土司纳税。雍正四年(1726年)，施行"摊丁入亩"，甘青土司也开始向国家

---

1. 王钟翰：《年羹尧西征问题——兼论雍正西北民族政策》，《青海社会科学》1990年第4期。
2. 青海省社会科学院、青海省地方志编纂委员会：《青海方志资料类编》，《甘肃诸土司属民表》，西宁：青海人民出版社，1987年，第1473–1478页；赵尔巽：《清史稿》卷517《甘肃土司》，小李土司李化鳌，清顺治二年投诚，授世袭百户，曹土司曹通温布，乾隆元年以功补大通川世袭土千户。第14314、14311页。
3. [清]永瑢：《钦定历代职官表》卷72《土司各官》，中华书局聚珍仿宋版印本，第5页上。

交纳赋税，"输粮供役，与民无异"，[1] 使其丧失了经济特权；第四，剥夺管民之权。光绪二十一年(1895年)河湟事变后，清朝规定各土司的粮食交归大仓、百姓由州县管理，这给土司以致命打击。[2] 至此，清初给予甘青土司在其部族内管理土民、征收赋税、掌管土兵的权力也随着清朝中央集权的强化及边疆治理的深入而逐渐被剥夺。

1．《西宁府新志》卷24《官师志》，第882页。
2．王晓霞：《明清对湟水流域土司的管理方略概述》，《青海民族学院学报（社会科学版）》2007年第7期，第60页。

第四章
陕西行都司土官势力的崛起

如第三章所言，明代陕西行都司土官已被纳入明朝正式的官僚系统之中，与西南地区以宣慰、宣抚司等为主的土官机构下独立性较强的土官性质不同；由于其世居西北，身份上还是"土官"，又多数是少数民族背景，与政府派遣到当地的流官以及汉族身份的官员仍有差异。纵观整个明代，以陕西行都司为主的西北土官，鲜有叛乱，不似西南土官，频繁发生反叛事件，迫使明政府屡派军队镇压，也不似东北女真达官，沟通关外，促成努尔哈赤势力的壮大，就是到了明末，暴发了李自成等领导的农民起义，从陕西发端，席卷全国之时，西北很多土官仍旧忠于明朝，甚至殉国。他们为何会对明朝如此忠诚，他们本人及其家族在明代又得到了怎样的发展机遇？

第一节 从赐姓、授职看对土官的安置

西北土官以少数民族为主，归附明朝后多被赐予汉姓、授予官职。

赐姓，是中原王朝统治者借以笼络外族的一种手段，也有借此使其归化的意图；接受赐姓，同样是外族首领借以表示归顺与忠诚的一种手段，有时也有其钦慕他族文化，主动要求获得赐姓的。赐姓之风，源起可至上古，[1] 汉魏时期，少数民族大量入主中原，赐姓外族始盛，后世更为发展，借以表示特殊的优待。明朝建立在蒙古族创立的元朝之后，统治区域下，各民族相互混杂已为常态，何况还有境外朝鲜、安南、日本、鞑靼、瓦剌、女真、回鹘、西番等各族人口的不断归附，赐姓之风更盛。学者张鸿翔先生曾对明代外族赐姓做过专门的考察，有《明外族赐姓考》（简称《考》）及《明外族赐姓续考》（简称《续考》）两文问世，总结明代外族赐姓者计有一百零六人，[2] 所续外族赐姓三百九十八人，[3] 共计五百余人，但张先生却认为其"实际远逾斯数"，"然其可征者，盖已略尽于兹矣"。[4] 可知不在少数，而两文中与陕西行都司相关之外族赐姓、赐爵、赐谥、授职等情况为：凉州卫11人、庄浪卫4人；[5] 永昌卫1人、西宁卫1人、镇番卫1人、凉州卫1人，[6] 现列举如下：

---

1. [汉]司马迁《史记》卷3《殷本纪第三》，"虞舜封殷契于商，赐姓子氏，以当远古，未敢遽引。"北京：中华书局，1959年，第92页。
2. 张鸿翔：《明外族赐姓考》，《辅仁学志》1932年第2期，第52页。
3. 张鸿翔：《明外族赐姓续考》，《辅仁学志》1934年第2期，第70页。
4. 张鸿翔：《明外族赐姓考》，第52页。
5. 张鸿翔：《明外族赐姓考》，第82页。
6. 张鸿翔：《明外族赐姓续考》，第78-79页。

表4—1：陕西行都司安置外族赐姓表

赐姓(名)	本名	民族/原居地	归附时间/初授职	赐爵	赐谥	安置地	出处
吴允诚	把都帖木儿/巴图特穆尔	蒙古/甘肃塞外塔滩	永乐三年七月/右军都督佥事	恭顺伯	忠壮	凉州卫	《考》
柴秉诚	伦都儿灰/娄多尔辉	鞑靼/甘肃塞外塔滩	永乐三年七月/后军都督佥事				
杨效诚	保住/巴珠	鞑靼/凉州	永乐三年七月/指挥佥事				
柴志诚	满速儿灰/玛勒苏尔叶	鞑靼	永乐四年正月/都指挥同知				
杨汝诚	阿尔剌台/阿尔拉卜台	鞑靼	永乐四年正月/凉州卫指挥佥事				
杨必敬	脱脱/托克	鞑靼	永乐四年正月/指挥佥事				
吴克诚	只兰/济兰	鞑靼	永乐四年正月/指挥佥事				
吴存敬	朵列干/多罗罕	鞑靼	永乐四年正月/凉州卫指挥佥事				
吴克忠	答兰	鞑靼	吴允诚子,更名克忠,允诚卒,袭其爵。	安顺侯、邠国公	忠勇		
吴守义	把敦杭/布敦罕	海山人/凉州	永乐年间/凉州卫指挥同知	西和伯	僖顺		
李荣		山后人	父名显,洪熙元年内附,授锦衣卫指挥同知,宣德三年,升指挥使,使西域,因改住凉州卫。				
柴永谦	祖住不花/祖准布哈	鞑靼	永乐四年正月/庄浪卫指挥佥事			庄浪卫	
韩以谦	火失谷/和实固	鞑靼	永乐四年正月/指挥佥事				

安汝坚	达丹	鞑靼	永乐四年十二月/指挥佥事				
平以正	把的/博迪	鞑靼	永乐四年十二月/正千户				
毛忠,字允诚	哈剌	凉州人	高祖（又有"曾祖"一说）哈剌歹,洪武中归附,授为千户;毛忠,累功至陕西行都司都指挥同知,始赐姓毛氏。	伏羌伯	武勇	永昌卫	
李英		西番	父南哥,洪武中率众内附,授西宁卫同知,累功进西宁卫指挥佥事。	会宁伯		西宁卫	
乔伯南	扁堰吐	金山达达/哈喇地面	父哈答孙,洪武二十一年归附,命于永昌卫带俸,后调水军右卫坐住,钦赐乔姓,三十一年,扁堰吐以残疾未袭,乃准更姓名曰乔伯南。			永昌卫	《续考》
安敬顺	萧家奴	鞑靼	慕义来归,授为西宁卫副千户,永乐中赐姓名。			西宁卫	
安守敬	点木	鞑靼	永乐七年九月/凉州卫指挥同知			凉州卫	
鲁什加		鞑靼	始祖脱欢,洪武初率众归化,安置庄浪西山之连城,三世什加,以军功升都督同知,并赐姓鲁。			庄浪卫（庄浪西山之连城）	

注：《考》与《续考》体例均为前文列个人项下具体内容,后文有对各卫所人数的统计,但所列人物与统计数字稍有出入。《考》中"毛忠"实际安置在永昌卫,"李英"安置在西宁卫,但文后未做统计;《续考》中"鲁凤翥",根据项下内容,安置在庄浪卫,文后亦未做统计;《续考》统计有镇番卫一人,未在文中发现。

张鸿翔先生对明朝外族赐姓的原因,总结了五条:旌其来归、别其称谓、促其同化、由其自请、因其功绩。这五条,每一条既可独立成为赐姓的理由,又可叠加作为赐姓的原因。从被安置于陕西行都司卫所归附者的情况看,由于其归附时间不同,可分作"旌其来归"和"因其功绩"两类,这是客观原因;从明政府主观愿望的角度出发,用以"别其称谓",希望"促其同化",或者从归附者自身角度来看,自请赐姓,都是可以加附在"归附"与"军功"事件上的主观因素。

按张氏对明代历朝赐姓之统计,"以成祖时为多,计九十六人;太祖时次之,计六十六人。"[1] 实际也是因为两朝归附者较多的缘故,但按表4-1所列,洪武、永乐两朝的陕西行都司归附者在赐姓、授职及安置方面却存在不少差异:

一、洪武时期陕西行都司归附者安置情况

本文第二章在论述陕西行都司卫所的设立与土官军民的关系时,介绍了洪武时期行都司归附者的安置情况,在表4-1中,毛忠、李英、鲁什加的始祖即为代表:

首先,永昌卫毛氏先祖哈剌歹、西宁卫李氏先祖南哥、庄浪卫鲁氏先祖脱脱,均是洪武初年的归附者,归附时均未被赐姓,仅分别授予千户(正五品)、指挥佥事(正四品)、百户(正六品)等武职;而到了四世毛忠、二世李英、三世鲁什加时,除继承本卫世职外,还分别累功至都督同知(从一品)、左都督(正一品)、都督同知(从一品),亦分别被赐姓毛、李、

---

1. 张鸿翔:《明外族赐姓续考》,第71页。

鲁姓。[1]因此，三家在洪武初年归附时不但授职较低，亦未被赐姓，二三代后，因军功而得以赐姓更名，升迁至一品大员，甚至封爵赐谥。抛开个人能力的因素，似乎归附者们二三辈之后，待遇和发展机会更好于一世祖。实际上，经过二三辈的观察，明政府对归附者的忠心已有了解，对待他们的信任好过其父祖辈亦是顺理成章之事，对归附者而言，二三代后基本也就安定下来，存在异志的可能性就更小了。因此，经过两三代人的时间，明政府与归附人之间逐步建立了信任，明朝给予更为宽松的发展环境，归附者们则以军功报效。

其次，毛氏、李氏、鲁氏归附之初均被就地安置，未被移居他处。明代西北归附者甚众，明政府将其安置在全国各地，很多归附后，即被遣往京师，因此，南京、北京等地被安置了大量归附人，[2]这当然与明政府对他们的顾虑有关，安置在身边，既可切断其与本地域、本民族的联系，亦可对其进行有效地掌控。但是，仍有一部分人被安置在西北本地，毛氏、李氏、鲁氏就是代表。洪武三年(1370)十二月，中书省臣进言："西北诸虏归附者，不宜处边。盖夷狄之情无常，方其势穷力屈，不得已而来归。及其安养闲暇，不无观望于其间。恐一旦反侧，边镇不能制也，宜迁之内地庶无后患。"但朱元璋并未采纳这个意见，言道："凡治胡虏，当顺其性。胡人所居，习于苦寒，今迁之内地，必驱而南去，寒凉而即炎热，失其本性，反易为乱。不若顺而抚之，使其归就边地，择水草孳牧，彼得遂其生自然安矣。"[3]正是在这样的背景下，毛氏、李氏、鲁氏分别被安置在永昌卫、西宁卫和庄浪卫。

再次，毛氏、李氏、鲁氏在明代官方文献中，均被称作"土官"，这

---

1. 张廷玉：《明史》卷156《毛忠传》，第4280页；《明史》卷156《李英传》，第4276页；《明史》卷《鲁鉴传》卷174，第4643页。
2. 蔡家艺：《关于明朝辖境内的蒙古人》，《蒙古史研究》第4辑，1993年，第80-81页。
3. 《明太祖实录》卷59，洪武三年十二月戊午条。

说明，他们或者在明以前就世居西北，或者是在整个明代未被再次迁徙。

李氏，从洪武初年李南哥归附后被授西宁卫镇抚并累官至世袭指挥佥事始，李南哥被视为"西宁州土人"，民族认定为"西番"，其子李英袭指挥佥事又功升指挥同知，至明末清初传至李天俞，顺治十年(1653)仍授西宁卫世袭指挥同知。其中，虽有李英，官升至正一品右军都督府左都督，又封会宁伯，享禄一千一百石，但系流官，不世袭，又因罪削爵，其子孙仍世袭指挥同知的祖职；虽从李英子李昶始，在锦衣卫带俸，但李氏始终世居西宁卫碾伯所上川口。[1] 因此，李氏一族，明代官方始终视其为"土官"，至清代又被称作"土司"。

鲁氏，从洪武初年脱欢携子归附，子巩卜失加授百夫长又升庄浪卫世袭百户，子鲁什加袭百户又累官至庄浪卫指挥同知，子鲁鉴袭指挥同知又功升庄浪卫指挥使，至明末清初传至鲁宏，顺治十六年(1659)仍袭庄浪卫指挥使。其间亦有鲁鉴进署从一品都督同知等，尽皆流职，不世袭，所袭仍为庄浪卫指挥使的祖职，且鲁氏世居庄浪西山连城。[2] 鲁氏一族在明被视作"土官"，至清亦称"土司"。

李氏、鲁氏的共同特征是世代沿袭所在卫所的祖职，其家族亦未曾移往他处，但毛氏的情况则不同：

关于毛氏的土官身份，实录的记载是，正统二年(1437)正月"永昌卫土官指挥哈剌卜花来朝贡马，自陈欲同土官指挥毛哈剌等居京自效"，明英宗却令其"仍于本卫地方居住耕种"，且言其"归附朝廷历年已久"。[3] 毛哈剌，即毛忠，"字允诚，先世蜀人，后徙武威。曾祖哈剌歹，洪武初率众归附，遂隶籍凉州。"[4] 可知毛忠一族虽不是汉人，但民族却不明确，只是很

---

1. 赵尔巽：《清史稿》卷517《甘肃土司》，第14312－14313页。
2. 赵尔巽：《清史稿》卷517《甘肃土司》，第14315－14316页。
3. 《明英宗实录》卷26，正统二年正月丁巳条。
4. [清]汤斌：《伏羌伯毛忠传》，《凉州府志备考》，《艺文志》卷8，第748页。

早就迁徙到了武威，也就是凉州一带，归附后仍"隶籍凉州"，成为明朝军户，至毛忠时差不多六十余年经历了三代人，确实是"历年已久"，因此，在明政府眼中，称其为"土官"。但是，自毛忠之后，其后世子孙均袭其伯爵，再不见被称为"土官"者，列表如下：

表4—2：永昌卫毛氏明代世系表

	一世	二世	三世	四世	五世	六世
姓名	哈剌歹	拜都（哈剌歹子）	毛宝（拜都子）	毛忠/毛哈剌（宝子）	毛伦（忠子）	毛锐（忠孙）
授职	洪武初归附,千户		充总旗,至永昌百户	袭永昌卫百户职,历升副千户、正千户、指挥同知、都指挥佥事、都指挥同知、都指挥使、都督佥事、都督同知、左都督		袭爵,岁给禄米一千石
事迹	战殁	从征哈密,战殁		赐姓；封伏羌伯；战殁，赠侯、谥武勇、予世券（世袭伯爵）	先卒	成化中,协守南京；弘治初,出镇湖广,改两广等

	七世	八世	九世	十世	十一世		
姓名	毛江（锐子）	毛汉（江弟）	桓（汉侄）	登（桓子）	毛国辅（登子）	毛国器（国辅弟）	承祚（国辅子）
授职	袭爵	袭爵	袭爵	袭爵	袭爵	袭爵	袭爵
事迹	嘉靖中,镇守湖广	嘉靖中,掌南京前军都督府事兼提督江操；总督漕运,因贪墨,诏褫职逮问,卒,无子	嘉靖中掌南京后军都督府事	万历中,掌中军都督府事；遣祭祀	遣祭祀	遣祭祀	明亡,爵除

资料来源：《明实录》；《明史》卷156《毛忠传》，第4279页；汤斌：《伏羌伯毛忠传》，《凉州府志备考》，《艺文志》卷8，第748页。

通过对毛氏世袭的整理，发现其发展轨迹与李氏、鲁氏有所不同。同样作为外族归附者的毛氏，附明后成为军户，永昌卫任职，先祖几代均战死沙场，至毛忠，功劳、荣耀均达到鼎盛，毛忠的活动范围仍在西北，史料中亦明确提到其袭其父永昌卫百户之职，后虽官至左都督，但系流官，不世袭，由于毛忠战功卓著，其子孙享受世袭的伯爵之位，俸一千石；从毛忠之孙毛锐始，再未见有袭永昌卫职之事，仅袭爵，且锐协守南京、出镇湖广等，似乎远离西土；从毛锐至毛登，虽然仍为武职，但均在南京或者湖广等任事，不在西北活动；毛登始，世袭伏羌伯均被朝廷遣往祭祀皇陵，鲜见参与军事事务的记载，至明亡，其爵位被除。毛氏一族在明代的发展有两个显著的变化，一是从永昌迁出，至南京等地任职；二是毛忠之后，只见子孙袭伏羌伯，不见袭永昌卫职的记载。其中可能隐藏着其永昌卫祖职被褫夺一事。七世毛汉曾因贪墨遭褫职，但可能系其自身的流官职务，永昌卫祖职的情况由于缺乏史料，无法判断。但毛氏确实从毛忠以后再无见与永昌卫的瓜葛。因此，既远离故土，又丧失卫所祖职，毛忠之后，其"土官"身份遂丧失了。但从明政府的角度来看，以爵位、俸禄优养其家，使其逐渐丧失外族的特点，未尝不是一种令其向化的手段。

同属洪武初年归附的三家陕西行都司卫所土官，虽然早期的发展具有相似的轨迹，但因后世子孙际遇不同，其"土官"身份也发生了改变。

二、永乐时期陕西行都司归附者安置情况

按表4—1，永乐时期被安置在陕西行都司的归附者，主要来源于把都帖木儿、满速儿灰、苦木帖木儿等几次归附事件：永乐三年(1405)七月，"鞑靼平章把都帖木儿、伦都儿灰自塔滩率部属伍千余人诣甘肃归附。"[1]

---

1. 《明太宗实录》卷44，永乐三年七月壬寅条。

永乐四年(1406)正月，"鞑靼满束儿灰等率众来朝。"[1]十二月，"鞑靼头目苦木帖木儿等来归。"[2]又有，"把敦杭，海山人，永乐初自凉州归附。"[3]仅把都帖木儿等来附，一次就带来了五千人，可见，西北归附者在永乐时期又形成了一个高潮。

对比洪武朝的归附者，永乐朝出现了几个显著的变化：

第一，赐姓门槛变低。"命把都帖木儿为右军都督佥事，赐姓名吴允诚；伦都儿灰为后军都督佥事，赐姓名柴秉诚；保住为陕西行都司都指挥佥事，赐姓名杨效诚；余为指挥千百户镇抚，复赐冠带袭衣文绮表里白金钞有差。"[4]又"都指挥同知满束儿灰曰柴志诚，都指挥佥事阿儿剌台曰杨汝诚，凉州卫指挥同知猛奇曰安汝敬，佥事脱脱曰杨必敬，只兰曰吴克诚，朵列干曰吴存敬，庄浪卫指挥佥事火失谷曰韩以谦，祖住不花曰柴永谦，宁夏卫指挥使伯帖木儿曰柴志敬，余千户、卫镇抚、百户等十一人皆赐之。"[5]又"命苦木帖木儿为陕西都指挥佥事，赐姓名曰柴永正；达丹为庄浪卫指挥佥事，赐姓名曰安汝坚；把的为正千户，赐姓名曰平以正，俱赐诰敕冠带文绮袭衣彩币。"[6]上到都督佥事，下到百户，皆赐姓，这与洪武朝是完全不同的。按张鸿翔先生的统计，永乐朝的赐姓明显多于洪武朝，张氏认为"盖由其武威震烁，四夷畏服"[7]所致，实际也与明成祖在西北的战略以及个人性格有关。明成祖"五出三犁"，多次讨伐漠北，正在用人之际，对于西北归附者自然颇多优待。

第二，初授职务均较高。永乐年间的归附者，如吴允诚、柴秉诚、杨

---

1. 《明太宗实录》卷50，永乐四年正月己酉条。
2. 《明太宗实录》卷62，永乐四年十二月癸巳条。
3. 《明宣宗实录》卷55，宣德四年六月乙酉条。
4. 《明太宗实录》卷44，永乐三年七月癸卯条。
5. 《明太宗实录》卷50，永乐四年正月己酉条。
6. 《明太宗实录》卷62，永乐四年十二月癸巳条。
7. 张鸿翔：《明外族赐姓考》，第79页。

效诚、柴志诚、杨汝诚、杨必敬、吴克诚、吴存敬、吴守义、柴永谦、韩以谦、安汝坚、平以正、安思谦、王存礼、安敬顺、安守敬等十七人，均因自身的归附之功受到赐姓的荣耀，成为其家族在明朝的一世祖，亦为其武官户口册（即卫所选簿）中所记之"一辈"，其所受卫所职务即为祖职，不出意外，是可以世袭给子孙后代、永葆身份的。而永乐时期的归附者较之洪武初年，所授职务级别明显提高，出现了五军都督府之正二品都督佥事这样的大员（都督佥事系流官，不世袭，除非特恩。但既授都督佥事，说明其世官亦不小，因为流官是由世官升授的），而鲜有五六品之千百户镇抚等中下级武官。可知，永乐朝对待外族归附者较之洪武初年是大大地优待了。

第三，就地安置。洪武朝的归附者，有安置于京师的，也有安置于当地的。永乐朝接纳了如此多的归附者，尤其是让很多西北归附者仍旧居留原地，并非对他们全无猜忌，而是明成祖有自己的打算。从实录看，对于吴允诚等人，一开始仍然是如洪武朝事例，送往京师、扣其家属，后来却令其凉州居住，[1] 实则是要借其兵力讨伐漠北，明成祖多次出征，西北归附者们均被调用。永乐六年(1408)正月，明成祖曾下敕书给甘肃总兵官左都督何福等，提到"见胡骑五十余往来塞外，宜练士马，谨斥堠昼夜堤防，仍密察把都帖木儿及伦都儿灰所部人心如何，若可用，则选其壮勇者五六十人或百人往迤北觇房声息，如未亲附切不可遣。"[2] 即点明了明成祖虽仍猜疑却想要用之的心态。从归附者的原居地来看，他们主要来自塔滩、凉州等地，学者周松认为"明代的塔滩是指以今内蒙古阴山西段为中心的后套地区。"[3] 虽不一定非常精确，但大致应当不差，塔滩、凉州均是与漠北较为接近之处，将其安置地主要选择在凉州卫、庄浪卫，亦是最接近漠北之处。究其原因，

---

1. 《明太宗实录》卷44，永乐三年七月壬寅条；《明太宗实录》卷44，永乐三年七月己酉条。
2. 《明太宗实录》卷75，永乐六年正月丙辰条。
3. 周松：《塔滩新考》，《中国边疆史地研究》2009年第4期。

应是以其为屏障且方便调用之故。

第四，升迁迅速。但也正是成祖在漠北的战事成全了他们，他们无一不在从征中获功，除了职位的不断攀升，从其爵位、谥号可见一斑。张氏《明外族赐姓考》中言："明代赐姓外族中之膺谥号者，凡十有二人。"又"赐姓外族中受爵者，计十九人。"[1] 而安置于陕西行都司者，得授谥者五人，占三分之一强；得授爵者五人，占四分之一强。虽然张氏之统计未必精准，但足以说明，西北归附者在明朝战功之卓著及其对明朝之忠心，而明政府亦给予相当的回报和重视。

第五，失去"土官"身份。永乐朝的西北归附者，本身来自凉州、塔滩等地，又被安置在陕西行都司卫所中，归附时应当为"土官"身份，但明代官方文献中，未见有称吴允诚等为"土官"者，而按其民族成分，称其为"鞑（达）官"。但鞑靼人未必不能成为土官，如果久居某地，数代之后亦可被视为土官。吴允诚是第一代归附者，"公本河西大族，居亦集乃"，"永乐乙酉秋，率所部来归"，太宗"锡以诰命，俾居于凉"。[2] 其原居地有"甘肃塞外塔滩"和"亦集乃"两种说法，无论哪种，均与其后代所居"凉州"之地有些距离，应该属于内迁而非被安置在原居地。基于时间（第一代归附人）、地域（相对于原居地有所内迁）两点因素，吴允诚等不被明朝"以土视之"；其三个儿子，吴克忠、吴克勤死于土木之变，吴克勤之子吴瑾留居北京，三世吴继爵曾守备南京，吴允诚另有一子吴管者后嗣吴琮曾镇守宁夏，[3] 因此，其子孙因际遇不同并未世居凉州，吴氏一族始终未成为凉州卫土官。其他鞑靼籍归附者未成为陕西行都司土官的，原因大抵与吴氏相似。另有调卫、改卫者，如吴守义，自凉州归附，授凉州卫指挥同知，后

---

1. 张鸿翔：《明外族赐姓考》，第80页。
2. [明]杨荣：《明故恭顺伯吴公神道碑》，《凉州府志备考》，《艺文志》卷8，第751页。
3. 张廷玉：《明史》卷156《吴允诚传》，第4270页。

居定州；[1]李荣，仅是在凉州卫住坐，其子李俊仍袭其原职义勇卫指挥使。[2]均不被视为"土官"。

总之，明成祖继承并发展了太祖时期的安置政策，厚待归附人且以为屏藩、为我所用，这同样为归附者提供了利用军功发展壮大的机会，特别是西北归附首领，他们作战勇敢、屡立战功，因此获得高位，得到封爵、封谥。但永乐时期的归附者由于时代的不同，可能因为立国已久，对于"鞑靼"不再如洪武朝般深为戒备，而是有所放松和优待，对有功者甚至颇为信任，在赐姓、授职等方面的待遇都好过洪武时期的归附者，升迁更加迅速，反而逐渐脱离原籍卫所，因此，也丧失了最初的"土官"身份。

综上，通过对陕西行都司所安置的几家外族赐姓、授职等情况的分析，发现，虽然同属西北归附者，因其归附时间、原居地、安置地、民族、赐姓原因等诸多因素的差异，明政府对其的安置措施亦有差异，他们在明廷眼中又有"鞑（达）官"与"土官"的区别，而"土官"的身份也不是一成不变的，其家族的兴衰变化又与其身份密切相关。

---

1. 张鸿翔：《明外族赐姓考》，第72页。
2. 张鸿翔：《明外族赐姓考》，第75页。

第二节 姻亲关系下的势力联盟

中国古代婚姻讲究门当户对,实际就是说,某家族、某个人的婚姻,应当在其所在阶级、阶层的范围中实现,其婚姻的范围一般是其日常生活中可以接触的人际交往圈。因此,婚姻是人际交往的延续,对政治势力而言,婚姻向来是维系权力的重要手段。从婚姻入手,观其人际,既可了解陕西行都司土官之间、土官与朝廷之间的关系,亦可探察其在明朝政局中的影响力。

一、土官婚姻的社会背景

明政府对待外族婚姻有严格限制。洪武三年(1370),朱元璋曾下诏"禁蒙古、色目人更易姓氏……族属姓氏各有本源,古之圣王尤重之。所以别婚姻,重本始,以厚民俗也。"[1] 然而两年后,又撤销了"别婚姻,重本始"的禁令,"令蒙古、色目人氏,既居中国,许与中国人家结婚姻,不许与本类自相嫁娶。违者,男女两家,抄没入官为奴婢。"但"其色目钦察自相婚姻,不在此限。""其中国人,不愿与回回钦察为婚姻者,听从本类自相嫁娶,不在禁限。"[2] 这看似矛盾的变化,实则存在十分合理的理由。蒙古族与汉族是两种完全不同的经济形态,即游牧与农耕的区别,在此基础上建立起来的上层建筑亦不相同,游牧民族主要依靠部落统辖,实行领主制,而农耕民族则建立的是君主制下的封建依附关系。因此,包含其中的婚姻形态便有极大的差别。明代的蒙古族在领主制下,仍旧盛行的是义务婚、收继婚

---

1. 《明太祖实录》卷51,洪武三年四月甲子条。
2. 《明会典》卷163《律例四·婚姻·蒙古色目人婚姻》,第841页。

等。所谓"义务婚"即在某领主属下民户中在规定时间内必须实现规定数量的婚姻关系。"收继婚"则是指父死，子妻后母；子死，父收其媳；兄弟死，其他兄弟可以收纳其妻妾。[1]显然，这两种婚姻形态都是有违封建伦理纲常的，绝不可能为以儒家思想治国的封建君主所接受。譬如，瓦剌俺答汗的妻子三娘子，在俺答汗死后嫁给其长子黄台吉，黄台吉死后又嫁给其长子扯力克，对蒙古来说是依照习俗，但对汉族来说是不可想象的。因此，朱元璋在立国之初，除开防止蒙古、色目人等隐藏身份，躲避军役等的顾虑外，不使其婚姻形态混入中原，为了"别婚姻，重本始"，也应是"禁蒙古、色目人更易姓氏"的重要原因。不过，既然发表了"蒙古、色目人既居我土，即吾赤子"，[2]又"朕既为天下主，华夷无间，姓氏虽异，抚字如一"[3]的宣言，就不能再对外族的婚姻有所歧视。但是，这并不代表接受了蒙古、色目人等的传统婚俗，而是对待他们中"既居中国"者，"许与中国人家结婚姻"。"不许与本类自相婚嫁"，若有违，处罚甚重的原因，则除了是要提防外族之间内外沟通、结成同盟外，仍旧是要规避蒙古、色目人等的传统婚俗。"色目钦察自相婚姻"及"中国人，不愿与回回钦察为婚姻者，听从本类自相嫁娶"均"不在禁限"，则是为各自的婚姻传统保留一个出口。但是，洪武五年(1372)有关婚姻的禁令，则恰恰是将蒙古、色目人"居中国"与否，当做区别对待的标准，也就是将是否前来归附明朝当做一个标准，归附者，尤其是久居中国者，当然是"羡慕"华夏文化，当习华俗，不能再与"中国"之外的同族者同等对待，这是明政府的华夷思想在婚姻政策上的体现，同时也是明政府利用婚姻"教化"外族的一项措施。

但是，允许外族与汉人通婚的制度，又常常随着时势的变化而有所改

---

1. 杨绍猷：《明代蒙古族婚姻和家庭的特点》，《民族研究》1984年第4期，第30–31页。
2. 《明太祖实录》卷34，洪武元年八月乙卯条。
3. 《明太祖实录》卷53，洪武三年六月丁丑条。

变。嘉靖年间，由于北方蒙古的密集侵扰，就有巡抚湖广都御史朱廷声提出"区别夷夏，以正婚姻"的主张，特别是针对边防卫所的军职人员，尤其是土官，"各边军职与土官，有统属防御之责，乃交媾姻联，不惟紊夷夏之体一，或争竞作耗、或泄露事情、或互相容隐，贻患将来，实非细。故宜严加禁约，不分官军土民，俱照例充发。"[1] 这一建议得到了朝廷的允许颁行。此外，正统四年(1439)，还颁布过"武职不得与所管旗军结婚"的禁令。[2] 此令是从山海卫指挥同知周俊所言，理由是"徇情废事"，"违者比亲民官娶部民妇女，律论罪"。[3] 山海卫也是个边卫，周俊提出这条建议，说明此前卫所武官与旗军、军余之间联姻的情况很多，而且造成了卫所的腐败问题。实际上，更严重的影响可能是，边卫往往民族成分复杂，又与关外少数民族多有联络，武官与管辖的军士或是上级武官与下级武官联姻，则不单是行政上的腐败，还可能牵涉到与外族的勾连。

因此，对以外族身份入居"中国"的行都司土官而言，明代社会对其婚姻的要求：第一是移风易俗，遵循儒家伦理纲常；第二是谨慎小心，避免引起政府的猜忌；第三是华夷之间，政府虽然允许其与汉族通婚，但究竟能否实现还受到民族习俗、社会风尚的影响。那么，他们实际的婚姻状况又是如何，婚姻形态在明代又发生了哪些变化呢？

二、土官婚姻关系及其特征

由于古代史书大多只记载王侯将相，普通人婚姻的实例较为难考，惟有家族显赫者，略有踪迹可寻。想要考察陕西行都司下土官婚姻、人际问题，也只能从势力较大的几个家族入手，如上节所列西宁卫李氏、庄浪卫鲁

---

1. 《明世宗实录》卷115，嘉靖九年七月庚戌条。
2. 《明会典》卷20《户口二·婚姻》，第135页。
3. 《明英宗实录》卷62，正统四年十二月丁丑条。

氏，因其从明初归附至清初始终世袭卫所职务，可见其家族之延续、势力之强大。因此，研究西北归附人婚姻问题，学界大抵从这些势力家族入手。郭永利《试论甘肃永登连城鲁土司家族的联姻及汉化问题》指出军功、联姻、汉化是明代西北土官家族发展家族势力的重要手段，鲁氏正是凭借成功的姻亲关系和积极汉化的调适，达到维系家族的目的。[1] 赵英《李土司家族的婚姻关系及其社会影响》充分阐述了婚姻对于维系李氏家族生命传承的重要作用，其结论与郭氏并无二致，只是将研究对象换成了李氏土官。[2] 奇文瑛《碑铭所见明代达官婚姻关系》则是将研究对象扩大到会宁伯李氏、恭顺伯吴氏、怀柔伯施氏三家，既分别探讨了三家达官家族各自婚姻的阶段性特点，又通过达官间的姻亲关系得出达官间利用婚姻扩大影响力的结论。[3] 三人的研究有很多共同点：一是所据材料均为碑刻墓志及各家家谱，是第一手的原始材料，所载婚姻关系基本可信；二是都从个案入手，得出家族崛起依靠婚姻联络的相同结论。对于陕西行都司土官婚姻问题，前辈学者已有大量资料的整理，但未有对其婚姻类型做出细致划分而考察其变化过程的。由于史料的局限，陕西行都司下仅西宁卫李氏、庄浪卫鲁氏、西宁卫祁氏三家有碑刻及谱系资料存世，现以三家婚姻状况为例，列表如下：

表4—3：李氏土官家族成员姻亲表

辈分	李氏成员	联姻对象	出处
一辈	李南哥（会宁伯）	配 脱脱国公女王氏	《追赠特进荣禄大夫右军都督府左都督李公神道碑》[4]
二辈	李英（南哥长子）	配 指挥朵公长女	

---

1. 郭永利：《试论甘肃永登连城鲁土司家族的联姻及汉化问题》，《青海民族研究》2003年第2期。
2. 赵英：《李土司家族的婚姻关系及社会影响》，《青海民族学院学报（社会科学版）》2007年第2期。
3. 奇文瑛：《碑铭所见明代达官婚姻关系》，《中国史研究》2011年第3期。
4. [明]胡若思：《追赠特进荣禄大夫右军都督府左都督李公神道碑》，李鸿仪编纂：《西夏李氏世谱》，第47—48页。

		继 刘氏	《明故前推诚宣力武臣特进荣禄大夫会宁伯李公神道碑》[1]
		继 神武右卫千户夏公侄女	
	李雄（南哥次子，锦衣卫千户）		《会宁伯李公墓志铭》[2]
	李南哥长女	适 指挥班贵	
	李南哥次女	适 汪福	
	李南哥三女	赘婿 薛某	
三辈	李昶（李英子）	配 胡氏 继 陈氏、崔氏、董氏	《东西二府李土司世系表》[3]
	李英女	适 恭顺侯吴瑾	《明故前推诚宣力武臣特进荣禄大夫会宁伯李公神道碑》
	李英女	适 西宁卫指挥吉祥	
	李英女	适 鲁贤	《御祭李英女》[4]
	李文（李英侄，高阳伯）	适 陈氏 继 张氏	《明故奉天翊卫推诚宣力武臣特进荣禄大夫柱国高阳伯李公墓志铭》[5]
四辈	李宁（李昶长子，袭锦衣卫指挥使）	配 周实（重庆大长公主孙女之妣姑）	《降母神祠庙记》[6]
	李寊（李昶次子）	配 狄氏	《明故诰封诏毅将军锦衣卫指挥使守村李公暨孙淑人合葬墓志铭》[7]

1. [明]马文升：《明故前推诚宣力武臣特进荣禄大夫会宁伯李公神道碑》，李鸿仪编纂：《西夏李氏世谱》，第48–50页。
2. [明]金善：《会宁伯李公墓志铭》，《青海土族史料集》，第249–250页。
3. 《东西二府土司世袭表》，李鸿仪编纂：《西夏李氏世谱》，第282页。
4. 《御祭李英女》，《青海土族史料集》，第276页。
5. 《明故奉天翊卫推诚宣力武臣特进荣禄大夫柱国高阳伯李公墓志铭》，李鸿仪编纂：《西夏李氏世谱》，第51–52页。
6. 《降母神祠庙记》，李鸿仪编纂：《西夏李氏世谱》，第132页。
7. [明]王家屏：《明故诰封诏毅将军锦衣卫指挥使守村李公暨孙淑人合葬墓志铭》，《青海土族史料集》，第253–255页。

	李巩（李昶子，登进士，尚宝司丞）	配 营州卫武德将军正千户许谅之女	《降母神祠庙记》
	李昶女	适 广义伯吴琮子镇	《明故奉天翊卫推诚宣力武臣特进荣禄大夫柱国高阳伯李公墓志铭》
	李昶女	适 指挥子张锐	
	李文女	适 鲁鉴	《明故荣禄大夫靖虏将军总兵官都督鲁公墓志铭》
	李文女	适 指挥使祁英	《明故前推诚宣力武臣特进荣禄大夫会宁伯李公神道碑》
	李文女	适 指挥使陈云	
五辈	李崇文（李宁子）	配 锦衣卫都指挥孙锦女	《明故诰封诏毅将军锦衣卫指挥使守村李公暨孙淑人合葬墓志铭》
		继 金吾卫指挥支镛女	
	李巩女	适 伏羌伯毛公次子锦衣卫百户济	《降母神祠庙记》
六辈	李光先（李崇文子）	配 宁晋伯刘斌女	《明故诰封诏毅将军锦衣卫指挥使守村李公暨孙淑人合葬墓志铭》
		继 武骧卫百户潘震女	
	李崇文长女	适 豹韬卫指挥王缙	
	李崇文次女	适 山东都司佥事署都指挥佥事谷子奇	
七辈	李化龙（李光先子）	配 忠节公曾孙女许氏	
	李光先长女	适 锦衣卫千户王遇	
	李光先次女	许聘 锦衣卫管卫指挥佥事继祖长男弘道	

表4—4：鲁氏土官家族成员姻亲表

辈分	鲁氏成员	联姻对象	出处
一辈	脱欢	兰州西丰里人马氏	《鲁氏世谱》
二辈	巩卜失加	会宁伯李南哥女	
三辈	鲁贤	会宁伯李英女	

四辈	鲁鉴	配 高阳伯李文长女	《明故荣禄大夫靖虏将军总兵官都督鲁公墓志铭》[1]
五辈	鲁麟	羽林卫都指挥使王英女	《鲁氏世谱》
		羽林卫王振女	
	鲁鉴女	祁斌	
六辈	鲁经	西宁清远候王某女	
		张掖伏羌伯毛纲女	
		张掖指挥范公女	
七辈	鲁瞻	李氏	《连城鲁土司》
	鲁东	李氏、曹氏	
八辈	鲁振武	李氏	
	鲁光先	李氏	
	鲁光祖	张氏	
	鲁光国	惜氏	
九辈	鲁允昌	甘氏、杨氏	
十辈	鲁宏	汪氏	

表4—5：祁氏土官家族成员姻亲表

辈分	祁氏成员	官职	联姻对象	出处
一辈	贡哥星吉	西宁卫副千户		
二辈	祁锁南（贡哥星吉长子）	袭副千户，升指挥使，赐祁姓		
三辈	祁贤（祁锁南长子）	袭正千户		
四辈	祁英（祁贤子）	袭指挥使		
五辈	祁斌（祁英长子）	袭指挥使	配 鲁鉴之女	《皇明镇国将军都指挥佥事祁公墓表》[1]
	祁宝（祁英次子）	冠带舍人		

1．[明]李思明：《明故荣禄大夫靖虏将军总兵官都督鲁公墓志铭》，《青海土族史料集》，第256-258页。

六辈	祁凤（祁斌长子）	袭指挥使	配 总兵官鲁氏女	
			继 都督李公孙女	
			继 狄氏	
	祁鸿（祁斌次子）			
七辈	祁恩（祁凤长子）	袭指挥使	配 游击薛公女	
	祁德（祁凤子）	袭兄指挥使	配 李氏	
	祁鸿（祁凤子）		配 李氏	
	祁凤五女		适 指挥	
	祁凤女		适 游击严公子	
	祁凤女			
八辈	祁廷谏（祁德子）	袭指挥使		

通过对三家婚姻关系的梳理，以李氏家族为主线，可以发现，其婚姻大致可作如下分类：

1、西宁卫内的联姻

李氏一辈李南哥，生有三个女儿，其中次女适汪福。[2] 汪福是西宁卫指挥佥事汪南木哥的侄子，其父汪澄，"永乐元年袭职，以功升正千户"，汪福本人，"二十年袭职，以功升指挥使"。[3] 汪南木哥与李南哥一样，原籍均为"西宁州土人"，又都在洪武四年（1371）归附，归附时均被授予指挥佥事的卫职，两家可谓门当户对。

李氏二辈李英，继室刘氏所生一女，许配给西宁卫指挥吉祥。[4] 吉祥是洪武四年归附的西番人吉保的孙子，其父吉朵尔只，"洪武三十年袭职，调

---

1. [明]张瑞庵：《皇明镇国将军都指挥佥事祁公墓表》，《青海土族史料集》，第258–259页。
2. [明]金善：《会宁伯李公墓志铭》，《青海土族史料集》，第250页。
3. 《西宁府新志》卷24《官师志》，第870页。
4. [明]马文升：《明故前推诚宣力武臣特进荣禄大夫会宁伯李公神道碑》，李鸿仪编纂：《西夏李氏世谱》，第49页。

西宁卫中左所，以功授百户"，吉祥本人，"永乐二十年袭职，以功历升指挥佥事"。[1]

三辈中，李英的侄子李文，也有三个女儿，次女嫁指挥使祁英。[2] 祁英是洪武元年(1368)归附的西宁卫世袭副千户祁贡哥星吉的曾孙，祁贡哥星吉子祁锁南，"永乐四年袭职，以功升正千户"，祁锁南子祁贤，"永乐十八年袭正千户职，宣德元年以功升指挥使"，祁英本人，"景泰六年袭指挥使职"。[3] 祁英的孙子祁凤，"继娶李氏都督李公之孙女"，祁凤的两个儿子祁德、祁鸿，所配均为李氏女儿。祁鸿的长子祁志、次子祁钦，娶的也都是李氏。[4]

可见，李氏在西宁卫内至少与汪氏、吉氏、祁氏联姻，四家均为洪武初年归附，民族上被视为"西番"，[5] 又都在西宁卫内任世袭指挥，至清代，均在西宁十六家土司之列。同一卫内的联姻，至少说明三个问题：第一，四家背景相似、身份地位相当，尤其是前三辈，同地域、同民族内的婚姻比较容易实现；第二，四家都是"西番"，族内婚姻可以保证血统的相对纯正，即保持其民族的特征；第三，四家都是异族归附者身份，结为姻亲，后代均为亲属关系，便可在政治上相互扶持，不致孤立。

2、陕西行都司卫所间的联姻

观察西宁卫李氏家族的婚姻状况，与其联姻最多的是同属陕西行都司的庄浪卫鲁氏：

从李氏二辈起就与鲁氏联姻，李南哥的一个女儿嫁给了巩卜失加，生

---

1. 《西宁府新志》卷24《官师志》，第871页。
2. 《明故奉天翊卫推诚宣力武臣特进荣禄大夫柱国高阳伯李公墓志铭》，李鸿仪编纂：《西夏李氏世谱》，第51页。
3. 《西宁府新志》卷24《官师志》，第867-868页。
4. [明]张瑞庵：《皇明镇国将军都指挥佥事祁公墓表》，《青海土族史料集》，第259页。
5. 祁贡哥星吉，一说是西宁州土人，一说是蒙古族，《清史稿》和《祁氏宗谱》谓"元裔"。

鲁贤；[1] 三辈中，李英的女儿嫁给了鲁贤，生鲁鉴；[2] 四辈中，李文的长女嫁给了鲁鉴，生鲁麟、鲁福；[3] 鲁麟生鲁经，鲁经生鲁瞻、鲁东，二人皆娶李氏，鲁瞻子鲁振武、鲁东子鲁光先娶的也都是李氏。[4]

鲁氏除与李氏联姻外，还与西宁卫祁氏也有姻亲，鲁鉴之女嫁给了祁英长子祁斌，祁斌长子祁凤娶的也是鲁氏的女儿。[5]

显然，李氏、鲁氏、祁氏在陕西行都司内部通过婚姻结成了势力联盟，此联系的产生除了其相似的家族背景外，还在于其世代居住的地域，李氏、祁氏世居西宁，鲁氏世居庄浪，庄浪与西宁在地理上是唇齿相依的关系，他们常常被明朝征调协同作战，如洪熙元年(1425)，李英、鲁失加（即鲁贤）均因征安定、曲先获功受赏。[6] 因此，三家的联姻不仅是军事协作的产物，而且在联姻后巩固和提升了三家的政治、军事力量。但三家频繁的联姻，不断导致近亲婚姻的出现，对于家族成员的体质健康是不利的。

3、与其他都司卫所的联姻

二辈李英，原配夫人是指挥朵公长女，[7] 朵公所在卫所不详；李英继室夏氏，是神武右卫千户夏公的侄女，[8] 神武右卫原为西安左护卫，属陕西都司；李南哥长女嫁指挥班贵。[9] 四辈李巩，娶的是营州卫武德将军正千户许

---

1. 参见郭永利：《试论甘肃永登连城鲁土司家族的联姻及汉化问题》关于巩卜失加婚姻的考证，第75页。
2. 《御祭李英女》，《青海土族史料集》，第276页。
3. [明]李思明：《明故荣禄大夫靖虏将军总兵官都督鲁公墓志铭》，《青海土族史料集》，第257页。
4. 赵鹏翥：《连城鲁土司》，第24–27页。
5. [明]张瑞庵：《皇明镇国将军都指挥金事祁公墓表》，《青海土族史料集》，第259页。
6. 《明宣宗实录》卷10，洪熙元年十月辛未条。
7. [明]胡若思：《追赠特进荣禄大夫右军都督府左都督李公神道碑》，李鸿仪编纂：《西夏李氏世谱》，第47–48页。
8. [明]马文升：《明故前推诚宣力武臣特进荣禄大夫会宁伯李公神道碑》，李鸿仪编纂：《西夏李氏世谱》，第49页。
9. [明]金善：《会宁伯李公墓志铭》，《青海土族史料集》，第250页。

谅的女儿，[1] 营州卫属大宁都司；李昶的女儿，所嫁张锐亦出身指挥之家。[2] 六辈中，李崇文次女所嫁为山东都司佥事署都指挥佥事谷子奇。[3]

考察李氏与其他都司卫所的联姻，有两点值得注意：一是联姻家族多在北方，特别是前几代，多与北方边卫结亲，这是由李氏本身所处边卫的环境和交际圈决定的；二是联姻对象逐渐突破了本卫、本行都司，到了陕西都司，甚至更远的大宁都司、山东都司，对方家族的身份也从千户发展到署都指挥佥事，虽然只是个别例子，但至少可以看出李氏向外部和上层拓展势力的意图。

4、与京内卫所的联姻

从五辈开始，李氏的联姻对象多出身京内卫所，李崇文，娶锦衣卫都指挥孙锦女，继室为金吾卫指挥支镛女。六辈李光先，继娶武骧卫百户潘震女；李崇文长女，嫁豹韬卫指挥王缙。七辈中，李光先长女嫁锦衣卫千户王遇，次女许聘锦衣卫管卫指挥佥事继祖长男弘道。[4] 锦衣卫、金吾卫、武骧卫、豹韬卫系天子亲军卫，李氏能与其结亲，是因为李南哥的次子李雄先为锦衣卫千户，[5] 三辈李昶又成为锦衣卫带俸指挥同知，[6] 而且李家后来移居京师，[7] 后世皆在锦衣卫中袭职。这说明李氏家族移居京师后开始在京内卫所中建立人际关系，较之之前只在地方发展势力，应该说更进一步。

---

1. 《降母神祠庙记》，李鸿仪编纂：《西夏李氏世谱》，第132页。
2. [明]程敏政：《篁墩文集》卷64，《四库明人文集丛刊》，上海：上海古籍出版社，1991年。
3. [明]王家屏：《明故诰封诏毅将军锦衣卫指挥使守村李公暨孙淑人合葬墓志铭》，《青海土族史料集》，第255页。
4. [明]王家屏：《明故诰封诏毅将军锦衣卫指挥使守村李公暨孙淑人合葬墓志铭》，《青海土族史料集》，第255页。
5. [明]金善：《会宁伯李公墓志铭》，《青海土族史料集》，第250页。
6. 《明英宗实录》卷276，天顺元年三月辛巳条。
7. 《明故诰封诏毅将军锦衣卫指挥使守村李公暨孙淑人合葬墓志铭》有"里中人赴京师者，并肩摩踵属于门"语，《青海土族史料集》，第254页。

5、与公卿侯伯之家的联姻

宣德六年(1431),巡按陕西监察御史张监奏告甘肃苑马寺卿陈俨包庇与其有姻亲关系的西宁土官李英私藏战利马匹之罪。[1] 甘肃苑马寺,管理陕西行都司一带的马政,苑马寺卿,从三品大员,级别和事权在西北地区都很重要,李氏能与其联姻,无疑有莫大的好处。

李英女,嫁恭顺侯吴瑾;李昶女,嫁广义伯吴琮之子吴镇。[2] 吴瑾、吴镇均为恭顺伯吴允诚的后代,吴氏是永乐三年(1401)的归附者,先在凉州卫,后居京师。[3] 李巩女,嫁伏羌伯毛公次子锦衣卫百户毛济。[4] 毛氏,洪武初年的归附者,先在永昌卫,后居京师,伏羌伯毛忠,战功卓著,后世袭爵。[5] 吴氏、毛氏均为河西大族,方与李氏"一姓二伯"[6]相匹配。

李光先娶宁晋伯刘斌女,[7] 宁晋伯刘聚,是御马监太监刘永诚之侄,刘永诚曾出任镇守中官,刘聚随其出征得锦衣卫千户,历官至都督充副总兵,征河套,进宁晋伯,"岁支禄米一千石"。[8]

李氏因自身的战功显赫,家族中两人封伯,因此多与侯、伯之家联姻,不过,其姻亲对象基本都是西北大族,或是在西北获功,或是具有重要官职的公卿等。

---

1. 《明宣宗实录》卷83,宣德六年九月甲申条。
2. 参见奇文瑛:《明代卫所归附人研究》,第192页,注释①。
3. 张廷玉:《明史》卷156《吴允诚传》,第4270页。
4. 《降母神祠庙记》,李鸿仪编纂:《西夏李氏世谱》,第132页。
5. 张廷玉:《明史》卷156《毛忠传》,第4279页。
6. [明]王家屏:《明故诰封诏毅将军锦衣卫指挥使守村李公暨孙淑人合葬墓志铭》,《青海土族史料集》,第254页,李氏有李英封为宁伯、李文封高阳伯。
7. [明]王家屏:《明故诰封诏毅将军锦衣卫指挥使守村李公暨孙淑人合葬墓志铭》,《青海土族史料集》,第255页。
8. 《明宪宗实录》卷89,成化七年三月甲申条;《明宪宗实录》卷127,成化十年四月癸亥条。

6、与皇族的联姻

四辈李宁，"娶周实，重庆大长公主孙女之妣姑"。[1] "周实"疑为"周氏"，据奇文瑛《明代卫所归附人研究》考证，重庆大长公主系英宗之女、宪宗之亲姊妹，其子周贤，荫授锦衣卫正千户，与李宁同卫，因此联姻。[2] 能结皇亲，说明李氏地位的进一步攀升，同时，皇亲也为其家族的繁盛带来更多机遇，在其缔结皇亲后，亦与更多的侯伯之家联姻。

通过对李氏家族婚姻类型的分析，可以发现几点变化：第一，李氏家族的政治地位与其婚姻关系相辅相成。李氏一姓二伯，随着军功、爵位、官职的提升，其可以联姻的对象层次也逐渐上升，从本卫到本行都司，再到其他都司卫所，再到天子亲军卫，甚至公卿皇族，时人评价其族"男娶妇，女适人，皆名门右族"[3] 不为虚；联姻层次愈高，其家族地位愈巩固。第二，李氏家族婚姻无论层次如何提升，却始终在卫所进行，所结婚姻基本还是武官之家。即便是如四辈李巩，中进士，官至尚宝司丞，本身已为文官，但本人及子女所结婚姻仍是卫所武官家庭。第三，李氏家族中李英一支，虽然后来移居京师，多在锦衣卫内联姻，但观鲁氏、祁氏婚姻，仍可发现后辈中与李氏联姻颇多，说明李氏在河西的根基未变，李氏家族政治的基础和核心仍在陕西行都司，因此，更需要通过婚姻的形式与河西其他大族维持同盟关系。

此外，陕西行都司下卫所土官，以归附的少数民族人员为主，多是蒙古、西番籍贯者，如鲁氏、祁氏系元裔，李氏系番族，未附前，婚姻之俗与中原差别极大；其所居庄浪、西宁均为边卫，所辖汉、土军民皆有。无论从

1．《降母神祠庙记》，李鸿仪编纂：《西夏李氏世谱》，第132页。
2．奇文瑛：《明代卫所归附人研究》，第193页。
3．《明故奉天翊卫推诚宣力武臣特进荣禄大夫柱国高阳伯李公墓志铭》，李鸿仪编纂：《西夏李氏世谱》，第51页。

哪一方面看，其婚姻关系都应当是明朝政府需要密切关注的问题。从三家的婚姻来看，他们未有与境外同族婚姻者，未有作为卫所武官在本卫内与旗军联姻者，由于军户身份未有在卫所之外结亲者；作为"久居中国者"，他们得以与汉人联姻，也已抛弃了本族某些婚姻形态。可以说，他们虽处边疆又身为异族，但作为明政府的官吏，已经接受了华夏婚俗并执行国家的婚令，这也是政府推行"教化"且希望看到的结果。然而，政令能否推行开来往往还要在实际生活中加以验证，政府虽然许他们"与中国人家结婚姻"，不许"与本类自相嫁娶"，但实际上，真正可以与汉族联姻的还是少数，他们大多还是在同属土官身份的圈子中结为姻亲，这也是他们为何多有近亲婚姻的原因之一。明政府有借助婚姻"融化"土官的念头，但无法摆脱"区别夷夏，以正婚姻"的思想束缚，加之异族通婚并非可以在实际生活中顺利推行，客观上促成了行都司土官们利用婚姻结成势力联盟、壮大地方势力的结果，明政府只能听任。

第三节 儒学背景塑造文化底蕴

明初，朱元璋以卫所制度保障国家的常备军，西北归附的少数民族几乎全部被纳入卫所体系，因此，西北土官基本都是以军事起家，而鲜有文学者。然而，汉人建立的明政权对待少数民族的态度是使其"革心向化"，朱元璋的多封诏书均表达了这个意思。[1] 嘉靖朝陕西巡抚赵廷瑞在其所修《陕西通志》中所说："今番人居内，疆域虽与我同，而政教实不加焉，亦非覆载之意。……安其父兄，养其穷独，教其子弟，以吾仁义之道而日渐磨之。"[2] 也是要同化"番人"的意思。那么，仅仅将其纳入军事系统，对其妥善安置，命其效力，是无法达到"革心向化"和"日渐磨之"的效果的；真正所谓"吾仁义之道"当是指汉人所奉行的儒家思想和文化。而推动"教化"最好的途径就是学校教育，朱元璋有言："治国之要，教化为先；教化之道，学校为本。"[3]

古代的学校教育，尤其是官学，被看作是入仕的重要途径，但对于卫所武官子弟而言，他们中的很多人是可以世袭祖职的，因此，并不需要参与科举，但他们也要进入学校学习，原因何在？除去可以袭职的子弟，另有旁系的子孙，也在学校学习，学习之后又有何种出路？陕西行都司卫所土官子弟们进入什么学校，参加什么考试，这些教育经历对其思想和经历产生何种影响，都是非常值得探讨的问题。对于了解土官及其家族在明朝对儒家思想和文化的接受程度是一个契点。

---

1. 《明太祖实录》卷185，洪武二十年九月戊寅条，"……朕荷天命，统一华夏，于今二十年矣，海内海外九夷八蛮莫不革心向化……"，《明太祖文集》卷1《敕汪束多尔济诏》，"……今悯其革心向化，特命人赍诏释尔前罪，诏至来朝……"第3页。
2. 嘉靖《陕西通志》卷6《土地六·疆域》，第243页。
3. 《明太祖实录》卷46，洪武二年十月辛巳条。

从学校体制来看，明代官学、私学均空前繁荣。官学方面，除继承前代，在中央设国子学（国子监），地方设府、州、县学外，还独创卫学，又在乡村设社学，另有在地方行政机构所在地设置的都司、行都司、宣慰司、安抚司、都转运司等有司儒学；无论中央或是地方，还设有一些专门性质的学校，如中央有为宗室而设的宗学、为京卫子弟及军余等而设的京卫武学及为年幼宦官而设的内书堂，地方上则设有武学、医学、阴阳学等专门学校。私学方面，精英教育性质的书院以及启蒙教育性质的义学发展均十分兴盛（参见图4-1）。

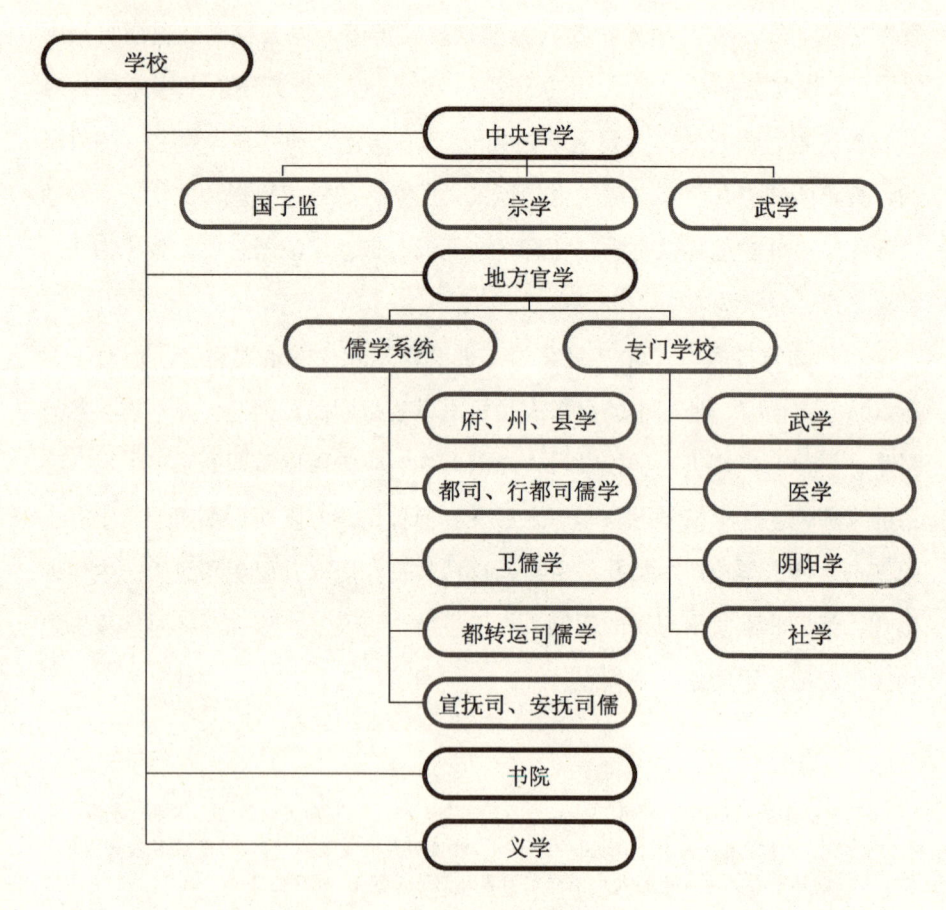

图4-1：明代学制系统示意图

明代有制，宣德以前，附于府、州、县的卫所，不设学校。卫所军官子弟及军余，有好学者，可入附近府、州、县学学习。[1] 宣德中又规定，"土官子弟，许入附近儒学，无定额。"[2] 当是从避免资源浪费的角度考虑，不在同一地理单位重复建设儒学，可知，军籍者亦可入纯民政辖区内的学校就读。但陕西行都司下无府、州、县等机构，且无宣慰司、宣抚司等土官机构，所以，陕西行都司土官子弟要入学，不可能进入府州县儒学及宣慰司、宣抚司等儒学，最大的可能性是入卫学学习。卫学有广义、狭义之分。广义的"卫学"指凡属卫所体系内的儒学，按行政级别划分，省级或等同于省级的为都司、行都司儒学，下一级为卫指挥使司、军民指挥使司、守御千户所、军民千户所儒学，再下一级为千户所儒学；[3] 狭义的"卫学"仅指卫所级别的儒学。"卫学"最初仅指儒学，后来在大宁等卫儒学内设置武学科目，正统中始建两京（北京、南京卫所）武学，后又设卫武学及府、州、县武学。[4] 所以，卫学按照学习性质划分，又可分为卫儒学、卫武学。但据蔡嘉麟考证，地方卫学的学程中已含武学课程，无另立武学的必要，亦有史料证明嘉靖年间，除两京京卫武学外，其余各地很可能并未成立武学。[5] 因此，陕西行都司土官子弟能够选择的官办学校当是行都司儒学、卫儒学；如果行都司辖区内建有书院，也可能是部分人的选择；另有行都司下卫所新袭幼官及应袭舍人，依例可入京卫武学学习；在卫学完成学业后，通过贡举途径，亦可能进入国子监继续学业。下面，就从各类性质学校的具体情况入手，一窥行都司土官子弟们接受的儒家教育及对其自身和家族的影响。

---

1. 陈宝良：《明代卫学发展述论》，《社会科学辑刊》2004年第6期，第94页。
2. 张廷玉：《明史》卷69《选举一》，第1686页。
3. 蔡嘉麟：《明代的卫学教育》，《明史研究丛刊》第3辑，2002年，第6页。
4. 张廷玉：《明史》卷69《选举一》，第1690页。
5. 蔡嘉麟：《明代的卫学教育》，第18页。

一、陕西行都司儒学

洪武二十八年(1395)，时任陕西行都司指挥佥事的张豫上奏朝廷，以"治所北滨边塞，鲜有儒者，岁时表笺乏人撰书，武臣官子弟多不识字，无从问学"为由，请求设行都司儒学，得到批准。[1]可知，在行都司儒学设置以前，行都司辖区内是没有学校的，武官及其子弟们能够识文断字的人极少，这大概是因为，陕西行都司才刚刚于洪武二十六年迁至甘州，而其下辖的各卫所被安置了大量少数民族归附者，武官中，土官占据了很大比例。本来，武人就鲜有习文者，加之又是边远地区土人，文化程度可见一斑。按张豫的意思，是因为缺乏书写表笺的人，为了办公的需要固然是原因之一，但对归附者及其子弟们进行儒家文化的教育当是设置学校的根本目的。正统年间的内阁大学士曹鼐在《行都司儒学记》中言道："甘州在古雍州之域……或立官以主蛮夷，学校之设，未之闻也。……圣祖设教，武卫尤廑边陲，列圣相承，咸加崇重。其为经世远虑，非但欲将士之子弟习闻诗书礼乐之教，将俾远夷逖听，亦皆知所向慕，相率而归于文明之化，真隆古帝王图治之盛心矣。士之游于此者，尚思刻志问学，砥砺名节。他日出膺时用，随其所至，摅诚尽力，勉图补报，穷达夷险，此志不移。庶不负朝廷教养之恩，诸公激励之力，亦以见士君子之学果有益于世，而文武之才，岂古今人之有间欤？"[2]意思是说，明太祖在以少数民族为主的甘州之地设行都司儒学，这是明代的创举，前代没有。而太祖及历代明帝都对行都司儒学非常重视的原因在于，此系边境上的卫所，更需要使"将士子弟""知所向慕，相率而归于文明之化"而"不负朝廷教养之恩"。显然，明朝大力经营行都司儒学的目的是使在卫的土官、土军子弟接受中原文化的熏陶，培育他们的忠君思想。

---

1. 《明太祖实录》卷236，洪武二十八年正月庚子条。
2. [明]曹鼐：《行都司儒学记》，《甘州府志校注》卷13《艺文》上，第471—472页。

明以前的统治者未有在此设立学校的，而明朝做到了这一点，进一步说明明朝对归附者思想上的控制力更为加强，但客观上，也促进了边远民族地区文化素质的提高，具有进步意义。行都司儒学建在甘州城东南隅，此后，正统十二年(1447)巡抚马昂重建，成化四年(1468)巡抚徐廷璋增修。[1]可见，历代都对其非常重视。

洪武年间始建行都司儒学时，令"设官如府学之制"[2]，即"教授一人，从九品，训导四人"，"（教授）掌教诲所属生员，训导佐之。"[3]教授，从九品，为明代官职中品秩最低一级，而训导则不入流，可知，儒学教官品秩极低，名额为定制；且俸禄亦不高，洪武十五年(1382)规定，教官与生员一样，只享受每月一石米的待遇。[4]但他们的责任却不轻，根本的宗旨是"教以立身行己之法，迪以济世安民之要"，[5]也就是教授学生安身立命的技能，然后为国家所用，具体而言，儒学、武学兼而有之，教授需是"通知文武之学者，教之以七书韬略，经史大义"[6]；而对其考核又很严厉，洪武二十六年(1393)定《学官考课法》，以所教授的生员考取科举的人数多寡及教官个人的学问品德两方面为标准。[7]对待儒学教官，可以说是要求高、待遇低、考核严，而学校地处边疆，因此，是极少有人会自愿前往的。按明朝制度，教官由吏部铨选任用，但也有直接由地方巡抚、巡按等自行委任

---

1. 《方舆汇编·职方典》卷577《陕西行都司学校考》，《古今图书集成》第107册，第14页。
2. 《明太祖实录》卷236，洪武二十八年正月庚子条。
3. 张廷玉：《明史》卷75《职官四》，第1851页。
4. 《明会典》卷78《学校·廪馔》，第453页。
5. [明]吕坤：《吕公实政录》卷1《明职卷·教官之职》，台北：文史哲出版社，1971年，第16页。
6. [明]陈敬宗：《新建卫学记》，[明]吴廷举续修：嘉靖《湖广图经志书》卷19《学校·铜鼓卫》，《日本藏中国罕见地方志丛刊》，北京：书目文献出版社，1991年，第1597页。
7. 《明太祖实录》卷227，洪武二十六年五月丙寅条。

的，却常常出现缺员的现象，便有聘用当地人的办法。[1] 对陕西行都司儒学而言，则有其优势，因为甘州是谪戍之地，常有官员被贬于此，其中不乏大儒，恰可成为行都司儒学的教员，如河间献县人刘硕，"洪武初，以通经举，任代府教授。后谪甘州，以五经教士，尤邃于《易》，工草书，擅名于时，弟子著录数百人。"河南太康人陈敏，"起举人为滨州训导，谪戍甘州。以经学启迪生徒，从游甚众。"应天人游坚，"以举人任宁府教谕，谪戍甘州。耆德硕望，尤长词翰，时争慕之。"[2] 曾经做过教授、训导、教谕，都有在学校工作的经历，因事谪戍甘州后，极大可能性被安排在行都司或各卫儒学任职，文献虽无明确记载，但大致可作如此推测，因各行都司设在边疆、海疆，谪戍之人成为卫学教官的来源，可能是各行都司及其下辖卫所的通例。

在行都司儒学就学的生员，亦有名额限制，按府学之制，洪武时是"凡生员廪膳、增广"四十人，[3] "未几即命增广，不拘额数"，宣德中又定"增广之额"为四十人，且"有司儒学军生二十人"。[4] 所谓"廪膳生员"指能够享受朝廷膳食津贴的学生，"增广生员"则是自费的学生，所以"廪膳生员"的数目一直控制在四十人，而"增广生员"本来也有定额，但可能由于希望就学的人员增加，曾经无限扩大，又造成学校经营的负担，最终仍被定为四十人，此外，由于特殊情况，还有一类"附学生员"，"于额外增取，附于诸生之末"；[5] 另一种对生员的分类，是按照其身份来源划分，大致是"武官子弟曰武生，军中俊秀曰军生。"[6] 他们都出身军户，但

---

1. 蔡嘉麟：《明代的卫学教育》，第114–116页。
2. 《甘州府志校注》卷11《人物·流寓》，第381页。
3. 张廷玉：《明史》卷75《职官四》，第1851页。
4. 张廷玉：《明史》卷69《选举一》，第1686页。
5. 张廷玉：《明史》卷69《选举一》，第1687页。
6. [明]陆容：《菽园杂记》，[明]邓士龙辑，许大龄、王天有点校：《国朝典故》卷6，北京：北京大学出版社，1993年，第1688页。

属籍不同，有品秩的武官（所镇抚以上）属官籍，无品秩的武官（总旗、小旗）属旗籍，普通军士属军籍，因此，在"武生"中又有"官生"、"旗生"的区别，此外，由于行都司系军民兼理的地方机构，为各民族杂居之处，亦有出身土民的生员，被称为"民生"，由于生员名额有限，按其身份优势来说，四类不同籍属的生员人数，当是以"官生"人数为最，"旗生"、"军生"次之，"民生"最少，另有一类非武官、军士亦非土民者，是行都司中文职官吏，如经历司、断事司之经历、断事等，他们的子弟就学者被称作"寄籍生员"；还有一种按照学习课程的不同，则分为"文生员"和"武生员"。行都司下卫所土官子弟，都是军户官籍，为"官生"，但是否"廪膳"或"增广"则要看个人的条件、能力及入学考试的成绩，是否"文生员"或"武生员"则要看各自的兴趣爱好了。由于名额有限，政府对生员的要求也极高，光有个人愿望是不够的，还需是"俊秀"之人，且必须通过考试，如此严格，皆是因为是在为朝廷选拔后继人才，须是才貌双全之人。但也有例外者，"土官子弟之承袭，必须先入儒学，始可获准。"[1] 而土官应袭之人，包括新袭幼官及应袭土舍，这可以说是对土官的优待，同时也是明政府能够控制土官思想、保证土官忠心的一种策略。

二、各卫儒学

永昌卫儒学，在卫东，明宣德中，守备宋忠建，成化四年，巡抚徐廷章增修；庄浪卫儒学，在卫东，明正统中，巡按蔡用奏建，成化中，巡抚徐廷章重修；凉州卫儒学，在卫东南，明正统中，巡抚徐晞奏建，大学士杨荣记，成化中，巡抚徐廷章重修；西宁卫儒学，在卫东，明宣德三年，总兵史钊奏建，成化六年，

---

1. 龚荫：《中国土司制度》，第100—104页。

巡抚徐廷章增修；山丹卫儒学，在城东南，明正统五年，都指挥杨斌建，十三年，巡抚马昂重修；肃州卫儒学，在卫西南，明成化三年，巡抚徐廷章奏建，正德元年，副使李端澄重修；镇番卫儒学，在卫西，明成化十一年，巡抚朱英设，十三年，巡抚王朝远始建；镇夷千户所儒学，明万历十四年，兵备南和朱正色议呈，巡抚曹子登题建；古浪千户所学校，无考；高台千户所儒学，在所东，明嘉靖二十三年，巡抚朱征奏设，巡抚付凤翔建。[1]

表4-6：陕西行都司各卫所儒学建置表

名称	建置时间	创建人	备注
永昌卫儒学	宣德中	守备宋忠建	成化四年(1468)，巡抚徐廷章增修
西宁卫儒学	宣德三年(1428)	总兵史钊奏建	成化六年(1470)，巡抚徐廷章增修
庄浪卫儒学	正统中	巡按蔡用奏建	成化中，巡抚徐廷章重修
凉州卫儒学	正统中	巡抚徐晞奏建	成化中，巡抚徐廷章重修
山丹卫儒学	正统五年(1440)	都指挥杨斌建	正统十三年(1448)，巡抚马昂重修
肃州卫儒学	成化三年(1467)	巡抚徐廷章奏建	正德元年(1506)，副使李端澄重修
镇番卫儒学	成化十一年(1475)	巡抚朱英设	成化十三年(1477)，巡抚王朝远始建
镇夷千户所儒学	万历十四年(1586)	兵备南和朱正色议呈，巡抚曹子登题建	
古浪千户所儒学			
高台千户所儒学	嘉靖二十三年(1544)	巡抚朱征奏设，巡抚付凤翔建	

据行都司下各卫所儒学建置沿革表，其特点如下：

---

1. 《陕西行都司学校考》，《方舆汇编·职方典》卷577，第14页。

第一，陕西行都司下辖十二卫三所之地，均有卫学，除甘州五卫所在地甘州设有行都司儒学，未分设卫儒学外，其余永昌等七卫三所均设儒学。据蔡嘉麟统计，明代所设卫学（包括都司、行都司、卫、所、军民指挥使司、军民千户所）约有一百一十所，[1] 按两京一十三省，共计十五个省级辖区而言，陕西行都司所设卫学数目绝对在平均数以上，与同属实土性质的四川行都司相比，也是占据优势的，四川行都司五卫八所建置下，仅五卫下设有儒学，未有行都司儒学及八所之儒学。可见，明朝对于陕西行都司地区的教育是偏重的。

第二，卫所儒学的建设集中在宣德、正统、成化年间，尤其是成化时期成为这一地区卫所儒学兴建的高峰期。明前期重武轻文，尤其是成祖时期，因为战事频繁，武人地位上升很快，但洪熙、宣德朝，开始对成祖的好大喜功进行反省，战事渐少，文人地位逐渐提升，因此，行都司卫所儒学在宣德以后迅速发展起来，当是在明中后期重文轻武之风的背景下实现的。

第三，卫所儒学的倡建者，以巡抚身份者居多，巡抚是文官，徐廷璋就是景泰二年(1451)的进士，从行都司儒学的增修，到各卫所儒学的倡建、增修、重修，均与徐氏相关，此人对于甘肃教育的发展功不可没。这又是在明中后期中央派遣总督、巡抚督理地方军务而逐渐形成的督抚制度下得以实现的，甘肃巡抚的建制，最初就是以宣德十年(1435)，宣宗命兵部侍郎兼镇守开始。可见，明朝历史上的文官治军，虽然褒贬不一，但客观上促进了甘肃地区文学教育的发展。此外，土官中的有识之士亦为卫学的建设作出了贡献，如庄浪卫土官鲁鉴，因"成化间重修本卫儒学"列传于"乡贤"。[2]

最早的卫儒学也是设在甘肃，即洪武十七年(1384)所建岷州卫儒学；洪武二十三年(1390)设大宁等卫儒学，"以教武臣子弟"，规定"设教授一

---

1. 蔡嘉麟：《明代的卫学教育》，第29页。
2. 《永登县志》卷3《人物志·乡贤》，第65页。

人，训导二人"。[1] 又正统十一年(1446)，"设陕西行都司庄浪卫儒学署，教授一员，训导二员，从本卫奏请也。"[2] 可知行都司下各卫儒学教员编制当如大宁卫例，仅训导少于行都司儒学两个名额。不过实际情况又较编制有所区别，如嘉靖十年(1531)，于甘州、山丹、镇番、庄浪、西宁、永昌、凉州、肃州等卫学，各裁革训导一员；[3] 嘉靖四十三年(1531)，再裁革山丹、肃州、凉州、永昌、镇番五卫儒学训导一员；[4] 隆庆五年(1571)，又添设肃州、凉州、山丹、镇番、庄浪、西宁等卫及高台守御千户所儒学训导各一员。[5] 可见，除进行教学的教授一员必须保证外，管理杂事的训导等则根据实际需要随时调整。教员中留有姓名者，如山丹卫训导刘贯、凉州卫教授王好礼、高台训导连登鳌、镇番卫教授王用等，[6] 但事迹不详。关于生员名额，成化中，定卫学之例：四卫以上军生八十人，三卫以上军生六十人，二卫、一卫军生四十人。[7]

设置卫儒学的目的，时任甘肃巡抚的徐廷章在奏请建设肃州卫学时说得很明确，"一设学校以训边氓，肃州卫所，俗杂羌夷，人性悍梗，往往动触宪纲，盖由未设学校以教之故也。请如山丹等卫例，开设儒学，除授教官，就于军中选其俊秀余丁以充生员，及各官弟男子侄，俱令送学读书，果有成效，许令科贡出身，其余纵不能一一成材，然亦足以变其性习，不数年间，礼让兴行，风俗淳美矣。"[8] 并将建设学校作为巩固边防的建议之一。无疑，明朝在陕西行都司广设卫儒学，主要是针对卫所中的土官、土军子弟，希望

---

1. 张廷玉：《明史》卷75《职官四》，第1851页。
2. 《明英宗实录》卷146，正统十一年十月丁巳条。
3. 《明世宗实录》卷127，嘉靖十年六月乙巳条。
4. 《明世宗实录》卷535，嘉靖四十三年六月辛未条。
5. 《明穆宗实录》卷57，隆庆五年五月丁丑条。
6. 《甘州府志校注》卷12《选举》，第393—408页。
7. 张廷玉：《明史》卷69《选举一》，第1686页。
8. 《明宪宗实录》卷29，成化二年四月戊辰条。

"变其性习",不再"动触宪纲",能够为明朝所用而不是给明朝找麻烦。

三、书院

白新良先生在《中国古代书院发展史》中将明代书院的发展划分为四个时期：洪武至宣德，为沉寂期；正统至弘治，为恢复期；正德至万历，为发展期；万历至明亡，为衰落期。[1] 正德至万历朝，书院之所以能够飞速发展，社会大背景是明朝中后期经济、文化的积累，直接的原因则是湛王之学的传播。陕西行都司虽然地处偏远，仍然受到文化新风气的席卷，行都司辖境内的四大书院都是在这一时期修建的。

酒泉书院，在肃州卫，嘉靖二十六年(1547)副使汤宽建，后废；凉州书院，在卫东南，嘉靖二十七年(1548)参政江东建；肃州书院，在卫东南，嘉靖二十七年副使郑宽建；[2] 甘泉书院，在行都司东，嘉靖三十一年(1552)建，以理学大师湛若水之号"甘泉"为名。明世宗分别于嘉靖十六年(1537)、嘉靖十七年(1538)以书院倡导邪说、耗费财力、影响官学为由两次下令禁毁天下私创书院。而行都司的四大书院都是在禁令之后建立的，修建者还是朝廷的官吏，原因何在？实际上，是这一时期书院的性质已发生根本变化，不再是自由倡讲的学术平台，而形同以科举为目的的官学。书院的正统教育色彩加强，招生对象逐渐转向廪膳生员。[3] 书院已成为地方儒学生员进一步深造的场所，书院的普遍发展亦有取代官学之势，成为地方教育的中心。因此，在卫儒学就学的土官子弟，在嘉靖朝有极大的可能进入甘泉等书院学习。

---

1. 白新良：《中国古代书院发展史》，天津：天津大学出版社，1995年，第55页。
2. 《陕西行都司学校考》，《方舆汇编·职方典》卷577，第14页。
3. 白新良：《中国古代书院发展史》，第90页。

四、京卫武学

陕西行都司卫所土官子弟，还有一个入学途径是京卫武学，这得益于正统年间，成国公朱勇的奏议，"选骁勇都指挥等官五十一员，熟娴骑射幼官一百员，始命两京建武学以训诲之。"后"命都司、卫所应袭子弟年十岁以上者，提学官选送武学读书，无武学者送卫学或附近儒学。"[1]

《明史·职官志》言，"京卫武学，教授一人，从九品训导一人。卫武学，教授一人，训导二人或一人。掌教京卫各卫幼官及应袭舍人与武生，以待科举、武举、会举，而听于兵部。其无武学者，凡诸武生则隶儒学。"[2] 即地方除卫儒学外，还有卫武学的存在。上文提到蔡嘉麟的考证，卫武学可能并不存在，为《明史》的一个误会。卫儒学是否存在，因史料所限，不得而知。但是，行都司卫所土官应袭子弟年十岁以上者，经过选拔，能够进入武学学习，则是没有问题的。这也是他们较之于其他子弟就学的特殊途径，是明朝为了保证应袭者武学能力的制度规定。西宁李氏第六辈李光先，为"明万历十一年癸未科进士，锦衣卫使"，此"进士"为"武进士"。[3]

五、国子监

除地方儒学、京卫武学外，陕西行都司卫所土官子弟是否有机会进入最高学府——国子监就学呢？

国子监的学生称为"监生"，其来源有四类："举人曰举监，生员曰贡监，品官子弟曰荫监，捐赀曰例监。"其中的"举监"指会试落选的举人，可由翰林院择优选送国子监读书；"贡监"指通过岁贡从各地方学校

---

1. 张廷玉：《明史》卷69《选举一》，第1690页。
2. 张廷玉：《明史》卷74《职官三》，第1817页。
3. 康熙《碾伯所志》，《选举》，第65页。

选拔入国子监就读的生员，明制规定，"都司及土官学，照州学例，三年贡二人"；[1]"荫监"指三品以上文官子弟靠父荫入监学习的；"例监"指若监生缺额，可由官员军民人家通过捐纳许其子弟入监就读。作为军户官籍的行都司土官子弟，既有资格参加会试，也可参与岁贡，还有捐纳资格，因此，除"荫监"身份外，其他三类都有可能。此外，洪武初年，"太祖虑武臣子弟但习武事，鲜知问学，命大都督府选入国学"，又嘉靖元年(1522)令"公、侯、伯未经任事、年三十以下者，送监读书，寻令已任者亦送监，而年少勋戚争以入学为荣矣。"[2] 这是对武官及其子弟入国子监读书开辟的通路。

封建时代，学校教育与入仕为官是紧密相连的，明代入仕的三大途径是：监生、科举及举荐。"监生"中之"贡生"的选拔途径——"岁贡"与科举又合称"贡举"。对于陕西行都司土官子弟而言，他们中有一部分人是可以直接袭替祖职的，但大部分人则无法袭职，如果想要入仕，则要通过自己的努力来实现。即便是有袭职资格者，往往也有崇尚文学或是想要证明自己才华的，也可能在袭职前参加贡举。其中，最有名的当属西宁卫会宁伯李英之孙李玑。从李英开始，"尤好儒术，韬钤经史"，[3] 李英之子李昶，因父罪，未袭西宁卫之职，英宗复辟后授其锦衣卫职，其子李玑则弃武从文，中进士，后辈皆为国子生、庠生。"李玑，将门子，而喜读书，不事华饰。成化辛丑进士，历官尚宝司丞。"[4] 李玑的庶长兄李瑁系太学生。[5] 李玑的次子李寘、庶子李宜为庠生，庶子李定系国子生。庄浪卫鲁氏中亦有文学之

---

1. 《明会典》卷77《贡举·岁贡》，第446页。
2. 张廷玉：《明史》卷69《选举一》第1678页。
3. [明]马文升：《明故前推诚宣力武臣特进荣禄大夫会宁伯李公神道碑》，李鸿仪编纂：《西夏李氏世谱》，第49页。
4. 《西宁府新志》卷27《献征》，第984页。
5. 《东西二府土司世袭表》，李鸿仪编纂：《西夏李氏世谱》，第282页。

士，如"指挥使鲁光祖发迹庠序，有志功名。"[1]

　　明朝为使陕西行都司各卫所官军及其子弟接受儒学教育，广建学校，并提供各种入仕途径，甚至对土官子弟更为优待，完备教育制度的背后，根本上是为了移风易俗、安化边民，进而培育土官们的忠君思想，达到安定边疆的目的，但客观上促进了甘青地区教育的进步，其地学校的建立，明政府为首创，这是较之前代统治者的巨大功绩。对于土官家族及其个人，不再局限于武功一项，亦可文武兼备，甚至弃武从文，个人发展上也得到扩展的机会，推动了家族的多元发展、保障了家族的稳固与延续。

---

1. 《明神宗实录》卷184，万历十五年三月癸丑条。

第四节 经济实力的积累与增长

明代陕西行都司卫所土官众多，但是至清代只有十几家声望、势力较大的土官存留下来，按《清史稿·土司传》，在行都司范围内，所存土官者，仅限于明代的西宁卫和庄浪卫，西宁卫有十六家土官，庄浪卫基本都是鲁氏一族的支系。这固然与这些土官家族在元明时期的军功、政治地位有关，更与其世居卫所有关系。有学者通过对明代陕西行都司市场的分析，从地理环境的角度论证了湟水流域（西宁卫）、庄浪卫、甘州、肃州四个市场的形成。[1] 其中，西宁、庄浪二卫，正是几家势力延续到清代的土官的世居之地。可见，他们可以发展壮大、绵延不绝，还有一个更为根本的原因就是其经济实力的增长。对这些土官而言，他们在明代能够实现经济利益的途径主要有两个方面：一是朝贡贸易、一是茶马互市。而这两点又与两个条件密切相关：一是交通条件，一是民族身份。

首先，本文第二章曾提到，在陕西行都司辖境内有两条通往外界的道路，一是河西走廊可通西域，一是唐蕃古道可通藏区，两条道路在西宁交会，西宁卫至河州卫、西宁卫至庄浪卫、西宁卫至西域均有驿路，而西宁至西安的道路，又可直通腹里；此外，庄浪则是从兰州进入河西的门户。（参见图4-2）无论是外族要向中原朝贡或是与内地人民开展互市贸易，甚至是军事上的深入，西宁卫、庄浪卫都是非常关键的枢纽所在。因此，虽然西宁卫李氏李南哥家，从二代李英任右军都督府左都督的京官，三代李昶始授锦衣卫带俸指挥同知，至七代李化龙仍袭锦衣卫带俸指挥同知，明末清初时，八代李天俞仍袭李氏西宁卫指挥同知的祖职，[2] 可知其虽数代有人任京职，

---

1. 龙小峰：《明代陕西行都司市场研究》，硕士学位论文，陕西师范大学，2011年。
2. 张廷玉：《明史》卷156《李英传》，第4275—4276页；赵尔巽：《清史稿》卷517《甘肃土司》，第14312页。

甚或是在锦衣卫带俸，但家族的根基仍留在西宁；庄浪卫鲁氏，嘉靖时曾令六代鲁经镇守延绥，又令其子鲁瞻守备山丹，鲁经以所辖土军易生变故为由，仍旧请求守庄浪故业。[1] 可见，他们始终不肯放弃西宁、庄浪的原因，除去"世守兹土"的感情因素外，对交通要道的把控，进而获取经济上的利益当是更为重要的原因。

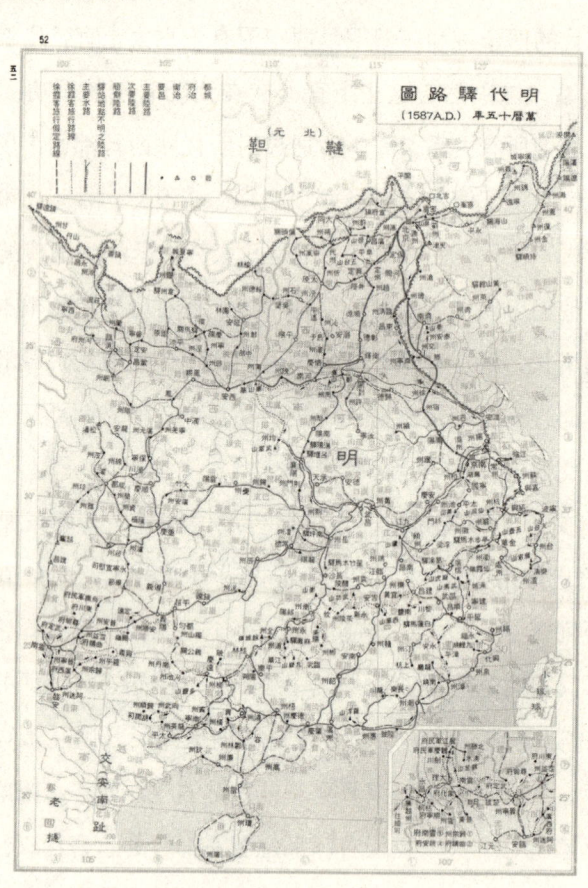

图4-2：明代驿路图（1587年）

图片来源：程光裕、徐圣谟主编：《中国历史地图》下册，台北：中国文化大学出版部，1980年，第52页。

---

1. 张廷玉：《明史》卷174《鲁鉴传》，第4643页。

其次，陕西行都司卫所土官大多为当地少数民族，以西番、蒙古为主，他们属于在明朝初年率先归附的一批，归附后成为明朝的军户，同时便具有了双重身份，一是明朝正式官僚系统中的一员，一是当地少数民族的首领，明朝还利用其影响力继续招谕朵甘、乌斯藏、关西七卫等地的少数民族前来归附。明朝的措施是，并不割断他们与明朝辖境外本族的联系，只要保证"番""虏"不联合即可。相反，还利用他们的双重身份实现对辖境外人员的招谕，安排、护送他们向明廷朝贡，以及建立、实现境外民族与明朝的市场贸易等诸多任务。因此，其土官身份，成为其沟通内外的重要优势。

一、朝贡贸易

朝贡，是中原王朝对"外夷"所建构的一种管理体系，其目的主要是要求对方在政治上的臣服或是承认，因此，主要以"怀柔远人"为目的，而实行"薄来厚往"的策略。但明朝与西北民族间的朝贡，因为北方常年战事而导致缺马的原因，则以西北民族的贡马为主，明朝则赠予大批财物。此种朝贡与属国及其他国家和地区对明朝的朝贡，性质完全不同，土官对明朝的朝贡属于内政范畴，他国对明朝的朝贡属于外交范畴。[1]

> （永乐元年十二月）西宁卫土官指挥李南哥，率把沙等十簇番首却约思等及河州番首米卜等，来朝贡马，赐银钞彩币有差。[2]
>
> （永乐五年十一月）西宁卫土官指挥佥事李英，遣人进马，赐之钞币有差。[3]
>
> （永乐七年九月）西宁卫指挥佥事李英、百户张显及西番把

---

1. 李云泉：《朝贡制度史论》，北京：新华出版社，2004年，第61页。
2. 《明太宗实录》卷26，永乐元年十二月庚寅条。
3. 《明太宗实录》卷73，永乐五年十一月庚申条。

沙等一百一簇头目却约思等来朝贡马赐钞币袭衣有差。[1]

（永乐十七年十月）西宁卫土官都指挥佥事李英来朝贡马，赐之钞币。[2]

（宣德七年三月）陕西行都司土官都指挥佥事李文遣百户薛帖失加等、洮州卫土官指挥同知苏霖等来朝贡驼马。[3]

（宣德九年十二月）陕西西宁卫土官都指挥佥事李文、兀者卫指挥同知阿里吉纳等来朝贡马。[4]

表4-7：西宁卫李氏土官朝贡表

辈分	姓名	身份	时间	性质	次数
一辈	李南哥	西宁卫土官指挥	永乐元年十二月	亲率番族	1
二辈	李英	西宁卫土官指挥佥事	永乐五年十一月	遣人	3
		西宁卫指挥佥事	永乐七年九月	亲自	
		西宁卫土官都指挥佥事	永乐十七年十月	亲自	
三辈	李文	陕西行都司土官都指挥佥事	宣德七年三月	遣人	2
		陕西西宁卫土官都指挥佥事	宣德九年十二月	亲自	
	李昶	锦衣卫带俸指挥同知			
四辈	李宁	锦衣卫带俸指挥使			
	李巩	尚宝司丞			
五辈	李崇文	锦衣卫带俸指挥使			
六辈	李光先	锦衣卫带俸指挥使			
七辈	李化龙	锦衣卫带俸土官指挥同知			
八辈	李天俞	西宁卫指挥同知			

---

1. 《明太宗实录》卷96，永乐七年九月甲申条。
2. 《明太宗实录》卷217，永乐十七年十月庚子条。
3. 《明宣宗实录》卷88，宣德七年三月戊辰条。
4. 《明宣宗实录》卷115，宣德九年十二月庚申条。

（永乐二十二年八月）于阗使者陕西丁及庄浪卫土官指挥同知鲁失加等贡马及方物，赐钞币有差。[1]

（洪熙元年十二月）陕西庄浪卫土官都指挥佥事鲁失加、奴儿干都司都指挥佥事佟荅剌哈、辽东海州卫指挥佥事阿哈木等来朝贡马。[2]

（宣德三年十月）陕西行都司土官都指挥佥事鲁失加遣头目禄禄进马。[3]

（宣德四年二月）朝鲜国王李祹遣陪臣柳思讷、陕西行都司土官都指挥佥事鲁失加、贵州宣慰使安中遣侄怯、四川天全六番招讨司僧禧旼、湖广石梁下峒长官司故土官长官唐潮文子永恭、毛怜弗提等卫都督同知芬哥不花子撒满答失里等贡驼马及方物。[4]

（宣德七年十二月）陕西行都司土官都指挥佥事鲁失加遣土官舍人虎都帖木儿、海西益实卫指挥木当加等、四川马湖府故土官知府弟安琦、平夷长官司女土官王氏遣把事杨冕、湖广镇南长官司副长官董全遣舍人董景晟、贵州乖西蛮夷长官司长官杨逞遣舍人刘钊、西番贾藏僧人仓阿儿来朝贡马。[5]

表4-8：庄浪卫鲁氏土官朝贡表

辈分	姓名	身份	时间	性质	次数
一辈	脱欢				
二辈	巩卜失加	庄浪卫百户			

---

1. 《明仁宗实录》卷1，永乐二十二年八月癸亥条。
2. 《明宣宗实录》卷12，洪熙元年十二月乙亥条。
3. 《明宣宗实录》卷47，宣德三年十月己丑条。
4. 《明宣宗实录》卷51，宣德四年二月甲午条。
5. 《明宣宗实录》卷97，宣德七年十二月辛亥条。

三辈	鲁失加/鲁贤	庄浪卫土官指挥同知	永乐二十二年八月	亲自	4
		庄浪卫土官都指挥佥事	洪熙元年十二月	亲自	
		陕西行都司土官都指挥佥事	宣德三年十月	遣人	
		陕西行都司土官都指挥佥事	宣德四年二月	亲自	
		陕西行都司土官都指挥佥事	宣德七年十二月	遣人	
四辈	鲁鉴				
五辈	鲁麟				
六辈	鲁经				
七辈	鲁瞻				
	鲁东				
八辈	鲁振武				
九辈	鲁允昌				
十辈	鲁宏				

通过对西宁卫李氏、庄浪卫鲁氏两家土官朝贡情况的列举与统计，可以发现如下几点规律：

1. 土官朝贡集中在三辈以前。李氏在李南哥时归附，《明实录》中仅见李南哥及其子李英的贡马记载，亦有李英之侄李文的贡马情况，之后再无李氏土官"来朝贡马"的记载；庄浪卫鲁氏也存在相似的情形，巩卜失加兄弟随父脱欢归附明朝，相关记载较少，至第三辈鲁失加朝贡不绝，但鲁失加之后再无鲁氏朝贡记载。如果说，李英、李文、鲁失加之后仍有朝贡记载，实录中不可能毫无线索，李英之子李昶官授锦衣卫带俸指挥同知，李昶之子李玑曾中进士，李英一支虽然移居京师，但李文一支仍在西宁，鲁失加之子鲁鉴在《明史》有传，其后鲁麟、鲁经，被合称为"三世名将"，个个都是声名显赫之人，若有朝贡事迹，不可能无记载。原因可能有二：其一，大约在三辈以后，土官与明朝的关系发生了本质上的变化，对李氏来说，这个变化大致发生在李英身上，对鲁氏而言，这个变化大致发生在鲁鉴身上。这个变化的实质，就是其外族身份的逐渐淡化，而作为明朝官僚系统成员的身份逐渐加强，于是，为了表示归顺与忠心的所谓"朝贡"也可以逐渐淡化下来。这也是李英、鲁鉴的事迹被见于《明史》一般官吏的个人传记，而非《西域传》甚或《土司传》的原因；其二，行都司土官朝贡除经贸关系外，还有一个重要的政治任务，那就是将关外西域、西番的情况汇报给明廷，甚至是陪同和护送关外土酋们前来朝贡，如永乐七年(1409)，李英就与西番、把沙等一百一簇头目却约思等一起来朝来贡马。[1] 永乐时期，关西七卫还在明朝的羁縻管辖之下，正统以后，七卫逐渐衰亡。因此，行都司土官的这一政治任务也随着七卫的消失而作罢。

2. 朝贡对土官而言既是义务又是权利，义务上向明朝表示了忠诚，权利上获取了大批物质，无论是官方向朝廷所献马匹，还是私下的民间交易，所获都不匪。但是，这样的朝贡贸易只发生在三辈之前，三辈之后，他们又如何从中获利呢？《明实录》中记载了这样几个例子：成化十二年(1476)，礼部奏陕西岷州等卫指挥使安英等，违例起送大崇教等寺番僧入贡数多，宜行所司执问；[2] 正德四年(1509)，礼部又言陕西河州卫指挥使王锦等违例起送乌思藏地入贡人数；[3] 嘉靖三年(1524)，又发生洮州卫指挥武贤违例起送进贡番僧事。[4] 如此多"违例起送"事件，又都发生在陕西都司，绝不是个别现象。陕西行都司各卫所与陕西都司各卫所情况类似，都是接近"番""虏"之地，西番、西域之人入贡必是以二都司下卫所武官"起送"，他们屡屡"违例"，必是有利可图。可知，土官三辈之后虽不再亲自朝贡，但极有可能承担其起送境外人士入贡的差事，而这项工作却是有极大利益存在的。

3. 土官能够参与西番、西域人士朝贡贸易，还有一个客观条件，即他

---

1. 《明太宗实录》卷96，永乐七年九月甲申条。
2. 《明宪宗实录》卷136，成化十二年十二月甲申条。
3. 《明武宗实录》卷54，正德四年九月己亥条。
4. 《明世宗实录》卷40，嘉靖三年六月庚戌条。

们所在卫所位于朝廷规定的贡道之上。明朝对待各类少数民族、国家和地区，均制定了严格的朝贡制度，包括朝贡时间、路线、人数、物品等。贡期，指朝贡的频次，如洪武二十六年(1393)规定，凡诸番国及四夷土官人等，或三年一朝，或每年朝贡者。[1] 对土官而言，即三年一贡或一年一贡，这对于规定安南、高丽的"三年一贡"，哈烈等西域三十八国的"三年一贡"或"五年一贡"，吐鲁番的"五年一贡"等，[2] 算是优待了。贡道，指朝贡的规定路线，如规定西域各国"自甘肃入贡"，[3] 据田澍先生研究，西域贡使必须从嘉峪关入贡，进入嘉峪关后，起送使臣便乘用驿站车马，经肃州卫、镇夷所、高台所、甘州卫、山丹卫、永昌卫、凉州卫、古浪所、庄浪卫至兰州，再过平凉、西安、潼关、卫辉、临清、真定等地至北京。[4] 因此，陕西行都司、陕西都司各卫所是贡道的必经之地，西域朝贡者入嘉峪关后必须由行都司官员陪同。而乌斯藏等西番入贡，则必经西宁卫境。

因此，朝贡贸易对行都司土官家族积攒财富来说，是一项重要的来源。前期是按朝廷的规定贡马，利润巨大，但数额、次数均有限；中后期，成为外藩入贡的中间人，但风险系数较高。朝贡，虽然是一项牟利的方法，但对于各家而言，因职务、能力、机遇种种情况的差异，又有不同，亦不可一概而论。

二、茶马互市

明初有四大茶马司，后改为五司，又改为六司，即西宁、河、洮、岷、甘、庄浪。其中西宁、庄浪、甘州属陕西行都司，西宁卫、庄浪卫也正

---

1. 《明会典》卷108《朝贡四·朝贡通例》，第585页。
2. 参见《明会典》卷105—108，《朝贡》。
3. 《明会典》卷107《朝贡三》，第580页。
4. 田澍：《明代河西走廊的西域贡使》，《中国边疆史地研究》2001年第3期，第16页。

是至清代还保留土官最多之地，显然，土官势力的发展与朝廷的茶马贸易不无关系。

甘肃巡抚徐廷章在《甘肃边备疏》中言："西宁地方番夷食茶，如中国人民之于五谷，不可一日无者。本朝旧有茶马之例，后暂停止，近又举行。然民间绝无兴贩，而官府又督办之人，以致茶马司见茶不满千斤。乞敕所司通查出茶州县山场，定其则例，听民采取，俱运赴西宁官库收贮，换易番马，给军骑操，并与苑马寺作种孳牧。其民间所采茶，除税官外，余皆许给文凭，于陕西腹里货卖。有私越黄河及河洮岷边境通番易马者，究问如律。"[1] 又在《边方事宜》中说："选才能以抚番夷。国家抚有西番，因其习俗，分其族属，官其渠魁，给以金牌。而又选土官才能者授以重职以镇抚之。是以数十年间，番夷效顺，西陲晏然。近年以来，革去西宁镇守之官，不与通货，茶马夷民无所拘束，往往越境抢掠，杀害官军，皆由守备非人，抚治乖方，侵渔过甚所致。乞敕该部行令镇守等官，推访不分内外，汉土军职有名誉，素着夷人信服者一员，职专抚治。遇警就俾，率领番兵征剿，庶使边境军民获安。"接着又提到："甘肃所属庄浪地方最为冲要。今同守庄浪地方都指挥佥事赵英，城守有余，出战不足。而守备红城子堡都指挥使鲁鉴，虽系土官，素有智勇，所守红城子堡，距庄浪七十余里，非要害之地，请将鲁鉴挈回庄浪。"[2] 从中可以看出几层意思：第一，茶叶对"番夷"非常重要，"不可一日无者"，而"番地"又不产茶。因此，"番夷"必须要与"中国"交易，而"中国"亦可以以茶叶使"番夷效顺"；第二，茶马互市，官方时有时无，民间又加以严禁。"不与通货"时，"茶马夷民"就会杀害官军，实施抢掠，将使边境不宁；第三，交易被禁，当是其中存在很多弊端，而产生弊端的重要原因是所用非人。若要继续茶马互市，必须选用有

---

1. [明]徐廷章：《甘肃边备疏》，《明经世文编》卷70，第592页。
2. 徐廷章：《边方事宜》，《明经世文编》卷70，第591–592页。

才之士，选人的标准，不在汉土，而在"夷人信服"；第四，举出土官鲁鉴的例子，虽是在言军事守备，但说明鲁鉴是个人才，即便是土官身份，仍旧值得信任与任用，更勿论茶马之事，"选土官才能者授以重职以镇抚之"曾经"数十年间"使"西陲晏然"。也就是说，土官由于特殊的身份及地位，他们祖辈本就是当地土酋，其家族又都是少数民族身份，比较容易获得"番夷"的信任，因此，被委派参与茶马贸易的机会很大。徐廷章长期任职于甘肃，对于"夷情"颇为了解，所言当是切中实情的。

而由于茶叶对"番夷"之重要不下于马匹对明廷之重要，政府对茶马贸易控制极严，"产茶之地，江南最多，今日皆无榷法，独于川陕禁，法颇严，盖为市马故也。"[1] 越是严令禁止，其中越是暗藏暴利。而在行都司卫所官军中，走私茶叶之事，亦是屡见不鲜。甚至于朝廷还以茶叶作为卫所官员的折俸，"行在户部奏：'甘肃茶马司收贮官茶岁久，即今马贵茶贱，别无支销，请将正统元年以前者，每茶一斤准粮一斗，与在边各卫所官员折色俸粮支用，其正统二年以后在库者仍令如法收贮，以备买马。'从之。"[2] 茶叶是不可以当粮食的，这种做法无疑会加剧卫所官军与"番夷"之间的私下交易。甘肃总兵官都督何福亦曾奏言，凉州诸卫土军多私出外境市马，请按其罪。[3] 卫所中土军、下级武官如此，那么，与"番夷"相熟又受到信任的卫所土官们，此类交易也不会少。

除了上述两项大宗收益外，土官们还有其他收入来源：

---

1. 丘浚：《大学衍义补》卷29《治国平天下之要·制国用·山泽之利下》，第270页。
2. 《明英宗实录》卷79，正统六年五月甲寅条。
3. 《明太宗文集》卷76，永乐六年二月庚辰条。

三、赏赐

除去贡马所获大量赏赐外，土官们还能够从国家获得不定期的赏赐，这些赏赐有赐予其所在卫所军士的，也有赐予其个人的；有朝廷主动赏赐的，也有土官请求的；有犒劳土官军功的，也有奖励其招谕番族的。由于西北边地的军事重要性，明朝对于土官们的赏赐绝不吝啬，保证有功必赏。

1、奖掖军功

> 西宁土官都指挥佥事李英从北征回，及交址七源州判官赵福能贡马，赐钞币有差。[1]
> 升赏陕西河桥等处御虏获功官军鲁瞻等七十五人。[2]
> 赏陕西庄浪等处获功官军参将鲁经等三百八人银绢布有差。[3]

实录中对明朝皇帝给予土官军功的奖赏仅用"赐币有差"等简单概括，看不出实际数目，但通过《会宁伯李公神道碑》的记载可见一斑，李英由于追随明成祖北征，"论功定赏，升指挥同知，赐钞二百锭，白金六十两"，后又"屡敕奖谕，仍有银钞镀金铜佛之赐"，再又"升都指挥同知，赐钱三万六千贯，彩缎三十二，表里金织蟒衣一袭，绣春刀一事，良马一匹，羊三十六腔"。宣德年间，由于讨伐西番的功绩，除功封会宁伯外，还"赐第一区田百顷"，[4] 可见赏赐之厚。

---

1. 《明太宗实录》卷1，永乐二十二年八月乙未条。
2. 《明世宗实录》卷138，嘉靖十一年五月庚午条。
3. 《明武宗实录》卷89，正德七年六月戊辰条。
4. [明]马文升：《明故前推诚宣力武臣特进荣禄大夫会宁伯李公神道碑》，李鸿仪编纂：《西夏李氏世谱》，第49页。

2、招谕之功

赐陕西都指挥佥事哈剌卜花、指挥祁贤彩表里有差。先是，罕东、安定二卫泊申藏簇仇杀，总兵官宁远伯任礼承。上命遣二人赍勅抚谕宁辑以还，故有是赐。[1]

3、犒赏军士

礼部奏，陕西庄浪卫土军薛失加等七十三人征剿反贼满四等有功，俱以贫乏，不愿升授，宜如例加赏从之。[2]

4、乞请给赏

赐管庄浪土官军余都指挥同知鲁经大红织金飞鱼文绮一袭，从其乞也。[3]

明朝对土官们赏赐名目、数额愈多，一方面是土官确有功劳，另一方面说明朝廷对土官的倚靠愈重。

四、俸禄

给闲住官李英月俸五石。英初以军功封会宁伯，食禄千一百

---

1. 《明英宗实录》卷81，正统六年七月乙巳条。
2. 《明宪宗实录》卷77，成化六年三月甲午条。
3. 《明武宗实录》卷54，正德四年九月己亥条。

石，后坐法削爵闲住，至是以艰窘自陈，故有是命。[1]

会宁伯李英，食俸一千一百石，获罪后，俸禄被夺，生活立刻陷入窘境，可见，土官所享俸禄亦是其重要收入之一。李英所享俸禄绝不是个小数目，李英受封会宁伯是宣德二年(1427)事，宣德八年(1433)陕西行都司等卫所军屯纳余粮的规定是每五十亩纳余粮五石，且"甘肃临边极地，素宿重兵，守备之要，粮饷为急"，又"地高土冷，霜雹不时，连年子粒少收"。[2]而李英一千一百石的岁禄中"三分米麦"在西宁卫支给，[3]七分可能折银。仅"三分"就有约四百石粮食，相当于四千亩行都司卫所军屯所纳余粮。与普通军户比较，这个俸禄也是天文数字，洪武二十五年(1392)规定，"各处极边军士，不拘口数多少，月支粮一石。"宣德十年(1435)规定，"陕西行都司卫所旗军月粮，每石月支本色五斗。余五斗折支银布。备御官军，月支米五斗。"[4]也就是说，按洪武年例，边卫军士，无论家口多少，一年仅得粮十二石，仅李英所得俸粮之十分之一，而就是这点粮食，到了宣德年间还不能保证，只能一半支粮，一半折银折布。可见，朝廷对土官的俸禄之厚。

五、藏匿战利品

巡按陕西监察御史张监奏，甘肃苑马寺卿陈俨与西宁土官李英结为婚姻，英征安定还，奏获贼马三百四十匹，送苑马寺牧养，实送五匹，余皆归其私家。已历四年，俨置不问，附下周

---

1. 《明英宗实录》卷95，正统七年八月戊子条。
2. 《明宣宗实录》卷98，宣德八年正月辛巳条。
3. 《明宣宗实录》卷32，宣德二年十月庚辰条。
4. 《明会典》卷41《经费二·月粮》，第286页。

上，请治其罪。[1]

李英之事，且不问是非，但由于行都司土官常被征调平息西域、西番，甚至北方蒙古的战事，缴获战利品不上交亦是可能之事。

六、盘剥土军、土民

行在兵部尚书许廓及御史、给事中劾奏："会宁伯李英不守法律，招致逋逃军民周买儿、郭三三等七百六十余户，分置庄所，令其屯田，立家人为总管名号以帅之，边人皆畏英，不敢言，当正英罪。上曰：英受重爵当守法，岂应为此？或其家人假英名为之，其勿罪英，但令都督史昭追所招逃军、逃民悉还官。[2]

《敕李文》

皇帝敕西宁卫都指挥佥事李文，比得尔言掌西宁卫都指挥佥事，生事骗要各族马匹财物，激变番民等因，足见尔之忠诚。兹已令人代替穆肃掌管卫事，取其回还。敕至尔即驰驿来京，贵前谕抚安各族番人，令其各安生业，永享太平之福。故敕。[3]

正统元年二月十五日

西宁卫李英、李文叔侄二人，皆因盘剥土军、土民田产财物之事，遭

---

1. 《明宣宗实录》卷83，宣德六年九月甲申条。
2. 《明宣宗实录》卷81，宣德六年七月辛未条。
3. 《敕李文》，李鸿仪编纂：《西夏李氏世谱》，第47—48页。

到弹劾，李英还下锦衣卫诏狱，可见事态严重。行都司为军民兼理机构，因为临边，土军、土民占有很大比例，土官由于其身份特殊，为便于管辖，朝廷令土官管辖土军、土民。这源于两点：一是土官归附时就率领了很多属军属民，一是归附后被朝廷委派招谕很多土军土民。明朝土地分为官田、民田，官田由戍守军士屯种，土官、土民也各有自己的田地，但土官利用职权，逐渐侵占民田，甚至官田，同时还招致逃军、逃民为其屯田，获取利益。在皇帝给鲁氏几任土官的敕书中就反复强调不许其私役军士。

总之，行都司土官因其所在河西走廊及河湟地区的交通要道，加之其朝廷官吏的权势，以及其少数民族身份的便利，有机会从多方获利，其收入既有合法的，如赏赐、俸禄等，又有非法的，如藏匿战利品、盘剥土军土民等，亦有游走于合法与非法之间的朝贡贸易、茶马贸易。土官们虽身处边疆，且有战事的压力，但经济上是有保障的，明朝对他们并无过分苛责之处，客观上为其家族的发展提供了条件，这也是他们对明朝始终忠心的原因之一。

第五节 募兵制成就"土官"私家军

黄宗羲《明夷待访录》言:"有明之兵制,盖亦三变矣。卫所之兵变而为召募,至崇祯宏光间又变而为大将之屯兵。"[1] 点出了明代兵制的三次变化。兵制上,从卫所制过渡到募兵制,需要注意三点:第一,募兵现象并不是在募兵制度建立后才出现的,而是在元末明初卫所建立的过程中就存在的征兵形式;第二,募兵制形成后,卫所制度依然存在;第三,卫所制向募兵制的转变仅仅只是兵役制度的变化,而卫所制所代表的不仅仅是兵役,卫所还是一个地域和行政概念。因此,当陕西行都司土官经历兵役制度由卫所制转向募兵制的过程中,其家族仍旧属于所在行都司卫所的行政管辖之下,其本身仍旧世袭卫所武官之职;所不同的是,其统领的作战部队由原先卫所的军士转变为招募的兵士,土官如何适应这种变化,而兵制的改变又给土官带来什么影响呢?

一、"土兵"是招募的重点

卫所制度以世兵制度为基础,养兵的条件是屯戍结合、自给自足,但随着军屯被破坏、卫所官对军士的剥削和占役、地方都司卫所系统之外又建立起一套镇戍系统等等,导致军士逃亡、兵额不足,世兵制亦遭到破坏,唯用招募之法扩充兵额。但由于战事集中于边地,京师及腹里募兵不在多数,唯边镇募兵最多,边镇所募为当地土民,多系少数民族,民风强悍、作战勇敢,因此,土民成为招募的重点,亦即募兵制的基础。

---

1. [明]黄宗羲著,段志强译注:《明夷待访录》,《兵制一》,北京:中华书局,2011年,第117页。

1、"土兵"渊源

"土兵"一词最早见于《宋史》，对"土兵"的招募，宋元已有成法。《宋史·哲宗本纪》载，"诏江、淮巡检依旧法招置土兵。"[1] 又"选江、浙州军正兵、土兵六之一赴行在。"[2] "命虔、吉、南安军诸县各募土兵百人，责知县训练，防御盗贼。"[3] 可知，"土兵"是区别于"正兵"之外，由朝廷招募而来的士兵，经过训练，有缉盗之责。宋元史籍中，"土兵"、"土丁"、"土军"指代相同，为所募之"本地军"，在边地少数民族地区招募的，多用于守边之用。

2、"土兵"与"土军"的区别

明代，"军"成为卫所军士的专称，卫所军人出身于军户，属军籍，世代都要有人从军，其户口由五军都督府管理。"兵"则不受户籍的限制，属于士兵个人行为，由国家出钱招募，个人应募，不领月粮、不负杂役，只领应募之资及立功受赏，具有临时性。明代"兵"的出现是为了补卫所军之不足，后来大量招募是由于卫所制的衰败、卫所军之不能作战。《明书·戎马志》言："召募之兵，明初无有也。正统中，始募天下军余民壮为兵。景泰初，复令广召募，即以所在官司统领，遇警调用，然犹之民也。弘治中，以房警抽编，无警许罢役，遂有常饷。沿至正德，遂令分戍番操，无复休息。兵尚书王琼请量罢之，不听。肃宗深知其弊，而未遽清理，及后为真兵矣。"[4] 描述了"兵"如何从临时征调的雇佣军，成为取代卫所军而领"常饷"的常备军。这一变化，起于正统，"土木之变"对京营及卫所军的大量折损是重要原因，确立则在嘉靖朝。因此，顾炎武说："今俗呼卫者曰军，而募者曰兵。兵御敌而军坐守，兵重军轻，军借卫于兵，壮军乃复充兵，其

---

1. 脱脱：《宋史》卷18《哲宗本纪二》，第346页。
2. 脱脱：《宋史》卷25《高宗本纪二》，第457页。
3. 脱脱：《宋史》卷28《高宗本纪五》，第530页。
4. [清]傅维鳞：《明书》卷72《戎马志三》，上海：商务印书馆，1936年，第1453页。

变势也。"[1]

"土军"与"土兵"的区别大抵如"军"与"兵"之区别，只是"土军"多为边军，边军较之内地卫所军，战斗力仍在，"土兵"之招募，最初并非为了戍边。《明史·兵志》载："卫所之外，郡县有民壮，边郡有土兵。……成化二年，以边警，复二关民兵。敕御史往延安、庆阳选精壮编伍，得五千余人，号曰土兵。以延绥巡抚卢祥言边民骁果，可练为兵，使护田里妻子，故有是命。"[2] 可知，"土兵"的责任是为配合卫所正规军，保护边地人口与财产的安全。"土兵"日益取代"土军"的原因，《明史》也有交待，"初，太祖沿边设卫，惟土著兵及有罪谪戍者。遇有警，调他卫军往戍，谓之客兵。永乐间，始命内地军番戍，谓之边班。其后占役逃亡之数多，乃有召募，有改拨，有修守民兵、土兵，而边防日益坏。洪武时，宣府屯守官军殆十万。正统、景泰间，已不及额。弘治、正德以后，官军实有者仅六万六千九百有奇，而召募与土兵居其半。他镇率视此。"[3] 戍边之兵，始用边卫之军，遇警则调"客兵"，又有"边班"，均系卫所军，由于占役、逃亡军士渐多，开始招募"土兵"守边，各边镇状况与宣府镇相似。陕西行都司境内甘肃镇，原额官军九万一千五百七十一员名，实在官军则只剩四万六千九百一员名，损额近半数。[4] 如此大的缺额，只能依靠招募土兵弥补戍守之不足。弘治八年(1495)肃州有警，本要命英国公张懋等选京营兵征讨，但被兵科都给事中杨瑛等以"京营官军未经战阵，兼边储告乏，莫若急募土民以益兵"之议拦下，兵部尚书马文升等也奏称："止京营军马之选，亦非专为甘凉而动。……若虏众压境，急遣人来奏，仍先招募土兵给与

---

1. [清]顾炎武：《天下郡国利病书》第22册《浙江下·绍兴府志军制》，《续修四库全书·五九七·史部·地理类》，上海：上海古籍出版社，2002年，第47页。
2. 张廷玉：《明史》卷91《兵三》，第2249–2250页。
3. 张廷玉：《明史》卷91《兵三》，第2242页。
4. [清]万斯同：《明史》卷113《兵卫八》，《续修四库全书·三二六·史部·别史类》，上海：上海古籍出版社，2002年，第70页。

粮赏。"[1]京营官军的作战能力已今非昔比，甚至不如急募的土兵管用。除从军途径、实际用途外，"土军"与"土兵"的区别还体现在劳役负担上，"天顺初，辽东至甘肃边民有强壮愿报效者，募为土兵，收附近卫所，给与资械，秋冬操练，春夏务农，免其税差，以供给之，则土兵始此也。"[2]即原则上"土军"负担军役，而"土兵"负担民役，但因"土兵"被招募而免其民事赋税，差役在卫所承担。不过，此后"土兵"渐有分流，有回归务农者、有转为世军者、有仍为土兵者，情况又各有不同。

3、"土官"招募"土兵"

三次就任陕西三边总督的杨一清专门上《为处置招募土兵事疏》，言道："土民强悍善斗，与虏相等"，提出"悬利招募本处土人"之策。[3]因此，明朝在甘肃等处对"土兵"的招募非常频繁、人数亦众。如，弘治年间，兵部一次就奏请"西北诸边每镇召募土兵五千人"。[4]不久，"大理寺寺丞刘宪、太仆寺少卿王质既承命，分往延绥、宁夏、陕西甘、凉四镇召募土兵，兵部请给四镇官银二十万两，及太仆马价银四万两，分送各巡抚官收贮支用。所募兵不限汉土番夷，人给银五两。"[5]二十万两银子，每人五两，则募兵又约四万人。弘治朝在西北的招募不下十余次。

每次招募虽然都有朝廷下旨委派大员进行，实际真正的施行者还是卫所土官。成化八年（1472）二月，兵部请旨敕总督军务右都御史王越，"一今陕西延绥宁夏官吏军民舍余人等有计谋超越，习晓胡事者，有运筹破贼可以成功者，悉听越询访举用，一体升赏。一陕西平凉及高桥等处，多土达、土人，善射敢战，宜令越选其众所信服之人，令自招集。能招千人以下者，

---

1. 《明孝宗实录》卷96，弘治八年正月己酉条。
2. [明]朱健：《古今治平略》卷28《国朝边兵》（崇祯刊本），早稻田大学图书馆藏，第38页。
3. [明]杨一清：《为处置招募土兵事疏》，《明经世文编》卷115，第1085页。
4. 《明孝宗实录》卷179，弘治十四年九月丁亥条。
5. 《明孝宗实录》卷180，弘治十四年十月戊申条。

授所镇抚；千人以上者，授百户；五千人以上者，授千户；原有职者，递升一级，仍人给银三两、布二匹、月米一石，并鞍马器仗。"[1] 所谓"习晓胡事者"、"其众所信服之人"大抵只能是当地土官，只有土官才有与当地土民沟通的条件及令土民信服的能力，而朝廷给予土官升职加薪的重赏，土官们自然积极效力。弘治十四年(1501)亦规定，"见任百户、副千户能募兵百人，正千户募兵五十人，指挥佥事、指挥同知募二百名者，各升一级，至指挥使而止。都指挥佥事及同知募二百五十人，亦各升一级，至都指挥使而止。为事立功戴革职闲住者，能募百人，悉与复职除罪，即各统其所募之兵。"[2] 可见，招募的中坚力量还是卫所官，除升职外，还有复职、除罪、统领所募之兵的优待。与汉官相比，土官招募土兵自然优势明显，又有诸多材料提到土兵多由土官统领。可知，以土官募土兵，并以土官管领土兵当是西北边镇的惯例。

二、"汉官"难以辖制

土官能够管领土兵，除由其招募的原因外，还有一个重要因素，就是汉官难以钳制土兵，而唯有土官善领土兵。

土兵难以管制，又与其民族成分相关。泰昌元年(1620)八月，甘肃巡抚祁光宗疏报："该镇选发援辽兵马一万三千余，用马价银一万一千八百九十有奇。其祁家土兵，原系西番纳马种田，言语不通，未经战阵。骤闻调遣，辄相率入山，声言投虏，难于驱迫。"[3] 所谓"西番纳马种田"者，《秦边纪略》载："附近番子，有明，岁时纳茶马者，谓之熟番。其散出山外，易

---

1. 《明宪宗实录》卷101，成化八年二月乙酉条。
2. 《明孝宗实录》卷180，弘治十四年十月戊申条。
3. 《明光宗实录》卷4，泰昌元年八月辛亥条。

有无于熟番者，谓之生番。有十三族，皆熟番也：曰申藏、曰章咂、曰隆奔、曰巴沙、曰革咂、曰申中、曰隆卜、曰西纳、曰果迷卜咂、曰阿齐、曰嘉尔即、曰巴哇、曰即尔嘉，皆羌也。先零、罕拜之遗种也。十三族谓之十三大族，其后小族甚多，如剌卜族、红冒族之类，不可甚计。"[1] 即指"纳马番族"，亦称"西宁十三族"[2]，各大族下小族更多，《边政考》考证，甘州卫、肃州卫、高台所、永昌卫、西宁卫、河州卫、归德所、洮州卫、岷州卫、阶州、文县、西固等地共有番族774族，人口17万余。[3] 仅番族中之熟番，族属就如此复杂，何况陕西行都司卫所下土官本身之民族还不只西番，又有蒙古、撒拉尔、西域缠头回回等众多少数民族，由这些土官所招募的土兵成分当更为复杂。而边地土民往往民风强悍，所以，杨一清才说"土兵、土人非汉官所能钳制。"[4]

在土官的训练下，经过战事洗礼的土兵战斗力较之卫所军要强得多，英宗朝兵部尚书徐晞等在条陈中言："甘肃、宁夏二处地方阔远，而肃州、镇番尤为孤绝，脱有急报，远处调军缓不及事。宜将二处屯军及舍人余丁精壮者编成队伍，相兼操备，盖土兵胜于客兵数倍，边防必得其用。"[5] 明人朱健亦言："征兵满万，不如召募数千。"[6] 而土兵更是募兵中的劲旅。

正因如此，很多土兵被招募后，不被放归，而被编入卫所，成为世军。杨一清在《为处置招募土兵事疏》中提到一个事例，平凉府李旺堡居住土民李让及侄李通、侄孙李聪等兄弟亲族，自备鞍马，跟随管队土官百户杨洪剿贼获功，李让等均升小旗，却俱往临洮卫，本来是"援例报效，斩获贼级"，却致使土民"抛弃父母家业，离徙乡井，永编户籍，名虽旗役，实为

---

1. 《秦边纪略》卷1，第51页。
2. 张廷玉：《明史》卷330《西域二》，第8542页。
3. 转引自武沐：《甘肃通史·明清卷》，兰州：甘肃人民出版社，2009年，第160页。
4. 《明世宗实录》卷82，嘉靖六年十一月癸卯条。
5. 《明英宗实录》卷108，正统八年九月辛酉条。
6. 朱健：《古今治平略》卷28，《国朝边兵》，第72页。

边军，求荣反辱，人情不堪"，"名虽为升，实则抛离骨肉，遗弃产业，致令含冤吞声，皆谓以功获罪无故迁发"，致使"土民灰心"。[1] 也就是说，立了军功，却被派往边卫服役，作军户用。朝廷尚且如此，能够直接掌控土兵的土官们，将土兵私有化的愿望及能力更强，这些土兵，有的可能成为卫所土军，有的可能直接被土官占用。于是出现"李家土兵四百一十名，食粮。祁家土兵五百名，不食粮。或番夷大举，族长率领策应。"[2] 的情况。这些土兵逐渐成为各家土官的私家军。

三、"土官"私家军的形成

由于土官招募、管领、训练以及带领土兵作战，所募土兵数量不断扩大，很多又未遣散而成"真兵"，逐渐成为几家势力较大土官的私家军，陕西行都司下西宁李氏、西宁祁氏、庄浪鲁氏等均拥有私人武装，而尤以庄浪鲁家军为著，《明史·兵志》言："庄浪鲁家军，旧隶随驾中，洪熙初，令土指挥领之。万历间，部臣称其骁健，为敌所畏，宜鼓舞以储边用。"[3] 但实际上，鲁家军并不是如《明史》所言在永乐年间就形成了，永乐年间所谓的"鲁家军"仅仅只是鲁氏所带管的庄浪卫所中的土军，而随着鲁氏对其所管领土军、土兵、土人等逐渐私有化，在明代中后期鲁家军才渐成规模，也为明朝的战事作出了诸多贡献，并且延续至清代，亦成为清朝在西北可以依靠的一支军事力量。而其发展历程，从明清历代皇帝对鲁氏的相关敕书中可以找到轨迹。

《敕鲁失加》中记载如下文：

---

1. 杨一清：《为处置招募土兵事疏》，《明经世文编》卷115，第1086-1087页。
2. 《西宁府新志》卷18《武备·兵制》，第618页。
3. 张廷玉：《明史》卷91《兵三》，第2252页。

即将原选土军二百名，委千户鲁失加管领。敕至，即便起程，前赴宣府听候，务要衣甲鲜明，器械锋利，每人给钞五百贯，脚力驴一头，务要膘体肥壮。照例与盘缠，沿途应付口粮草料。如敕奉行。（永乐十二年二月十二日皇帝敕谕庄浪卫指挥使司）

……尔鲁失加久居西土，敬事朝廷，忠顺之臣，弥之笃肆。朕即位以来，屡加超擢。令特降恩命，升尔为明威将军庄浪卫指挥使司指挥佥事。不管卫事，只管原管土军。……（永乐十七年三月初九日皇帝制书）

敕至，即于本卫选拣精锐能战土军土民及余丁舍人，不拘名数，每人马二匹。务要务要人马相应，器械锋利，衣甲鲜明。委指挥鲁失加管领，各带锣锅帐房、脚力驴匹。沿途关支行粮草料，限永乐二十年二月初一日至北京。如敕奉行。（永乐十九年八月二十九日皇帝敕谕庄浪卫指挥使司）

敕至，即于本卫选取土军土民及余丁舍人共三百名，令指挥鲁失加率领前往宁夏，跟随总兵官宁阳侯陈懋、太监王安，打捕野马、野牛、黄羊、弯羊、黄鼠等兽。如敕奉行。（永乐二十一年七月三十日皇帝敕谕庄浪卫指挥使司）

敕至，尔即率原领土军土民二百六十员名去西宁，同土官都指挥李英、指挥康寿等往罕东、曲先、安定三卫，挨查原抢乌思藏公干使臣强贼，果是何族分部落之一，就着落该管头目，擒拿来献，毋得互相容隐。故敕。（洪熙元年二月初四日皇帝敕庄浪卫土官指挥鲁失加）

敕至，即将原选随征官旗军土民人等二百六十员名，委都指挥佥事鲁失加管领操练，防御边疆，务要人马相应，器械锋利，衣甲鲜明，听候调遣。如敕奉行。（宣德元年正月十一日皇帝敕谕庄浪卫指挥使司）

今特奏达贼孛的打耳麻部下杀散人马，见在庄浪城东青山儿等处潜住，不时出没抢杀。又有西番贼徒出没，杀虏人口，抢去牛只等因。……尔等家眷住在庄浪，尤宜发落尔部下人马，昼夜用心，谨慎防备，毋致疏虞，庶副委任。故敕。（正统元年二月初八日皇帝敕谕庄浪卫土官指挥同知鲁失加）

尔以老成，在边年久，多效勤劳，简在朕心。今特升尔为右军都督府都督佥事，仍旧操备，……（正统九年十二月十八日皇帝敕陕西行都司指挥使鲁失加）[1]

鲁失加是庄浪鲁氏在明代的第三辈世袭土官，历永乐、洪熙、宣德、正统四朝，从四朝关于令鲁氏统领土军、土民人等的敕书可以发现：

第一，凡需选拔土军、土民人等，皇帝敕谕的对象都是"庄浪卫指挥使司"，而非鲁失加个人，可知，土军、土民属于卫所人口，因事而委派土官管领，人数都不多，选调的工作还是由卫指挥使司来安排；

第二，皇帝对土官的征调较为频繁，名目亦多，屡次随征永乐帝、打捕野兽、讨伐西域西番等地，事毕则令土官仍领土军、土民等操练、防守；永乐帝甚至令鲁失加"不管卫事，只管原管土军"。客观上加强了土官与土军、土民的联系，尤其是军事上的统属关系；

第三，鲁失加在永乐朝最初仅仅是袭百户职，升千户、指挥佥事，宣德朝升都指挥佥事，正统朝升指挥同知、指挥使，至右军都督府都督佥事，从正六品直至正二品，完全依靠功劳升授。可知，鲁氏三代以前官职并不高、势力也并不强大，至鲁失加得到明成祖至明英宗的倚重，迅速发迹。

---

1. 《敕鲁失加》，《青海土族史料集》，第280—284页。

《敕鲁鉴》

今特命尔照旧管束土官军余指挥高旻等四百员名，操守庄浪地方。尔须常加训练，加意抚恤。遇有警急，设法调遣。不许私占役及或科挠尅害，以致众情不附，有误边备。如违，罪有所归。尔其钦承朕命毋忽。故敕。（景泰二年七月二十六日皇帝敕庄浪卫土官指挥使鲁鉴）

……今以尔尝管领土兵，杀贼效劳，人所信服。特命统领原管土兵，及听于庄浪操备官军内调拨一、二队，往彼守备。操练军马，固守地方。遇有警急，相机行事。仍听总兵、镇守等官节制调度。务在持廉秉公，正己率下，不许挠害下人及私役军士，有妨操守。如违，取罪非轻。尔其敬之，慎之。故谕。（天顺二年三月二十四日皇帝敕谕署都指挥佥事鲁鉴）

……今特升尔为都指挥同知，照旧操守。……（天顺三年四月二十二日皇帝敕守备红城子堡署都指挥佥事鲁鉴）

今从众论，以尔谋勇，宜守庄浪。……（成化二年五月二十八日敕都指挥使鲁鉴）

今仍命尔镇守庄浪地方，操练马步汉土官军，修治城池，抚恤士卒，防御贼寇。……（成化五年八月初六日敕署都督同知鲁鉴）[1]

鲁鉴亦如其父鲁失加"照旧管束土官军余"，且战功卓著，屡次升迁。值得注意的是，在天顺二年（1458）给鲁鉴的敕谕中，开始提到令其"管领土兵"，"土兵"是招募而来，不同于卫所军人，这说明鲁氏所管的

---

1. 《敕鲁失鉴》，《青海土族史料集》，第284-286页。

军事力量在不断扩大。《明史·鲁鉴传》亦言:"鲁氏世守西陲,有捍御功,至鉴官益显,其世业益大,而所部土军生齿又日盛。"[1]

《敕鲁麟》记载:

> 今特命尔照旧管束庄浪土官、土军人马等并家眷。尔自祖、父以来,管束地方,人心信服,须加意抚恤,常加训练及禁约贼盗。……(成化十九年七月初一日敕百户鲁麟)

> 今命尔前职,照旧管束庄浪土官军人等并各家口。尔自祖、父以来,相继管束地方,人心素所信服。尔须加意抚恤,使各安生业。……(成化二十二年正月初七日敕都指挥佥事鲁麟)[2]

> 今特准尔替升前职,照旧管束庄浪土官、土军并各家口。尔自祖、父以来,相继管束地方,人心素所信服。尔今任职,须加意抚恤,使各安生理。……(弘治二年四月初六日敕都指挥佥事鲁麟)

《敕鲁经》记载:

> 今特命尔照旧管束庄浪土官、土人并各家口。自尔祖、父以来,管束地方,人心信服。须加意抚恤,常加训练,及禁约贼盗。……(弘治十七年十月初六日敕署副千户鲁经)

> 尔自祖、父以来,管束庄浪地方土官、土人并各家口,人心信服。尔父麟存日,尔为副千户代管。今尔袭父原职指挥使,但部内管员品秩相等,体统未便。……今特升尔前职,照旧管

---

1. 张廷玉:《明史》卷174《鲁鉴传》,第4643页。
2. 《敕鲁麟》,《青海土族史料集》,第293—294页。

束前项土官、土人家口，尔须加意抚恤，常加训练，及禁约贼盗。……（正德二年四月二十日敕都指挥佥事鲁经）

尔自祖、父以来管束庄浪地方土官、土人并各家口，人心信服。尔父麟存日，尔为副千户代管。……特再升尔前职，照旧管束前项土官、土人家口，尔须加意抚恤，常加训练，及禁约贼盗。……（正德三年十二月二十九日敕都指挥同知鲁经）[1]

《敕鲁瞻》记载：

今特准尔照旧管束庄浪土官、土军并各家口。盖自尔祖、父以来，相继管束地方，人心素所信服。尔今任职，须加意抚恤。……（嘉靖六年十月二十六日敕署副千户鲁瞻）[2]

《敕鲁允昌》记载：

今特命尔照旧管束庄浪土官、土人并各家口。自尔祖、父以来，管束地方，人心信服。须加意抚恤，常加训练，禁约贼盗。……（万历四十一年三月十八日日皇帝敕谕庄浪指挥使鲁允昌）[3]

从历代鲁氏所受敕书来看，有一类敕书最为常见，格式、用语基本相同，大体由三部分内容构成：首先是命当事土官照旧管束庄浪土官、土军、

---

1. 《敕鲁经》，《青海土族史料集》，第296—297页。
2. 《敕鲁瞻》，《青海土族史料集》，第300—301页。
3. 《敕鲁允昌》，《青海土族史料集》，第306页。

土人等，其次是追述其祖、父功绩，再次是朝廷的嘱托，内容基本一致。但是，从这一类非常类似的敕书中，可以看到细微之处反映的土官家族的发展变化：

第一，明朝皇帝对鲁氏土官非常重视，凡每一任袭职土官，朝廷都会赐予一道上述内容的敕书；遇新皇即位，又会给予一道类似敕书；甚至是土官本人职位有所升授，朝廷会再发一道同类敕书。此类敕书一方面肯定了鲁氏的地位，同时也是为了提醒鲁氏要效忠朝廷。

第二，宣德以后的敕书，不再是敕谕庄浪卫，而都是敕谕鲁氏土官本人；令其管束土军人等，不再是"委"托，而都是"照旧管束"；所管辖者，从土军、土民扩大到土官、土兵，甚至汉官、汉军。这固然是鲁氏土官职务高升的结果，但更代表了土官对于军队的控制逐渐固有化，甚至是独立化。需要注意的是，此后敕书中不再提到"土兵"，一方面有些土兵被直接收入边卫，一方面有些土兵与土军一样由卫所土官管领，虽性质不同，但日久二者在称呼上已无差异。

第三，从敕书可见，鲁氏对庄浪土军、土民的管辖逐渐从单纯的军事，扩大到行政事务，被要求"修治城池，抚恤士卒，防御贼寇""使各安生理"，并不准"挠害下人及私役军士"，并且是连带军事人员之外的家口人等一并管理。可见，庄浪鲁氏土官对于庄浪卫人员的控制是逐步加强的。

总之，庄浪鲁氏的势力是经过数代奋斗的结果，鲁家军的形成也是数代经营的结果。除明朝廷令其历代管束土军、土人外，招募之土兵亦是其重要组成。万历十五年（1587）三月，兵部尚书郜光先等在奏议中提到"倡土兵"时指出："夫庄浪一路，汉土二营并设，河西咽喉无足虑矣。然鲁氏土人遍居山谷皆兵也，各地苦于召募之难。而此土人乃繁衍之甚，……今土官以都指挥体统行事，指挥使鲁光祖发迹庠序，有志功名，统练土操。"[1] 可

---

1. 《明神宗实录》卷184，万历十五年三月癸丑条。

知，在庄浪地方招募土兵之数当不在少，且由鲁氏土官统领。而很多土民、土兵逐渐成为鲁氏家丁，徐阶就曾言："臣闻鲁姓系陕西庄浪卫指挥，其家旧有名于西边，号曰鲁家人马，后因人疑之谤之，不敢收养家丁，渐亦衰弱。"[1] 所谓"收养家丁"，大抵就是以土人等成为私人武装，一度成为朝臣诟病鲁氏的原因。无怪，虽经过明末农民战争的打击，至清，十辈土官鲁宏之子鲁帝臣，所辖还有三万多精锐。在清军入藏、罗布藏丹津反清、撒拉族抗清等重大军事事件中，都有鲁氏土官后人率领土兵参与，数万土兵之数当不为虚。但这支军队的家底却是在明朝积累下来的。

综上，陕西行都司土官家族在明朝得到了较好的安置，保证了一定的生活质量，除授予世职，还赐姓、赐爵、赐谥以提高其政治上的身份地位；使其婚姻能够在高级官僚系统中实现，甚至结到皇亲，也因此结成土官家族的势力联盟；虽然地处边地，但学校教育、科举考试的权利都能得到保障，很多土官子弟获得了良好的教育，有些还弃武从文，为其家族的持续发展奠定了文化基础；经济上除获得朝廷优厚的俸禄及赏赐外，还因其自身的优势在朝贡贸易及茶马贸易中获利，并且在当地通过对土兵、土民的盘剥获得大量土地和财富；明朝中后期，征兵制度上，募兵制的逐渐确立，又为"土官"私家军的形成和发展带来了契机。明朝一系列措施，虽然目的是"融合"他们以安定边疆，但客观上既给予了这些土官稳定的社会生活及家族的发展机遇，一定程度上又对甘肃地区文教事业及商品经济的发展提供了条件。

---

1. [明]徐阶：《答重城谕二·兵将》，《明经世文编》卷244，第2548页。

结论

本书通过陕西行都司卫所建置沿革、卫所的设立与土官军民的关系、军卫体制下的行都司土官以及行都司土官势力的崛起四章内容的论述，围绕陕西行都司土官的性质、发展脉络及对明代西北政局的影响三个核心问题展开，目的是解决下面三个问题：

第一，明朝为何在河西、河湟之地放弃了元代的甘肃行省（河西地区）及吐蕃宣慰司（河州部分），而独树一帜地选择设立陕西行都司？不设行省意味着放弃赋税，只设卫所表示完全军事化，实行"屯戍结合"的养兵用兵策略。首先是明朝初年与蒙古、西番紧张的军事、民族关系使然，必须在"番"、"虏"之间插入一把利刃，即重兵驻守的陕西行都司；其次是安置大量归附的西北移民，陕西行都司地处明朝的西北边界，可以说是一个农耕与游牧的中间地带，因此也是一个多民族聚居之地，明朝采取了很多招抚措施，也吸引了大批归附者，将他们安置在行都司，一方面扩大了明朝的军事实力，一方面也是利用他们的关系继续招徕少数民族归附者，当然，尊重其生活方式也是考虑因素之一。而原吐蕃宣慰司的大部分地区（西藏地区），则因为缺乏实际控制的能力而实行羁縻卫所制度。

第二，为什么《清史稿·土司传》评价甘肃土司"不类蜀、黔诸土司，桀骜难驯"？结论是所谓"甘肃土司"大部分就是明代陕西行都司土官，明朝在甘肃和西南五省根据具体情况选择了不同的管理方式，一是都司卫所体系，一是宣慰、宣抚司等土官体系，这决定了虽然顶着"土官"的名头，但实际却与汉族武官并无多大差别的陕西行都司土官们，已经被紧紧地固着在明朝正式的官僚系统之中，他们不可能如有些西南土官一样拥有较为独立的行政权。也就是说，他们在明朝之所以"不类蜀、黔诸土司，桀骜难驯"是因为有了卫所制度的保障。而这一制度，既为行都司土官提供了世勋世职的好待遇，使其缺乏对抗明朝的物质动力，也将其个人和家族圈进了军户范畴，而必须世代为朝廷服军役，客观上起到了稳定西北的作用。

第三，学界长期争论的明代西北有无土司问题，可以做如下推导：

"土官"是一个应用极广的泛称,而"土司"则是一个有相应条件的专称。在明代,有些"土官"相当于"土司"并最终获得"土司"之名,如西南地区很多世家大族;有些"土官"的称谓仅仅只是作为其异族(大部分土官都是少数民族,但也不尽然)或本地身份的象征,如陕西行都司土官,他们实际就是明朝正式官僚体系中的一员,其中的大族,虽然在明末逐渐有了"土司"的实力,但终明一世,未有"土司"之名;有些"土官"是羁縻制度下,中央政权无法有效控制的地区,而加以册封的少数民族首领、头目等,如西番、西域土官,包括很多僧职土官,他们虽拥有"土司"之权,但在明代并未有"土司"之名;有些称"土官"者,如安南、交趾、琉球、朝鲜、缅甸等域外土官,则与"土司"毫无关系,仅仅是明朝在属国所册封的当地官吏。因此,以陕西行都司土官为代表的西北土官至少在明代还不是"土司",明初,他们不具备"土司"的实力;明末,他们不具有"土司"的名义;明代河西、河湟地区实行的也非土司制度,而是卫所制度。

此外,需要说明的一点是,本文"陕西行都司土官"不是一个固定不变的群体。首先,因为"陕西行都司"在不同时期的治所和辖境有所不同,区域的变化决定了人员的变化,卫所制导致了很多人以"卫"为籍,也使卫所之间的人员变动相对要小;其次,成为"土官"需要一个时间的过程,有些人在明初刚刚迁到行都司,自然还不能称其为"土",但是经过数代的繁衍,已然成为名副其实的"土"人,还有一些人,元代以前就世居其地,明初当然可以称作"土",但其后人迁往他处,便失去了"土"的身份。因此,同一家族成员中,前代和后代很可能有"土官"与"非土官"的区别,这一点在文中略有涉及。

总之,无论是关于"陕西行都司"还是关于"土官"、"土司"的研究,都是非常具有挑战性的课题,因为有太多争议不断的问题存在,本书只是做了抛砖引玉的尝试,希望能够得到学界的关注和重视。

参考文献

一、古籍

1. 中国第一历史档案馆、辽宁省档案馆编：《中国明代档案总汇》，桂林：广西师范大学出版社，2001年。
2. 《明实录》，台北：中央研究院历史语言研究所校勘本，1962年。
3. 《清实录》，北京：中华书局影印本，1985年。
4. 《方舆汇编·职方志》，[清]陈梦雷：《古今图书集成》第107册，上海：中华书局影印本，1934年。
5. 《天一阁藏明代政书珍本丛刊》，北京：线装书局，2011年。
6. 《诸司职掌》（上）、（下），《玄览堂丛书初辑》第12、13册，台北：国立中央图书馆，1981年。
7. 《十三经注疏·礼记正义》，北京：北京大学出版社，1999年。
8. [汉]司马迁：《史记》，北京：中华书局，1959年。
9. [汉]班固：《汉书》，北京：中华书局，1962年。
10. [唐]李吉甫：《元和郡县志》，清光绪二十五年广雅书局刻本。
11. [后晋]刘昫等：《旧唐书》，北京：中华书局，1975年。
12. [宋]欧阳修等：《新唐书》，北京：中华书局，1975年。
13. [宋]乐史：《太平寰宇记》，北京：中华书局，2007年。
14. [元]脱脱等：《宋史》，北京：中华书局点校本，1977年。
15. [明]不著撰人：《土官底簿》，[清]纪昀、永瑢等：《景印文渊阁四库全书》第599册，台北：台湾商务印书馆，2008年。
16. [明]陈循：《寰宇通志》，郑振铎辑：《玄览堂丛书续集》第38册至79册，台北：国立中央图书馆影印本，1947年。
17. [明]陈子龙：《明经世文编》，北京：中华书局，1962年。

18. [明]程敏政：《篁墩文集》，《四库明人文集丛刊》，上海：上海古籍出版社，1991年。
19. [明]邓士龙辑，许大龄、王天有点校：《国朝典故》，北京：北京大学出版社，1993年。
20. [明]黄宗羲著，段志强译注：《明夷待访录》，北京：中华书局，2011年。
21. [明]焦竑编：《国朝献征录》，台北：学生书局，1965年。
22. [明]李贤：《大明一统志》，台北：台联国风出版社，1977年。
23. [明]刘敏宽、龙膺撰，王继光辑注：万历《西宁卫志辑注》，西宁：青海人民出版社，1993年。
24. [明]刘文征：《滇志》，昆明：云南教育出版社，1991年。
25. [明]陆容：《菽园杂记》，北京：中华书局，1985年。
26. [明]吕坤：《吕公实政录》，台北：文史哲出版社，1971年。
27. [明]丘浚著，林冠群、周济夫点校：《大学衍义补》，北京：京华出版社，1999年。
28. [明]宋濂等：《元史》，北京：中华书局，1976年。
29. [明]宋濂：《芝园续集》，罗月霞主编：《宋濂全集》，杭州：浙江古籍出版社，1999年。
30. [明]申时行等：《明会典》，北京：中华书局，1989年。
31. [明]沈德符：《万历野获编》，北京：中华书局，2004年。
32. [明]王之采：《庄浪汇记》，《中国地方志集成·甘肃府县志辑6》，南京：江苏古籍出版社，1998年。
33. [明]魏焕、郑晓：《皇明九边考》，台北：华文书局，1968年。
34. [明]吴廷举续修：嘉靖《湖广图经志书》，《日本藏中国罕见地方志丛刊》，北京：书目文献出版社，1991年。
35. [明]吴祯著，马志勇校：《河州志校刊》，兰州：甘肃文化出版社，2004年。

36. [明]吴祯纂修：嘉靖《河州志》，嘉靖二十五年刊本，兰州：甘肃图书馆藏。

37. [明]严从简：《殊域周咨录》，北京：中华书局，1962年。

38. [明]张雨：《边政考》，台北：华文书局，1968年。

39. [明]章潢：《图书编》，上海：上海古籍出版社，1992年。

40. [明]赵廷瑞：嘉靖《陕西通志》，嘉靖二十一年刊本，西安：三秦出版社，2006年。

41. [明]朱国祯：《皇明大政记》，扬州：广陵古籍刻印社，1991年。

42. [明]朱健：《古今治平略》，崇祯刊本，早稻田大学图书馆藏。

43. [明]朱鹭：《建文书法拟》，《北京图书馆古籍珍本丛刊11》，北京：书目文献出版社，1989年。

44. [明]朱元璋：《皇明祖训》，《明朝开国文献》，台北：学生书局，1966年。

45. [明]朱元璋：《明太祖文集》，《四库全书》第1223册，上海：上海古籍出版社，1987年。

46. [清]傅维鳞：《明书》，上海：商务印书馆，1936年。

47. [清]高弥高、李德魁等纂修：《肃镇志》，顺治十四年抄本，台北：成文出版社，1970年。

48. [清]高锡爵修，[清]郭巍纂：康熙《临洮府志》，康熙二十六年刻本，《中国地方志集成·甘肃府县志辑2》，南京：凤凰出版社，2008年。

49. [清]顾炎武：《天下郡国利病书》，《续修四库全书》，上海：上海古籍出版社，2002年。

50. [清]顾祖禹：《读史方舆纪要》，北京：中华书局，2005年。

51. [清]黄璟、朱逊志等纂修：道光《山丹县志》，道光十五年抄本，台北：成文出版社，1970年。

52. [清]李登瀛等修：乾隆《永昌县志》，乾隆五十年刻本。

53. [清]李天祥纂：康熙《碾伯所志》，中国西北文献丛书编辑委员会编：《西北稀见方志》第57卷，兰州：兰州古籍书店，1990年。

54. [清]梁份著，赵盛世等校注：《秦边纪略》，西宁：青海人民出版社，1987年。

55. [清]邵陆：乾隆《镇番县志》，乾隆三十四年抄本，台北：成文出版社，1970年。

56. [清]孙承泽：《春明梦余录》，北京：北京古籍出版社，1992年。

57. [清]万斯同：《明史》，《续修四库全书》，上海：上海古籍出版社，2002年。

58. [清]夏燮：《明通鉴》，北京：中华书局，1959年。

59. [清]许容等监修：乾隆《甘肃通志》，《四库全书》本。

60. [清]许协修，谢集成等纂修：道光《镇番县志》，道光五年刊本，台北：成文出版社，1970年。

61. [清]杨春茂：万历《甘镇志》，顺治十四年刻本，《中国地方志集成·甘肃府县志辑44》，南京：凤凰出版社，2008年。

62. [清]杨应琚：《西宁府新志》，乾隆二十七年刊本，台北：文海出版社，1966年。

63. [清]永瑢：《钦定历代职官表》，中华书局聚珍仿宋版印本。

64. [清]张玿美修，曾钧等纂：《五凉全志》，乾隆十四年刊本，台北：成文出版社，1976年。

65. [清]张澍辑录：《凉州府志备考》，西安：三秦出版社，1988年。

66. [清]张廷玉等：《明史》，北京：中华书局，1974年。

67. [清]张彦笃修，包永昌等纂：光绪《洮州厅志》，光绪三十三年抄本，台北：成文出版社，1970年。

68. [清]钟赓起纂修：《甘州府志》，乾隆四十四年刊本，台北：成文出版社，1976年。

69. [清]钟赓起编著,张志纯等校注:《甘州府志校注》,兰州:甘肃文化出版社,2008年。

70. [民国]陈万言:《西北种族史》,北京:亚东制版印刷局,1919年。

71. [民国]刘郁芬修,杨思、张维等纂:《甘肃通志稿》,中国西北文献丛书编辑委员会编:《西北稀见方志文献》第27卷,兰州:兰州古籍书店,1990年。

72. [民国]徐家瑞纂修:《新纂高台县志》,民国十四年铅印本,《中国地方志集成·甘肃府县志辑47》,南京:凤凰出版社,2008年。

73. [民国]赵尔巽等:《清史稿》,北京:中华书局,1977年。

74. [民国]赵万卿纂:《贵德县志》,中国西北文献丛书编辑委员会编:《西北稀见方志》第57卷,兰州:兰州古籍书店,1990年。

75. 周树清等纂修:《永登县志》,台北:成文出版社,1970年。

76. 《鲁氏世谱》,中国西北文献丛书编辑委员会编:《中国西北文献丛书》第99册,兰州:兰州古籍书店影印本,1990年。

77. 《永登鲁氏家谱校注》,西安:三秦出版社,2019年。

78. 李鸿仪编纂:《西夏李氏世谱》,沈阳:辽宁民族出版社,1998年。

79. 米海萍、乔生华辑:《青海土族史料集》,西宁:青海人民出版社,2006年。

80. 青海省社会科学院、青海省地方志编纂委员会:《青海方志资料类编》,西宁:青海人民出版社,1987年。

81. 屈万里主编:《明代登科录汇编》,台北:学生书局,1969年。

82. 吴廷燮:《明督抚年表》,北京:中华书局,1982年。

二、专著、工具书

1. 艾冲:《明代陕西四镇长城》,西安:陕西师范大学出版社,1990年。

2. 陈连开主编:《中国民族史纲要》,北京:中国财政经济出版社,1999年。

3. 陈垣：《元西域人华化考》，上海：上海古籍出版社，2000年。
4. 陈小平：《唐蕃古道》，西安：三秦出版社，1989年。
5. 程光裕、徐圣谟主编：《中国历史地图》，台北：中国文化大学出版部，1980年。
6. 白新良：《中国古代书院发展史》，天津：天津大学出版社，1995年。
7. 高士荣：《西北土司制度研究》，北京：民族出版社，1999年。
8. 龚荫：《中国土司制度》，昆明：云南民族出版社，1992年。
9. 顾诚：《明末农民战争史》，北京：中国社会科学出版社，1984年。
10. 郭方忠、张克复、吕靖华主编：《甘肃大辞典》，兰州：甘肃文化出版社，2000年。
11. 雷玉明、张建文主编：《河西草地资源与保护》，兰州：兰州大学出版社，2006年。
12. 李并茂：《河西走廊历史地理》，兰州：甘肃人民出版社，1995年。
13. 李德龙主编：《中国历代方志土司资料辑录》，北京：学苑出版社，2016年。
14. 李云泉：《朝贡制度史论》，北京：新华出版社，2004年。
15. 黎宗华、李延恺：《安多藏族史略》，西宁：青海民族出版社，1992年。
16. 梁志胜：《明代卫所武官世袭制度研究》，北京：中国社会科学出版社，2012年。
17. 刘学录主编：《河西走廊：山地绿洲荒漠复合生态系统的景观格局与景观多样性研究》，兰州：甘肃科学技术出版社，2006年。
18. 吕宗力主编：《中国历代官制大辞典》，北京：北京出版社，1994年。
19. 马大正主编：《中国边疆经略史》，郑州：中州古籍出版社，2000年。
20. 奇文瑛：《明代卫所归附人研究——以辽东和京畿地区卫所达官为中心》，北京：中央民族大学出版社，2011年。
21. 佘贻泽：《中国土司制度》，台北：正中书局，1944年。

22. 佘贻泽：《明代土司制度》，台北：学生书局，1968年。
23. 史为乐主编：《中国历史地名大辞典》，北京：中国社会科学出版社，2005年。
24. 谭其骧主编：《中国历史地图集》第七册，北京：中国地图出版社，1982年。
25. 王继光：《安多藏区土司家族谱辑录研究》，北京：民族出版社，2000年。
26. 王明珂：《华夏边缘：历史记忆与族群认同》，台北：允晨文化，1997年。
27. 武沐：《甘肃通史.明清卷》，兰州：甘肃人民出版社，2009年。
28. 武沐、金燕红：《13-19世纪河湟多民族走廊历史文化研究》，北京：中国社会科学出版社，2017年。
29. 吴永章：《中国土司制度渊源与发展史》，成都：四川民族出版社，1988年。
30. 西北师范学院地理系、青海师范大学地理系编著：《青海省地理》，西宁：青海人民出版社，1987年。
31. 肖立军：《明代中后期九边兵制研究》，长春：吉林人民出版社，2001年。
32. 萧一山：《清代通史》，北京：中华书局，1986年。
33. 于志嘉：《明代军户世袭制度》，台北：学生书局，1987年。
34. 永昌县志编纂委员会编：《永昌县志》，兰州：甘肃人民出版社，1993年。
35. 张鸿翔：《明代各民族人士入仕中原考》，北京：中央民族大学出版社，1999年。
36. 张金奎：《明代卫所军户研究》，北京：线装书局，2007年。
37. 赵鹏鬲：《连城鲁土司》，《西北史地》编辑部，1987年。
38. 赵秀文、金锋：《鲁土司及其当代价值研究[》，西宁：青海人民出版社，2016年。
39. 郑天挺、吴泽、杨志玖主编：《中国历史大词典》，上海：上海辞书出版社，2000年。

40. 周振鹤主编，郭红、靳润成著：《中国行政区划通史.明代卷》，上海：复旦大学出版社，2007年。
41. 周振鹤：《中国历代行政区划的变迁》，北京：商务印书馆，1998年。
42. 周伟洲、丁景泰主编：《丝绸之路大辞典》，西安：陕西人民出版社，2006年。
43. 中国社会科学院民族研究所主编：《中国民族史研究》，北京：中国社会科学出版社，1987年。
44. [美]拉铁摩尔：《中国的亚洲内陆边疆》，唐晓峰译，南京：江苏人民出版社，2005年。

三、论文

1. 安介生，穆俊：《略论明代士人的疆域观——以章潢<图书编>为主要依据》，《中国边疆史地研究》2011年第4期。
2. 白耀天：《土官与土司考辨》，《广西地方志》1999年第3期。
3. 蔡家艺：《关于明朝辖境内的蒙古人》，《蒙古史研究》第4辑，1993年。
4. 曹相：《土官与土司考辨》，《云南民族大学学报(哲学社会科学版)》1984年第4期。
5. 岑仲勉：《明初曲先、阿端、安定、罕东四卫考》，《金陵学报》1936年第6卷第2期。
6. 陈碧芬：《论朱元璋治滇的意义》，《中国边疆史地研究》2008年第1期。
7. 陈宝良：《明代卫学发展述论》，《社会科学辑刊》2004年第6期。
8. 陈亮：《浅析明代甘青李鲁土司家族的发展与历史作用》，《鸡西大学学报》2011年第10期。
9. 陈荣：《西宁卫千户所管军印考略》，《青海师范大学学报(哲学社会科学版)》2008年第1期。
10. 陈梧桐：《明太祖与明成祖对西北民族地区的经营》，《民大史学》第

1期，北京：中央民族大学出版社，1996年，第368-395页。

11. 陈晓敏：《明代的土官与土司制度——以<土官底簿>之记载为中心》，硕士学位论文，复旦大学，2012年。

12. 程利英：《明代关西七卫内迁去向和内迁人数探》，《贵州民族研究》2005年第4期。

13. 程利英：《明代关西七卫探源》，《内蒙古社会科学(汉文版)》2006年第4期。

14. 程利英：《明代关西七卫与西番诸卫》，《西藏研究》2005年第3期。

15. 程利英：《明代关西七卫作用浅析》，《贵州民族研究》2006年第4期。

16. 程利英：《明代西北边疆政策与关西七卫研究》，硕士学位论文，西北师范大学，2004年。

17. 蔡嘉麟：《明代的卫学教育》，《明史研究丛刊》第3辑，2002年。

18. 崔永红：《论青海土官、土司制度的历史变迁》，《青海民族学院学报》2004年第10期。

19. 崔永红：《明代青海土官李文之籍贯及生平考略》，《青海社会科学》1992年第4期。

20. 杜常顺：《史籍所见明清时期西北地区的"土人"与"土达"》，《青海社会科学》1998年第2期。

21. 杜玉亭：《土官土司两类说考疑》，中国社会科学院民族研究所主编：《中国民族史研究》，北京：中国社会科学出版社，1987年，第474-481页。

22. 范中义：《明代九边形成的时间》，《大同高等专科学校学报》1995年第4期。

23. 冯海晓：《明代西南、西北边疆地区土司制度比较研究——以云南丽江府木氏和青海西宁卫李氏为例》，硕士学位论文，云南大学，2011年。

24. 高士荣：《明代西北推行土司制度原因刍议》，《西北史地》1996年第3期。

25. 高自厚：《明代的关西七卫及其东迁》，《兰州大学学报》1986年第4期。
26. 顾诚：《明帝国的疆土管理体制》，《历史研究》1989年第3期。
27. 顾诚：《谈明代的卫籍》，《北京师范大学学报》1989年第5期。
28. 谷家荣、罗明军：《中国古代边疆治理历谱识认》，《学术探索》2013年第1期。
29. 郭红：《明代都司卫所建置研究》，博士学位论文，复旦大学，2001年。
30. 郭永利：《试论甘肃永登连城鲁土司家族的联姻及汉化问题》，《青海民族研究》2003年第2期。
31. 韩烨：《明代西宁卫研究》，硕士学位论文，西北民族大学，2011年。
32. 何威：《河州土司何锁南家族研究》，博士学位论文，兰州大学，2011年。
33. 何威：《家族视域下的西北土司与西南土司比较研究》，《中央民族大学学报（哲学社会科学版）》2016年第5期。
34. 赫志学：《明代哈密卫研究》，硕士学位论文，西北师范大学，2008年。
35. 胡凡：《明代洪武永乐时期北边军镇建置考》，《文史》2006年第4期。
36. 胡凡：《论明初甘肃镇的形成》，《重庆三峡学院学报》2018年第1期。
37. 胡小鹏：《哈密卫忠顺王脱脱身世及相关问题考述》，《民族研究》2010年第7期。
38. 胡小鹏、王瑛：《试探明清时期西北蒙古裔土司的基层社会组织及其家族婚姻——以永登鲁土司为中心》，《青海民族大学学报》2014年第4期。
39. 黄新亮：《清代的治边政策与中国边疆领土的巩固》，《齐齐哈尔高等专科学校学报》2009年第3期。
40. 纪宁：《明代关西七卫残破原因初探》，《青海民族研究》2011年第1期。
41. 贾伟：《明代西宁卫户口考辨》，《青海社会科学》2002年第4期。
42. 贾陈亮、武沐：《明朝管理甘青土官的举措探析》，《北方民族大学学报（哲学社会科学版）》2017年第1期。
43. 蓝建洪：《明代哈密卫撤销原因新析》，《新疆大学学报(哲学社会科学版)》1993年第10期。

44. 李清凌：《元明清时期甘青地区的土司制》，《云南社会科学》2003年第5期。

45. 李荣庆：《明代武职袭替制度述论》，《郑州大学学报(哲学社会科学版)》1990年第1期。

46. 李文学：《明代安多藏区土司制度略论》，《西北第二民族学院学报》2005年第2期。

47. 李向德：《连城鲁土司述略》，《青海民族研究(社会科学版)》1995年第1期。

48. 李艳华：《宁夏地区土达述略》，硕士学位论文，内蒙古师范大学，2008年。

49. 李亚娟：《近40年来明代甘青藏区土官土司制度研究综述》，《陇东学院学报》2018年第6期。

50. 梁志胜：《"碾伯守御千户所"辨析》，《兰州大学学报》2000年第2期。

51. 梁志胜：《洪武二十六年以前的陕西行都司》，《中国历史地理论丛》1999年第3期。

52. 林伟科：《简析明代西北土司的特点》，《黑龙江史志》2010年第15期。

53. 林友标、王颋：《<临洮赵氏族谱序>解读》，《西夏研究》2014年第2期。

54. 刘国防：《明朝的备边政策与哈密卫的设置》，《西域研究》1998年第12期。

55. 龙小峰：《明代陕西行都司市场研究》，硕士学位论文，陕西师范大学，2011年。

56. 卢雪燕：《彩绘本<行都司所属五路总图>成图年代及价值考述》，《故宫博物院院刊》2009年第5期。

57. 骆桂花，高永久：《明朝西宁卫的军事戍防与政治管控》，《中国边疆史地研究》2006年第3期。

58. 骆桂花：《明代对西宁卫地区施政方略初探》，《青海民族研究(社会科学版)》1995年第3期。

59. 罗勇：《明代云南土官袭职制度研究》，《学术探索》2013年第3期。

60. 吕建福：《李土司先世辨正》，《西北民族研究》2005年第9期。

61. 马顺平：《明代都司卫所人口数额新探——方志中两组明代陕西行都司人口数据的评价》，《苏州科技学院学报(社会科学版)》2011年第7期。

62. 马顺平：《明代陕西行都司及其卫所建置考实》，《中国历史地理论丛》2008年第4期。

63. 马顺平：《明代陕西行都司屯田数额考》，中国社会科学院历史研究所明史研究室编：《明史研究论丛(第九辑)》，北京：紫禁城出版社，2011年。

64. 马顺平：《明代陕西行都司卫所建置考实》，硕士学位论文，中央民族大学，2005年。

65. 马啸：《明清西北治边政策之比较研究——以14-18世纪中央政府与蒙藏民族政治互动为线索》，《青海民族大学学报(社会科学版)》2012年第2期。

66. 马玉华：《治边政策：从清代到民国的梳理》，《南京晓庄学院学报》2012年第1期。

67. 米德昉：《蒙古族鲁土司属寺〈敕赐感恩寺碑记〉考释》，《天水师范学院学报》2012年第1期。

68. 毛雨辰：《简述河西走廊的地理形胜——以明代陕西行都司建制选择甘州之原因为视角》，《河西学院学报》2017年第4期。

69. 米海平：《明代土官李英事略》，《青海民族研究(社会科学版)》1996年第2期。

70. 南德庆：《永登连城鲁土司始祖考证》，《青海师专学报(社会科学)》1997年第3期。

71. 彭勇：《明代"达官"在内地卫所的分布及其社会生活》，《内蒙古社会科学(汉文版)》2003年第1期。

72. 奇文瑛：《碑铭所见明代达官婚姻关系》，《中国史研究》2011年第3期。

73. 荣宁：《明代西宁卫人口试析》，《中国历史地理论丛》2002年第6期。

74. 施新荣：《明代及清初哈密卫部众演进考述》，《新疆社会科学》2007年第9期。

75. 施新荣：《明代西北地缘政治之演变》，《人文杂志》2011年第6期。

76. 宋建莹：《明代陕西行都司历史地理研究》，硕士学位论文，陕西师范大学，2010年。

77. 苏裕民：《<明庄浪卫长城图册>考略》，《档案》1999年第2期。

78. 陶克涛：《土达原叙》，《民族研究》1986年第2期。

79. 谭其骧：《释明代都司卫所制度》，《长水集》上，北京：人民出版社，1987年，第150-158页。

80. 唐景绅：《明代罕东卫地望小考》，《青海社会科学》1985年第5期。

81. 田澍：《明代河西走廊的西域贡使》，《中国边疆史地研究》2001年第3期。

82. 田卫疆：《论明代哈密卫的设置及其意义》，《西北民族大学学报(哲学社会科学版)》1988年第4期。

83. 妥超群，刘铁程：《毕力术江考——明代曲先卫地望及相关地名新证》，《民族研究》2011年第11期。

84. 王慧婷：《明代甘青地区的"土官"与"土司"》，《贵州文史丛刊》2012年第3期。

85. 王继光：《跋<李南哥墓志>》，《青海社会科学》1994年第3期。

86. 王继光：《青海撒拉族土司制度述评》，《青海社会科学》1984年第4期。

87. 王继光：《试论甘青土司的形成及其历史背景》，《社会科学》1985年第8期。

88. 王继光：《安木多藏区土司家族谱探研——以〈李氏宗谱〉、〈鲁氏世谱〉、〈祁氏家谱〉为中心》，《西北民族研究》1988年第2期。

89. 王淑芳、汪小军：《青海西祁土司家族史料系年》，《西北民族研究》1999年第1期。

90. 王淑芳、王继光：《蒙古族鲁土司家族史料系年》，《西北民族学院学报(哲学社会科学版)》1999年第1期。

91. 王晓霞：《明清对湟水流域土司的管理方略概述》，《青海民族学院学报(社会科学版)》2007年第7期。

92. 王玉祥：《浅说明朝的关外卫》，《甘肃社会科学》2000年第4期。

93. 王钟翰：《年羹尧西征问题——兼论雍正西北民族政策》，《青海社会科学》1990年第4期。

94. 韦文宣：《"土官"与"土司"》，《广西民族研究》1987年第4期。

95. 韦占彬：《明代"九边"设置时间辨析》，《石家庄师范专科学校学报》2002年第3期。

96. 吴浩军，张力仁：《<陕西行都司志>存佚考》，《中国历史地理论丛》2010年第4期。

97. 吴景山：《<大明成化年镇番卫军民屯田图>疏正》，《明史研究》1992年第12期。

98. 吴均：《安定、曲先、罕东、必里等卫地望及民族琐议》，《青海师范大学学报(社会科学版)》1988年第3期。

99. 武沐、张锋峰：《再释"土司"一词的演变》，《青海民族研究》2017年第2期)。

100. 夏寒：《明怀柔伯施聚夫妇、施鉴墓志考释》，《中国历史文物》2009年第2期。

101. 肖立军：《明朝后期军事制度研究》，博士学位论文，南开大学，2005年。

102. 谢忠志：《明代的五行都司》，吴智和编：《明史研究专刊》第16期，

2008年7月。

103. 辛存文：《对辛土司的考察纪略》，《中国土族》2002年第2期。

104. 辛存文：《民和土族东伯府李土司世系考察》，《青海民族学院学报》1981年第10期。

105. 闫璘：《明代西宁卫的峡榨考述》，《青海民族研究》2011年第7期。

106. 闫璘：《明代西宁卫最早的长城——门源县境内明代长城》，《中国长城博物馆》2009年第2期。

107. 闫天灵：《明清时期河西走廊的寄住民族、寄住城堡与寄住政策》，《中国边疆史地研究》2009年第4期。

108. 杨绍猷：《明代蒙古族婚姻和家庭的特点》，《民族研究》1984年第4期。

109. 余同元：《明代九边述论》，《安徽师大学报》1989年第2期。

110. 于默颖：《明蒙关系研究——以明蒙双边政策及明朝对蒙古的防御为中心》，博士学位论文，内蒙古大学，2004年。

111. 于志嘉：《从卫选簿看明代武官世袭制度》，《食货月刊》1986年第15卷第7、8期。

112. 于志嘉：《明武职选簿与卫所武官制的研究——记中研院史语所藏明代武职选簿残本兼评川越泰博的选簿研究》，《中央研究院历史语言研究所集刊》1998年第69本第1分。

113. 于志嘉：《辟与盟水斋存牍中有关明代军户资料选读》，中研院历史语言研究所法律史研究室2004年第二次研读会，台北，2004年2月。

114. 张得祖：《西宁卫及"塞外四卫"》，第十一届明史国际学术讨论会会议手册，兰州，2005年6月。

115. 张鸿翔：《明外族赐姓考》，《辅仁学志》1932年第2期。

116. 张鸿翔：《明外族赐姓续考》，《辅仁学志》1934年第2期。

117. 张金奎：《明代军户来源简论》，《明史研究》2007年年刊。

118. 张金奎：《明代渐进式"改流"浅议——以西北洮、岷一带为例》，

《遵义师范学院学报》2015年第4期。

119. 朱然：《明代保定达官研究》，硕士学位论文，中央民族大学，2011年。

120. 张申寅：《国家与社会关系视野下的明清河涅土司》，硕士学位论文，青海师范大学，2009年。

121. 张生寅：《西宁厅沿革考论》，《青海社会科学》2012年第5期。

122. 赵现海：《明初甘肃建镇与总兵官权力、管辖地域之考察——以敕文为中心》，中国社会科学院历史研究所明史研究室编：《明史研究论丛（第八辑）》，北京：紫禁城出版社，2010年。

123. 赵现海：《洪武初年甘肃地缘政治与明朝西北疆界政策——由冯胜"弃地"事件引发的思考》，《古代文明》2011年第1期。

124. 赵英：《李土司家族的婚姻关系及其社会影响》，《青海民族学院学报（社会科学版）》2007年第2期。

125. 赵英：《李土司家族制度研究》，硕士学位论文，陕西师范大学，2007年。

126. 周松：《塔滩新考》，《中国边疆史地研究》2009年第4期。

127. 周松：《军卫建置与明洪武朝的西北经略》，《中国边疆史地研究》2018年第2期。

128. 周松：《嘉峪关变迁与明代交通地理之关系——基于史源学的研究》，《中国边疆史地研究》2020年第2期。

129. 洲塔，何威：《河州何土司家族考略》，《西藏研究》2009年第6期。

130. 洲塔，何威：《河州土司何锁南考辨》，《西藏大学学报(社会科学版)》2010年第2期。

131. 何威：《河州土司何锁南家族研究》，博士学位论文，兰州大学，2011年。

132. 朱普选：《青海土司制度研究》，《西藏民族学院学报(哲社)》，2005年第5期。

133. 张兆凯：《论明代俸禄制度演变的原因及其影响》，《长沙理工大学学报(社会科学版)》，2004年第9期。

后 记

2014年9月，从中央民族大学历史文化学院博士毕业，从北京回到家乡湖北，成为一名民族高校的思政课教师。求学时期，秉承铭记民大老师"要做学问，先学做人"的教诲，踏入职场，更以恩师榜样的力量激励自己，踏踏实实做人，勤勤恳恳做事。一晃五年，为了站稳课堂，付出了很多，暮去朝来，白发渐生。生活虽然不易，但有父母在旁，稚子在侧，加之恩师鞭策，同行鼓励，尚能安生服业。唯有博士论文出版一事，总因繁杂琐事一拖再拖，深以为憾。

2019年是我们伟大祖国诞辰70周年，新时代的中国正以飞速发展的势头迈入强国之列。作为一名读书人，必须更加精进学问、不再懈怠。本书是笔者在博士论文基础上补充修改而成，得以出版，使我感慨良多。

不禁想到2011年至2014年的三年，是我人生中不平凡的一段岁月，我离开了原来工作的企业重新回到大学本科及研究生的母校——中央民族大学，准备开启一段新的学术生涯。由于年龄和经历，让我无比珍惜这可能是最后一程的学习生活。只是精力已不如少年时光，在学习和论文中都留下了太多遗憾！

能够念完博士，完成博士论文的写作和出版，是我人生的心愿之一，我万分感谢给我提供机会的母校和老师们，感谢章毅君老师、感谢杨楠老师、感谢奇文瑛老师，正是因为你们的信任，我才重新拥有了学习的快乐。

尤其是奇文瑛先生，作为我的博士生导师，已经跨越了老师的身份，而是如同母亲一样关心我、爱护我，不爱出风头的您，为了提携我，破例带学生参加学术会议，让我感动，论文写作期间，字斟句酌地帮助我反复修改，这份认真让我敬佩，也不知品尝了多少次老师亲手做的饭、沏的茶，让我成为同学们艳羡的对象，只有我明白，老师并非偏心，而是基于对一位大龄女学生的特殊关爱。

还要感谢尚衍斌老师、达力扎布老师、赵令志老师，能够再次聆听老师的教导让我仿佛又回到了本科的岁月，谢谢各位老师在我三年的博士学习以及论文写作中给予的各种帮助；特别要感谢陈梧桐老师，德高望重，却不因我之微薄，悉心指导，甚至逐句为我修改；还要感谢三年来与我并肩战斗的同学们，2011级历史文化学院博士班是一个温暖团结的集体，还有我的"奇门遁甲"的师兄师姐师弟师妹们，尤其是高源师弟的协助制图，以及早已离开学校却无私为我提供帮助的马顺平师兄。

本书能够顺利出版，要特别感谢湖北民族大学博士启动资金的资助和马克思主义学院领导和同事们的支持，以及光明日报出版社朱然秘书长的辛勤付出。

最后，特别要感谢的是我已步入花甲之年的父母，没有你们的支持，我无法坚持完成论文的写作和出版！还有我的爱人以及我刚刚三岁的宝宝，是你们给了我家的温暖，才更有信心面对困难和解决问题！

我会记住这段美丽的日子和这么多美好的人，幸福地面对未来的人生！